Hans Joas

Warum Kirche?

Hans Joas

Warum Kirche?

Selbstoptimierung oder Glaubensgemeinschaft

HERDER

FREIBURG · BASEL · WIEN

Nachweis:
Kapitel 10 »Kirche als Moralagentur?« ist in überarbeiteter Form entnommen aus: Hans Joas, Kirche als Moralagentur?, © 2016, Kösel-Verlag, München, in der Penguin Random House Verlagsgruppe GmbH

MIX
Papier aus verantwortungsvollen Quellen
FSC® C014496

www.herder.de

Satz: Carsten Klein, Torgau
Herstellung: GGP Media GmbH, Pößneck

Printed in Germany

ISBN Print 978-3-451-39064-7
ISBN E-Book (EPUB) 978-3-451-82501-9
ISBN E-Book (PDF) 978-3-451-82502-6

Für Susanna Schmidt und Joachim Hake

Inhalt

1. Einleitung 9

2. Warum Kirche?
Ist Transzendenz organisierbar? 27

3. Problematische Prognosen.
Religion im säkularen Zeitalter 53

4. Braucht der Mensch Religion?
Über Erfahrungen der Selbsttranszendenz 73

5. Glaube oder Selbstoptimierung?
Zur kulturellen Rolle der Kirche 97

6. Ein Christ durch Krieg und Revolution.
Alfred Döblins Erzählwerk »November 1918« 117

7. Christentum ohne Kirche?
Der Denkweg LeszekKołakowskis 143

8. Der Glaube an die Menschenwürde
als Religion der Moderne? 167

9. Ist die Menschenwürde noch unser oberster Wert? 189

10. Kirche als Moralagentur? 195

11. Globale Verantwortung und partikulare Verpflichtung
der Kirche 211

Literaturverzeichnis 229

Personenregister 237

1. Einleitung

Den Anstoß zu diesem Buch gab der Journalist Volker Resing, langjähriger Chefredakteur der Monatszeitschrift »Herder Korrespondenz«, eines bedeutenden meinungsbildenden Organs der katholischen Christen in Deutschland. Resing verdankte sich auch schon die Initiative zu einer langen Diskussion zwischen dem (inzwischen verstorbenen) großen katholischen Philosophen Robert Spaemann und mir, die er moderierte und in Auszügen 2018 als Buch unter dem Titel »Beten bei Nebel. Hat der Glaube eine Zukunft?« herausgab. Bei manchem gemeinsamen Mittagessen, aber auch im erweiterten Kreis mit Lektoren des Herder-Verlags sprachen wir darüber, welche Frage heute in christlichen Kreisen hierzulande die Gemüter in ähnlicher Weise bewege, wie es am Anfang des ersten Jahrzehnts im neuen Jahrhundert die Frage gewesen war, ob Religion denn überhaupt noch eine Zukunft habe. Es war damals die Zeit, in der eine Debatte immer weitere Kreise zog, die in den Sozialwissenschaften schon einige Jahrzehnte früher eingesetzt hatte.

Die Rede ist von den Ansätzen zur Kritik und Überwindung der sogenannten Säkularisierungstheorie, also der These, dass wirtschaftliche und wissenschaftlich-technische Modernisierung mit innerer Notwendigkeit eine Schwächung aller Religion herbeiführe. Diese Debatte ergriff damals mehr als je zuvor die breitere Öffentlichkeit in den Kirchen und darüber hinaus. »Braucht der Mensch Religion?« lautete entsprechend die Frage, die auf dem ersten jemals in Deutschland veranstalteten Ökumenischen Kirchentag im Jahr 2003 Gegenstand des ersten Hauptvortrags war. Diesen zu halten hatte ich damals die Ehre; aus diesem Ereignis ging auch ein Aufsatzbändchen von mir unter demselben Titel im Jahr 2004 hervor.[1]

Nun ist es nicht so, als sei die Stimme der Vertreter der Säkularisierungstheorie im bezeichneten Sinne heute völlig verstummt. Die Abwendung von den Kirchen, insbesondere von der katholischen, die ohnehin in manchen Ländern im Gange war, hat sich durch die Aufdeckung zahlloser Fälle sexuellen und geistlichen Missbrauchs durch Kleriker und durch die gewohnheitsmäßige Vertuschung dieser Fälle oder durch die unzureichende Einsicht in die eigenen Verfehlungen auf Seiten kirchlicher Amtsinhaber noch verstärkt. Diese Abwendung ist weder zu bestreiten noch ist sie schwer nachzuvollziehen. Insofern ist es kein Wunder, wenn die Vertreter einer in die Defensive gedrängten wissenschaftlichen Position sich wieder verstärkt zu Wort melden und doch einen globalen Niedergang der Religion konstatieren zu können glauben. Der vielleicht prominenteste Autor unter ihnen war der im Jahr 2021 verstorbene führende Erforscher des Wertewandels, Ronald Inglehart. Er hatte 2004 zusammen mit seiner Koautorin Pippa Norris[2] einen originellen Weg gefunden, den Grundgedanken einer durch Modernisierung voranschreitenden Säkularisierung mit dem gleichzeitigen, unter diesen Voraussetzungen aber paradox wirkenden Befund einer immer religiöser werdenden Welt zu vereinbaren. Dies geschah durch die verstärkte Berücksichtigung der demographischen Dimension, d. h. der unterschiedlichen Kinderzahl und des unterschiedlichen Bevölkerungswachstums von Gesellschaften je nach dem Grad ihrer Säkularisierung. Sein Erklärungsvorschlag war zwar in vielen Hinsichten problematisch,[3] aber doch ein wichtiger Schritt vorwärts. In neueren Arbeiten setzte er aber

1 Hans Joas, Braucht der Mensch Religion? Über Erfahrungen der Selbsttranszendenz, Freiburg 2004.

2 Pippa Norris/Ronald F. Inglehart, Sacred and Secular: Religion and Politics Worldwide, Cambridge 2004.

3 Zur Kritik vgl. etwa Daniel Silver, Religion without Instrumentalization, in: Archives européennes de sociologie 47 (2006), S. 421–434.

wieder verstärkt auf die konventionelle Säkularisierungstheorie.[4] Dabei diente ihm vor allem der Anstieg der Zahl von Menschen als Beleg, die in den USA keiner Religionsgemeinschaft mehr angehören. Darauf werde ich deshalb noch zurückkommen.

Bevor dies geschieht, ist aber noch zu schildern, dass in den erwähnten Gesprächen leicht Einigkeit über einen anderen Punkt zu erreichen war, den nämlich, dass heute für viele Christen die drängende Frage nicht ist, ob Religion und Christentum überhaupt eine Zukunft hätten, sondern die, ob es für diese Zukunft eigentlich einer Kirche bedürfe. Viele Zeitgenossen und Zeitgenossinnen empfinden das christliche Ethos der Nächstenliebe zumindest in seinem Kern als plausibel und christliche Spiritualitätsformen als attraktiv. Sie halten es deshalb nicht für wirklich vorstellbar, dass dieses Erbe in der Zukunft seine Kraft völlig verlieren und verschwinden werde. Jedenfalls sind viele von ihnen entschlossen, persönlich an ihm festzuhalten, selbst dann, wenn starker Widerstand erkennbar wird. Aber sie fragen sich immer mehr, warum man nicht Christ sein könne, ohne einer Kirche anzugehören. Nicht »Braucht der Mensch Religion?« ist heute also die akute Frage, sondern »Braucht der religiöse Mensch, brauchen Christen eine Kirche?« Wäre vielleicht ein freies, d. h. institutionsloses Christentum besser für die Verbreitung der christlichen Botschaft? Verdecken Kleriker und Kirche diese Botschaft mehr, als dass sie ihr helfen? Was würde fehlen – so fragen sich heute katholische Christen –, wenn es keine Priester, Bischöfe, Päpste mehr gäbe?

Diese Fragen sind keineswegs historisch völlig neu. In mancher rebellischen Bewegung in der Kirchengeschichte und im Protestantismus, insbesondere in seinen radikaleren Formen und in Reaktion auf die Erstarrung der reformierten Kirchen, wurden sie schon vor langer Zeit gestellt. Sektenhafte Abspaltungen und mystische

4 Ronald F. Inglehart, Giving Up on God. The Global Decline of Religion, in: Foreign Affairs 99 (2020), S. 110–118.

Rückzugsversuche begleiten die Geschichte der Kirchen seit jeher. In der Theologie der Aufklärungszeit wurde die Unterscheidung von Kirche und Christentum sogar zentral, sowohl im Sinne des Anspruchs von Individuen, selbst zu bestimmen, was das christliche Ethos von ihnen verlange, als auch darin, unbefangen das Christentum in seiner historischen und kulturellen Vielfalt und seinen Übereinstimmungen mit anderen religiösen Traditionen wahrzunehmen. Es scheinen aber heute nicht vornehmlich intellektuelle und politische Motive zu sein, aus denen sich diese Impulse ergeben – nicht wie in der Vergangenheit ein Protest gegen die Verfilzung der Kirche mit feudalen Machtstrukturen, keine utopischen Umsturzhoffnungen der Unterschichten oder politische und intellektuelle Autonomiebestrebungen des Bürgertums. Heute liegt der Quell wohl eher in den kulturellen Tendenzen zu verstärkter Individualisierung, die auch außerhalb des Gebiets religiöser Institutionen dazu führen, dass die Dauermitgliedschaft in Organisationen, lebenslange Treue zu politischen Parteien oder gar selbstloses »Parteisoldatentum« im Verschwinden begriffen sind. Auch dafür gibt es Vorläufer spätestens in den religiösen Suchbewegungen um 1900 mit ihrer Unterscheidung des Spirituellen vom Religiösen oder in den Hoffnungen von Denkern wie dem pragmatistischen Philosophen John Dewey in den 1930er Jahren, dass das »Religiöse« sich von aller institutionellen Gestalt emanzipieren müsse, von allen tradierten Mythologien und Dogmen und von jedem Exklusivitätsanspruch, um sich endlich frei entfalten zu können.[5] Leicht fällt es unter diesen Umständen vielen Menschen nur, ihren Glauben durch seine stärkende, tröstende, beflügelnde Wirkung anzupreisen und damit als etwas, was ihnen persönlich hilft, vielleicht sogar sie zu Selbstbestimmung und zum Einsatz für andere befähigt. Schwieriger wird es für sie aber dann, der Kirche als Institution eine konstitutive Rolle für ihre persönliche Entwicklung

5 John Dewey, A Common Faith, New Haven 1934.

zuzusprechen, die katholische Kirche etwa mit der Metapher von der »Mutter Kirche«[6] zu beschreiben, und auch mögliche restriktive Wirkungen des Glaubens anzuerkennen, die aus der Bindung an Ideale folgen und eine Umpolung in der Lebensorientierung weg von der Konzentration auf die Entfaltung der eigenen Möglichkeiten und der Optimierung des eigenen Selbst darstellen.

Warum Kirche also? Ganz bewusst wird im Titel dieses Buches die Warum-Frage gestellt und nicht die Wozu-Frage. In der schon erwähnten Rede »Braucht der Mensch Religion?« habe ich zwei mögliche Bedeutungen dieser Frage unterschieden.[7] Die Frage kann so gemeint sein, als suchten wir nach irgendwelchen Vorteilen, welche die Individuen, die Gesellschaft oder die Menschheit aus der Religion bezögen, z. B. Glück, stabile Moralität, seelische Gesundheit, gesellschaftlichen Zusammenhalt, Frieden. An dieser Frageweise stört der autosuggestive Unterton. Dabei wissen doch letztendlich alle, dass selbst der überzeugendste Beweis von der Nützlichkeit des Glaubens nicht zum Glauben führt. Deshalb müssen wir einen anderen Sinn im Wort »braucht« entdecken, den nämlich, ob etwas unter bestimmten Voraussetzungen überhaupt entbehrlich sein kann. Bei der Frage nach der Religion zielt dies auf die menschlichen »außer-alltäglichen« Erfahrungen, die im Glauben artikuliert werden. Bei der Frage nach der Kirche geht es entsprechend nicht um die Rechtfertigung einer Institution, weil sie einen Zweck erfüllt oder sich als »funktional« für ein bestimmtes »System« erweist, sondern um eine Reflexion auf die Ursachen, welche die an Jesus Christus Glaubenden einst dazu gebracht haben, eine Institution hervorzubringen und mit Leben zu erfüllen, die sich von allen zeitgenössisch gegebenen Sozialformen wie denen der Familie und Verwandtschaft, aber auch der des politischen Gemeinwesens unterscheidet. Nicht alle Religionen

6 Hans Joas, Mutter Kirche, in: Herder Korrespondenz 75 (2021), 12, S. 15–16.

7 Hans Joas, Braucht der Mensch Religion?, (in diesem Buch S.77–79). Dieses Kapitel ebenso wie Kapitel 8 werden hier aus dem früheren Buch übernommen.

haben ja eine solche Institution hervorgebracht. Die Reflexion auf diese historischen Ursachen kann dann aber, wenn sie überzeugend ausfällt, selbst Gründe und Motive Gestalt annehmen lassen, an der Sozialform Kirche auch in der Gegenwart festzuhalten, an ihr aktiv teilzuhaben – und dies sogar bei aller Enttäuschung, ja Verzweiflung über ihre konkrete Gestalt in Ort und Zeit.

Darum also geht es in diesem Buch. Allerdings stellt es keine Monographie dar, sondern eine Sammlung von Aufsätzen, die das Thema nicht systematisch Schritt für Schritt behandeln, sondern eher umkreisen. Die meisten dieser Texte sind aus konkreten Anlässen heraus entstanden, über die hier kurz Auskunft gegeben werden soll; alle wurden für die Aufnahme in diesen Band mehr oder minder stark überarbeitet. Im Hintergrund all dieser Arbeiten steht aber durchgehend mein langfristiges Projekt, der sogenannten Säkularisierungstheorie, aber auch den großen und einflussreichen Geschichtserzählungen von einem welthistorischen Prozess der Entzauberung (wie bei Max Weber) oder der Weltgeschichte als einer fortschreitenden Selbsterkenntnis der göttlichen Vernunft (wie bei Hegel) oder der säkularen Vernunft (wie bei Habermas) historisch und systematisch eine Alternative entgegenzusetzen. Diese Alternative besteht in einer Globalgeschichte des moralischen Universalismus, d. h. der Einsicht in die Vielfalt religiöser und philosophischer Quellen eines Ethos, das sich auf die ganze Menschheit richtet. An dieser Stelle soll dazu nichts weiter gesagt werden, als dass damit das Christentum in ein Licht gerückt wird, das einen neuen Blick auch auf die Kirche erlaubt.[8]

Im ersten Aufsatz dieses Bandes soll dieser Zusammenhang von moralischem Universalismus und angemessener sozialer Or-

8 Für die genauere Beschäftigung mit meiner hier nur angedeuteten Forschung vgl. Hans Joas, Die Sakralität der Person. Eine neue Genealogie der Menschenrechte, Berlin 2011; ders., Die Macht des Heiligen. Eine Alternative zur Geschichte von der Entzauberung, Berlin 2017; ders., Im Bannkreis der Freiheit. Religionstheorie nach Hegel und Nietzsche, Berlin 2020 (in den beiden letztgenannten Büchern v. a. die Schlusskapitel).

ganisation am direktesten angesprochen werden. In diesem Text, der auf eine Vorlesung an der Katholischen Universität Löwen in Belgien und auf die Feier zur Verabschiedung des langjährigen Direktors des Sozialwissenschaftlichen Instituts der EKD Gerhard Wegner zurückgeht, wird grundsätzlich danach gefragt, ob der Bezug zur Transzendenz überhaupt organisierbar sei. Erst auf diesem Hintergrund, d. h. nach einer Vergewisserung des Sinns der Institution Kirche, kann dann sinnvoll auch nach Macht, Herrschaft und Gewaltenteilung in der Kirche gefragt werden. Diese Fragen stellen sich zwar in allen menschlichen Institutionen und Organisationen; sie stellen sich aber nicht überall in der Weise, die für die eigentlich politischen Institutionen typisch ist. Deshalb formuliere ich hier auch Vorbehalte gegen die Parole einer notwendigen Demokratisierung der Kirche.

Auf diesen Schüsseltext des Bandes folgt ein Kapitel, das in knapper Form meine Sicht auf das Scheitern der Säkularisierungs- und der Entzauberungs-»Prognosen« bilanziert und dies auch für einige grundsätzliche Überlegungen zu den Grenzen historischer Prognose überhaupt und insbesondere derjenigen auf dem Gebiet der Religion zum Anlass nimmt. Der Text »Problematische Prognosen« geht auf eine von Judith Könemann und Michael Seewald in Münster organisierte Tagung über »Wandel als Thema religiöser Selbstdeutung« zurück. Meine Überlegungen an dieser Stelle werfen die hier nicht weiter verfolgte Frage auf, wann eigentlich in der Geschichte des Christentums der Gedanke, es könne wieder untergehen, in der Antike zuletzt und in der »Moderne« zuerst aufgekommen sei. Für mehr als ein Jahrtausend war es – so meine Vermutung – trotz aller Bedeutung apokalyptischer Aussagen im Christentum nicht denkbar, dass die Welt weiterbestehen könnte, nachdem das Christentum wieder verschwunden wäre.[9] Heute

9 Erste Überlegungen dazu bei Hans Joas, Glaube als Option. Zukunftsmöglichkeiten des Christentums, Freiburg 2012, S. 29–34 und ders., Wann glauben Religionen an sich selbst?, in: Frankfurter Allgemeine Zeitung, 3.8.2015, S. 9.

aber reden viele so, als sei unser Eintritt in ein »postchristliches« Zeitalter eine ausgemachte Sache.

Auf diese beiden Kapitel folgen der bereits früher veröffentliche Vortrag auf dem Ökumenischen Kirchentag 2003, in dem meine Überlegungen zu den Erfahrungen der Selbsttranszendenz anschaulich entwickelt wurden, sowie eine neue, bisher nur in schwedischer Sprache publizierte Arbeit. Verfasst als Festvortrag zum hundertjährigen Jubiläum der schwedischen katholischen Kulturzeitschrift »Signum« versucht dieser Text, noch deutlicher als der vorausgehende, den Sinn des christlichen Glaubens gegenüber dem Einfluss von Selbstoptimierungsideen in der Gegenwart abzugrenzen und daraus einige Konsequenzen für die kulturelle Rolle der Kirchen in der Gegenwart abzuleiten. Besonderer Nachdruck wird dabei auf den Zugang zu einer Sphäre von Erfahrungen gelegt, in denen die Individuen über die Grenzen ihres Selbst hinausgehen können, etwa in der Liturgie und im Zutritt zu »heiligen Räumen«. Religiöse Erziehung hängt auch in ihren rationalen Formen vom Zugang zu dieser Sphäre ab.

Das nächste Kapitelpaar verbindet zwei Texte, die mir besonders am Herzen liegen, die aber auf manche Leser auch irritierend wirken mögen. Das erste davon enthält den Text meiner an der Humboldt-Universität zu Berlin im Jahr 2015 gehaltenen Mosse Lecture zum Thema »Konversion«. Ich habe zu diesem Anlass eine Interpretation des großen, im Exil entstandenen »Erzählwerkes« von Alfred Döblin zur deutschen Revolution von 1918/19 vorgetragen, weil Döblin im Kontext seiner eigenen Konversion zum katholischen Christentum und im Licht seiner Emigrations- und Exilerfahrungen eine Sichtweise der politischen Geschichte Deutschlands in der ersten Hälfte des zwanzigsten Jahrhunderts entwickelt hat, die mir unerhört brisant zu sein scheint. Er fragt jenseits aller etablierten Formen des politischen Katholizismus oder überhaupt sich christlich nennender Politik danach, wie ein Mensch, der die Botschaft des Evangeliums durch und durch ernst nimmt und dabei genauso durch und durch ein Realist im Blick auf die Menschen sein will, sich in und zu dieser Geschichte hätte verhalten müssen. Döblin tut dies in einer von Anschaulichkeit geradezu strotzenden Prosa, hinter der alles analytische Sprechen notwendig zurückbleibt.

Der andere Text gilt der geistigen Entwicklung des vielleicht größten polnischen Philosophen im zwanzigsten Jahrhundert, Leszek Kołakowski. Er war als Marxist, Dissident vom Marxismus und Historiker des Marxismus einst sehr prominent und ist heute ein wenig in Vergessenheit geraten. Zwei Gründe sind es, die mich bewogen haben, ihm hier eine Studie zu widmen. Zum einen liest sich sein Weg vom stalinistischen Religionskritiker und Kirchenhasser in der Frühzeit des kommunistischen Polen Schritt für Schritt zu einer positiven Einschätzung des Christentums und dann sogar der Kirche wie ein Lehrstück über den Weg eines säkularen Denkers, der bei aller Skrupulosität und Authentizität bis hin zum Christentum oder zumindest in dessen Nähe führt. Kołakowski scheint mir seinen Weg in der hier interessierenden Hinsicht konsequenter gegangen zu sein als der heute ungleich mehr diskutierte Jürgen Habermas. In meinem Artikel zu seinem achtzigsten Geburtstag im Jahr 2007, um den mich die polnische katholische Wochenzeitung »Tygodnik Powszechny« gebeten hatte, hob ich hervor, dass dieser Weg von einem christentumsfernen zu einem christentumsnahen Denken hilfreich dabei ist, »eine neue Sprache« (so der damalige Titel) für den christlichen Glauben zu finden. Diese Motive konnte ich wegen der Vorgaben dort aber nur kurz anklingen lassen; erst hier finden sie sich deshalb jetzt genauer dargelegt. Zum anderen hat Kołakowski auf diesem Weg in den 1960er Jahren ein bis heute in Deutschland praktisch unbekanntes fundamentales historisches Werk über die Bestrebungen zu einem nichtkonfessionellen oder sogar nichtinstitutionellen Christentum in der Zeit zwischen Reformation und Aufklärung vorgelegt, das höchst instruktiv ist für die Frage »Warum Kirche?« und deshalb hier gründlichere Berücksichtigung verdient.

Das vierte Paar von Kapiteln ist auf die Grundidee dessen gerichtet, was in der Sprache der Philosophie als moralischer Universalismus bezeichnet wird. Es geht um die Idee universeller Menschenwürde, der gleichen Würde aller Menschen, die sie nicht durch irgendeine Leistung erworben haben und derer sie durch keine Missetat verlustig gehen können. Für viele Christen und Juden, aber auch für zahlreiche Nichtgläubige, liegt in dieser Idee das moralische und politische Ideal schlechthin – ein Ideal, dessen Untergang sie sich nicht vorstellen können und zu dessen Verteidigung sie entschlossen sind. Die Frage lautet dann aber, ob dieses universalistische Ideal und insbesondere auch seine Auswirkungen auf dem Gebiet sexualmoralischer Vorstellungen und Sensibilitäten den Kern einer neuen Religion – jenseits aller tradierten Religion – darstellen oder selbst nur im Zusammenhang mit eigenen, in diesem Sinne dann partikularen, religiösen oder nichtreligiösen Gestaltbildungen existieren soll und kann. Dem ist die erste Studie gewidmet, während die zweite, viel kürzere, ursprünglich von der deutschen Wochenzeitung »Die Zeit« angeregte, unter dem Eindruck krasser Verstöße gegen die Menschenwürde in der Folterpraxis der US-amerikanischen Kriegführung im Irak, gewissermaßen aus Erschütterung, verfasst wurde und danach fragt, ob denn die Vorstellung einer verbreiteten Durchsetzung des Ideals der Menschenwürde heute überhaupt noch als realistisch zu betrachten sei oder ob es sich bei ihr nur um eine Art Schönwetterphänomen handele, das sich in Krisenzeiten wie denen einer kriegerischen Auseinandersetzung rasch als illusorisch erweise.

Der Band wird abgeschlossen mit einer Auseinandersetzung, die auf mein kleines Buch von 2016 »Kirche als Moralagentur?« zurückgeht. Ich habe damals unter dem Eindruck der bedingungslosen Rechtfertigung einer liberalen Einwanderungspolitik durch die beiden großen christlichen Kirchen in Deutschland nicht etwa ihre politische Rolle überhaupt infrage gestellt, wie mir verschiedentlich unterstellt wurde. Ich habe allerdings Vorbehalte gegen die Eindeutigkeit geäußert, mit der auf einem einzelnen Politikfeld christlich argumentiert wurde, und auf die Selektivität hingewiesen, mit der in der Migrationspolitik, aber z. B. nicht in Sachen Frieden und Abrüstung, aus dem Ethos des Evangeliums ohne große Vermittlung politische Konsequenzen abgeleitet wurden. Im ersten der beiden hier kombinierten Texte rufe ich meine Argumentation dazu in Erinnerung, um dann im zweiten auf die Stellungnahmen einiger der prominentesten Kritiker und Kommentatoren (von Annette Schavan bis Peter Dabrock) meiner Position einzugehen. Damit soll der zentrale Punkt meiner Argumentation deutlich gemacht werden, dass nämlich der moralische Universalismus nur unter der gleichzeitigen Berücksichtigung inkommensurabler partikularer Verpflichtungen gelebt werden kann. So wichtig der moralische Universalismus des Christentums für mein Verständnis von Kirche ist, so wenig darf Kirche nämlich zur bloßen Moralagentur werden, auch nicht im Namen einer universalistischen Moral.

Wie dieser Überblick zeigt, ist dieses Buch nicht ein Manifest zur Kirchenreform, kein Vademekum etwa für den Synodalen Weg in Deutschland. Das heißt natürlich nicht, dass ich keine Meinungen hätte zu den umstrittenen Fragen wie dem Priestertum der Frau, dem Pflichtzölibat der Priester, der Sexualmoral oder der Intransparenz kirchlicher Entwicklungsprozesse. An vielen Stellen in meinen Veröffentlichungen habe ich diese auch bereits vorgetragen oder zu erkennen gegeben.[10] Aber nicht diese Meinungen und ihre Begründungen stellen das Spezifische dar, was ich in dieser emotional hoch aufgeladenen Krisensituation der

10 So in Hans Joas, Glaube als Option. Zukunftsmöglichkeiten des Christentums, a. a. O. und in vielen kleineren Texten und Interviews.

Kirche beitragen möchte. Ich habe vielmehr die Hoffnung, dass die in diesem Buch vorgetragenen Überlegungen einen Beitrag leisten könnten, die Auseinandersetzungen zwischen Reformern und Bewahrern nicht einfach als Machtkampf zu führen. Nichts ist ja damit gewonnen, wenn eine der Seiten kurzfristig obsiegt, aber langfristig die Institution Schaden leidet. Das gemeinsame Ziel muss sein, alle institutionellen Fragen an den leitenden Idealen orientiert zu reflektieren und an der Aufgabe, die Kirche in ihrer Mission zur Verbreitung des Ideals universaler Menschenwürde zu stärken. Nur aus der verstärkten Orientierung an dieser Aufgabe können auch neues Selbstbewusstsein und neue Kraft gewonnen werden, nicht schon aus der Überwindung von Missständen, so wichtig diese ist. Wer die gegebenen institutionellen Formen nur verteidigt, ohne zeigen zu können, dass sie diesem Ideal gedient haben und dienen, aber auch wer sie ändern will und dabei als positives Modell nur die politische Demokratie anführt und keine auf den Sinn von Kirche bezogene eigene Leitvorstellung entwickelt, verfehlt in meiner Sicht die Aufgabenstellung. An diese soll hier erinnert werden, und das scheint geboten selbst dann, wenn keine volle Klarheit über den zukünftigen Weg besteht.

Gerade in Deutschland finden die Debatten über Kirche und Kirchenreform oft in einer Stimmung des drohenden Untergangs statt. Diese Stimmung kontrastiert sehr stark mit dem Befund, der sich aus der Globalisierung des Christentums ergibt, dass sich das Christentum nämlich, weltweit gesehen, gegenwärtig in einer der größten Expansionsphasen seiner ganzen Geschichte befindet.[11] Logisch widersprechen sich europäische Schrumpfung und globale Expansion selbstverständlich nicht; das eine kann empirisch gleichzeitig mit dem anderen der Fall sein. Abschließend will ich

11 So Philip Jenkins, The Next Christendom. The Coming of Global Christianity, Oxford 2002.

aber noch kurz auf die Frage eingehen, ob es nicht doch – wie Inglehart behauptet – überzeugender ist, von einem globalen Niedergang der Religion in unserer Zeit zu sprechen. Ich beschränke mich dabei auf Bemerkungen zu den beiden großen Mächten der Gegenwart, deren welthistorische Kollision eine der großen Gefahren des einundzwanzigsten Jahrhunderts darstellt: die USA und China. Holen die USA heute die europäische Säkularisierung mit epochaler Verzögerung nach? Wird China eine Weltmacht ohne Religion?

Für die Annahme, die USA holten heute die europäische Säkularisierung nach und bögen damit in den klassischen Weg von Modernisierung plus Säkularisierung ein, spricht die rapide Zunahme des Anteils von Menschen, die dort bei Befragungen angeben, keiner Religionsgemeinschaft anzugehören. Vor allem seit den früher 1990er Jahren ist diese Zunahme nicht mehr zu übersehen. Während der Anteil im Jahr 1997 z. B. zehn Prozent betrug, stieg er zehn Jahre später auf fünfzehn Prozent, erreichte im Jahr 2014 zwanzig Prozent[12] und nach der jüngsten, im Dezember 2021 veröffentlichten Erhebung des Pew Research Center jetzt sogar neunundzwanzig Prozent. Was einst wie ein bloßer Rundungsfehler aussah, heißt es deshalb,[13] ist dabei, ein Viertel der amerikanischen Bevölkerung auszumachen. Nun ist freilich der religionssoziologischen Forschung schon lange bewusst, dass es höchst riskant ist, Aussagen über Religiosität hauptsächlich auf Daten zur Mitgliedschaft in Kirchen und Religionsgemeinschaften zu stützen. Schließlich kann man Mitglied sein, ohne in irgendeinem ernsthaften Sinn dem Glauben eine orientierende Rolle für die eigene Lebensführung zuzusprechen. Umgekehrt kann man auch gläubig sein, ohne zum Zeitpunkt der Befragung einer religiösen Organi-

12 Zu vielen der im Folgenden auftauchenden quantitativen Angaben und zu ihrer statistischen Interpretation vgl. Ryan P. Burge, The Nones. Where They Come From, Who They Are, and Where They Are Going, Minneapolis 2021.

13 Ebd., S. 4.

sation anzugehören. Es ist deshalb von vornherein auszuschließen, die bloße Zunahme der Nichtmitglieder (»religiously unaffiliated«, »nones«) ohne weiteres als Zunahme unreligiöser oder gar antireligiöser Einstellungen zu interpretieren. Für eine solche weitergehende Aussage muss genauer aufgeschlüsselt werden, um welche Einstellungen und Verhaltensweisen in Hinsicht auf Religion und Religionsgemeinschaften es sich bei den »nones« überhaupt handelt. Ob eine solche Aufschlüsselung möglich ist, hängt dann allerdings von den in der jeweiligen Befragung überhaupt vorgegebenen Kategorisierungen ab. Als hilfreich haben sich dabei die Versuche erwiesen, immerhin zwischen entschiedenen Atheisten, Agnostikern und Menschen zu unterscheiden, die sich in puncto Religion als »nothing in particular« bezeichnen.

Geschieht dies, stellt sich eindeutig heraus, dass die Zahl der entschiedenen Atheisten nur etwa ein Fünftel aller religiös Ungebundenen in den USA ausmacht; jeder Versuch von organisierten Atheisten, als Sprecher aller religiös Ungebundenen anerkannt zu werden, ist deshalb zumindest in den USA nicht gerechtfertigt. Auch die Agnostiker haben einen ähnlich großen (bzw. kleinen) Anteil an dieser Gruppe. Mehr als die Hälfte der religiös Ungebundenen sind nämlich Menschen, die sich zwar gegenwärtig keiner spezifischen Religionsgemeinschaft zuordnen, aber keineswegs in ihren Einstellungen als areligiös bezeichnet werden können. Während mehr als ein Viertel der US-Amerikaner heute keiner Religionsgemeinschaft angehört, bestreitet nur ein wesentlich kleinerer Teil (nach manchen Befunden vier Prozent oder, wenn diejenigen hinzugezählt werden, welche die Frage nach Gott für nicht beantwortbar halten, also die »Agnostiker«, zehn Prozent) die Existenz Gottes. Die Gruppe der Ungebundenen ist nämlich in sich äußerst heterogen; zu ihr gehört fast die Hälfte aller US-Amerikaner asiatischer Abstammung, weil deren Traditionen sich der »Konfessionalisierung« des Glaubens entziehen, und ein wachsender Teil der schwarzen Unterschicht. Besonders eindrucksvoll ist der Befund, dass in einer kurzen Zeitspanne von vier Jahren (2010 bis 2014) jeder Vierte der Ungebundenen sich einer Religionsgemeinschaft anschloss, meist einer christlichen. Dies weist daraufhin, dass für einen beträchtlichen Teil der »nones« in den USA die Nichtzugehörigkeit nur eine vorübergehende Lebensphase darstellt. Das ist in anderen Ländern, in denen es gefestigte und schon über Generationen weitergegebene nicht- oder antireligiöse Überzeugungen gibt, sehr anders.

Doch soll damit nicht davon abgelenkt werden, dass die Zunahme der »nones« tatsächlich epochalen Charakter zu haben scheint. In der Literatur werden verschiedene Erklärungsfaktoren dafür ins Spiel gebracht, etwa die Abnahme von Eheschließungen und Elternschaft, da Menschen ohne Ehe und Kind doppelt so häufig keiner Religionsgemeinschaft angehören als die stärker Familiengebundenen. Am stärksten scheinen aber politische Einstellungen für die Veränderung verantwortlich zu sein. Seit den 1970er Jahren werden die christlichen Kirchen und Religionsgemeinschaften – die der sogenannten Mainline Protestants ebenso wie die der Evangelikalen und auch die katholische Kirche – in den USA immer mehr als Verbündete der politischen Rechten wahrgenommen, was dazu führt, dass sich Demokraten und Linksgerichtete immer weniger von ihnen repräsentiert fühlen. Von ihnen abgestoßen, entscheiden sich dann Menschen, ihren religiösen oder spirituellen Weg außerhalb dieser Organisationen weiterzugehen. Das ließe sich (in Anlehnung an den spanisch-amerikanischen Religionssoziologen José Casanova) als die Strafe bezeichnen, die droht, wenn christliche Kirchen und Gruppen einfach Teil der Kulturkämpfe werden, statt Orte zu ihrer Überwindung zu sein.

Es ist hier nicht der Ort, um diesen Problemen gründlich nachzugehen.[14] Festgehalten werden muss aber, dass eine solche poli-

14 Weiterführend Philip Gorski, Am Scheideweg. Amerikas Christen und die Demokratie vor und nach Trump, Freiburg 2020.

tische Erklärung für die abnehmende Bedeutung der Kirchen etwas anderes ist als die Erklärung aus Modernisierungsprozessen. Während die eine den Blick darauf lenkt, in einer einseitigen politischen Positionierung der Kirchen eine Ursache für ihren Glaubwürdigkeitsverlust auch unter Christen zu suchen, behandelt die andere die Schwächung der Kirchen als (begrüßens- oder bedauernswerte) unvermeidliche Folge wirtschaftlichen und wissenschaftlich-technischen Fortschritts.

Wer schließlich an China mit der Brille der Modernisierungstheorie herantritt, müsste eigentlich dort ein hohes Religiositätsniveau erwarten, ebenso wie ein niedriges für die USA. Die Befunde ergeben aber zunächst genau das gegenteilige Bild. Es ist ganz offensichtlich, dass für die Situation in China in dieser Hinsicht die jahrzehntelange Repression aller Religionen durch den kommunistischen Staat eine zentrale Rolle gespielt hat. Vor allem in der maoistischen »Kulturrevolution« war diese Repression so stark, dass schon triumphierend von der Überwindung aller Religion auf chinesischem Boden gesprochen werden konnte. Für diese Repressionspolitik spielte natürlich die marxistische Religionskritik und die Kontinuität mit der stalinistischen Politik in der Sowjetunion eine große Rolle, doch war das Ausmaß der Unterdrückung sogar stärker als in der Sowjetunion und in den europäischen kommunistischen Staaten. Um dies zu verstehen, muss man sich vergegenwärtigen, wie sehr in China die eigenen religiösen Traditionen schon von nichtkommunistischen Reformern im zwanzigsten Jahrhundert als Hindernisse für wirtschaftliche Modernisierung aufgefasst wurden, als bloße Kulte und Aberglaubensformen ungleich der institutionsbildenden Kraft des Christentums. Gerade in der Institution Kirche konnte man so die Stärke der Christen und des Westens begründet sehen. Bei den Kommunisten kam dann noch das Motiv des Kampfes gegen den Imperialismus hinzu. Wenn die eigenen religiösen Traditionen als Modernisierungshindernis, das Christentum aber als Werkzeug des westlichen Imperialismus und der Buddhismus mit seinen organisatorischen Strukturen als Werkzeug des japanischen Imperialismus erschienen, dann schien nur ein radikaler Säkularismus den Weg zur Wiedergeburt Chinas weisen zu können.

Nach dem Tod Maos, aber v. a. ab dem Anfang der 1980er Jahre, setzte in China eine epochale religiöse Revitalisierung ein, die mit einer ebenso epochalen ökonomischen und wissenschaftlich-technischen Modernisierung einhergeht.[15] Die Wiederbelebung der Religion betrifft die kultureigenen religiösen Traditionen ebenso wie das Christentum. Auf die vielfältigen Ausdrucksformen dieser Revitalisierung, auch ihre Bedeutung für ethnische Konflikte (Uiguren, Tibet) und die Unterschiede zwischen katholischer Kirche und protestantischen Freikirchen ist hier nicht einzugehen. Wenngleich die staatliche Repression auf religiösem Gebiet unter Xi Jinping wieder massiv zugenommen hat, wäre es falsch, diese heute als Zeichen für einen tief verwurzelten chinesischen Säkularismus zu deuten. Im Gegenteil: Es ist wohl angebracht, die Repression auf die Wahrnehmung einer wachsenden Attraktivität der Option des Glaubens in China zurückzuführen. Schon vor jeder Institutionalisierung steckt darin für viele Menschen das Potential zu einer über Geschichte und Politik hinausgehenden existentiellen Sinnsuche und Selbstvergewisserung, die schon als solches als bedrohlich für die gegebenen Machtstrukturen betrachtet werden kann. Auf institutioneller Ebene kollidieren dann die Ansprüche auf totale staatliche Kontrolle insbesondere mit denen von übernationalen religiösen Institutionen, sich eben dieser Kontrolle nicht zu unterwerfen. Die Frage, wie diese verschiedenen Ansprüche zu gewichten sind, stellt eine der großen historischen Herausforderungen der Gegenwart dar. Man hat die relative politische Widerstandslosigkeit des Konfuzianismus nach

15 Einen äußerst anschaulichen Eindruck vermittelt das Buch des langjährigen amerikanischen China-Korrespondenten: Ian Johnson, The Souls of China. The Return of Religion After Mao, New York 2017.

dem Zusammenbruch des Kaiserreiches 1911/12 auch darauf zurückgeführt, dass er eben keine Kirche kannte und damit ohne das Kaisertum zu einer »Seele ohne Körper«[16] wurde. Es ist angebracht, die Frage nach dem Sinn der Institution Kirche auch in diese Zusammenhänge zu rücken.

Zum Schluss dieses Vorworts sei noch erwähnt, dass die Widmung dieses Buches zwei Menschen gilt, die die Katholische Akademie in Berlin zu einem der lebendigsten Orte des kulturellen und religiösen Gesprächs in der deutschen Hauptstadt und zu einem Treffpunkt aller, die bereit sind, einander zuzuhören, und mir persönlich zur Heimat gemacht haben. Voller Dankbarkeit und in Freundschaft widme ich Susanna Schmidt, Direktorin 1997 bis 2006, und Joachim Hake, Direktor seit 2007, dieses Buch.[17]

---

16 Yu Yingshi, hier zitiert nach Ji Zhe, Religion, modernité et temporalité. Une sociologie du bouddhisme chan contemporain, Paris 2016, S. 46.

17 Dank gebührt außerdem Daniel Deckers für wertvolle inhaltliche und redaktionelle Hinweise zum gesamten Manuskript des Buches und meiner Mitarbeiterin Emma Sandner für ihre Hilfe bei der Beschaffung von Literatur und der Erstellung eines druckreifen Manuskripts.

2. Warum Kirche? Ist Transzendenz organisierbar?

»Kirchensoziologie« – dieser Begriff nahm seit den frühen 1960er Jahren in den Sozialwissenschaften und insbesondere in der Religionssoziologie immer mehr einen schlechten Klang an. Man verstand darunter zunehmend eine Art von Forschung, die sich angeblich zum bloßen Instrument der Kirchenleitungen machen ließ, indem sie etwa Daten sammelte und auswertete, die diese Leitungen benötigten, oder zur Rationalisierung der Organisationsstrukturen in den Kirchen beitrug. Diese Art von kirchensoziologischer Auftragsforschung diente aufstrebenden Vertretern des Faches als bloße Folie, gegen die sie ihre eigenen Projekte definierten, zum Beispiel Forschungen über neue Formen der Spiritualität, die sich außerhalb kirchlicher Institutionen identifizieren ließen. Für sich selbst nahmen diese Forscher einen weiteren Horizont und eine intellektuelle Unabhängigkeit in Anspruch, die sie den sogenannten Kirchensoziologen zugleich absprachen. Dieser Zerfall des Feldes in zwei Lager – das der Kirchensoziologen und das derjenigen, die (unter dem Einfluss von Thomas Luckmann) hauptsächlich Mikrophänomene des gegenwärtigen religiösen Lebens studierten und dabei von der Vorstellung einer immer weiter voranschreitenden Privatisierung der Religion geleitet wurden – hatte eine ironische Konsequenz: Beide Seiten vernachlässigten nämlich die Aufgabe, die Institution Kirche ganz grundsätzlich aus soziologischer Perspektive zu analysieren. Für die einen war »Kirche« schlicht die unbefragte Voraussetzung ihrer Arbeit; für die anderen hauptsächlich ein Relikt der Vergangenheit, das in naher Zukunft, spätestens im Jahr 2000, praktisch verschwunden sein würde – so der bekannte österreichisch-amerikanische Soziologe Peter Berger in einer Äußerung im Jahr 1968 in der »New York Times«, was er später sehr bedauerte und zurücknahm.[1]

Eine Soziologie der Kirche hat nun meines Erachtens, anders als eine rein praktisch orientierte Kirchensoziologie, zu ihrem Ausgangspunkt die Staunen erregende und zum Nachdenken zwingende Tatsache zu nehmen, dass es so etwas wie die Kirche überhaupt gibt. Wir nehmen es viel zu sehr als selbstverständlich hin, dass es in unserer Welt und trotz allem sozialen Wandel eine Institution gibt, die sich bei allen Konflikten und Spaltungen doch auf eine im Prinzip kontinuierliche Tradition von fast 2000 Jahren berufen kann. Auch diejenigen, denen diese Behauptung zu katholisch klingt und die den großen Bruch der Reformation betonen, werden zumindest die große Kontinuität der Institutionen seit der Reformation nicht in Abrede stellen. Niemand kann bestreiten, dass dies ein bemerkenswertes Phänomen ist; manche werden sich sogar versucht fühlen, darin eine Art Wunder zu sehen. Nur sehr wenige Staaten auf der Welt können eine ähnliche

1 Peter L. Berger, »A bleak outlook is seen for religion«, in: The New York Times, April 25, 1968, S. 3. Selbstverständlich gab es immer auch Ausnahmen von dieser Einteilung in zwei Lager. In Deutschland hat etwa Franz-Xaver Kaufmann hervorragende Beiträge zu einem soziologischen Verständnis von Kirche vorgelegt. Vgl. ders., Kirchenkrise. Wie überlebt das Christentum?, Freiburg 2011. Einen wichtigen Beitrag, von der Seite der katholischen Theologie aus eine vorurteilsfreie Brücke zu einer Soziologie der Kirche zu schlagen, hat in seiner Dissertation Reinhard Kardinal Marx vorgelegt: ders., Ist Kirche anders? Möglichkeiten und Grenzen einer soziologischen Betrachtungsweise, Paderborn 1990. Dieser wurde in der Soziologie aber nach meinem Eindruck völlig ignoriert. Seine Darlegungen leiden darunter, die Soziologie insgesamt mit funktionalistischen Denkweisen zu identifizieren. Vom selben Autor neuerdings zum Thema: Reinhard Marx, Kirche überlebt, München 2015. In der US-amerikanischen Theologie liegt als klassischer Versuch zu einer Soziologie der Kirche vor: James M. Gustafson, Treasure in Earthen Vessels. The Church as a Human Community (1961), Louisville, Kt. 2009.

ununterbrochene Kontinuität für sich behaupten, am ehesten Japan und bis zu einem gewissen Grade China. Aber dies sind eben Staaten, d. h. politische Einheiten, die auf Macht und einem spezifischen Territorium beruhen. Diese Staaten haben zwar selbst eine religiöse Dimension, sind aber nicht religiöse Gemeinschaften mit einer über jedes begrenzte Territorium hinausreichenden, auf die gesamte Menschheit zielenden, in diesem Sinne universalistischen Orientierung. Es gibt zwar religiöse Traditionen von anhaltender Lebenskraft in der Welt, die älter sind als das Christentum, etwa den Buddhismus und das Judentum, aber diese haben bei aller Bedeutung des Mönchtums und der Klöster im Buddhismus und der Netzwerke von Synagogen im Judentum keine institutionelle Struktur ausgebildet, die mit der »Kirche« der Christen vergleichbar wäre. Man kann sogar sagen, dass überhaupt keine der sogenannten Welt- oder Universalreligionen eine ähnliche institutionelle Gestalt hervorgebracht hat, und von den Stammes- oder Nationalreligionen gilt dies wegen ihrer sozial begrenzten Reichweite ohnehin. Der Konfuzianismus hat keine selbständigen institutionellen Strukturen ausgebildet, was den organisierten Widerstand gegen die kommunistische Zwangssäkularisierung unter Mao praktisch unmöglich machte. Der Islam kennt bei aller Kraft zur Institutionenbildung und trotz Ansätzen zu klerikalen Strukturen in der Schia keine Kirche, und während man oft hören kann, ihm fehle eine Reformation, sagen andere, es fehle ihm vor allem das Papstamt und damit eine Instanz der autoritativen Zurückweisung willkürlicher Formen der Politisierung der Religion. Obwohl es durchaus gängig ist, von einer daoistischen »Kirche« in der Geschichte Chinas zu sprechen, wäre es abwegig, in ihr eine ähnliche universalistische Orientierung am Werk zu sehen, wie dies beim Christentum der Fall ist. Oft gibt es bei diesen religiösen Traditionen eine stärkere Fusion von Religion und Ethnizität als im Christentum – so bei Judentum und Hinduismus – oder von Religion und Imperium bzw. Staat – so traditionell im chinesischen Fall.

Trotz des Fehlens einer der christlichen Kirche ähnlichen Struktur in anderen Weltreligionen muss aber der erste Schritt zu deren historisch-sozialwissenschaftlichem Verständnis gerade darin bestehen, die Organisationsprobleme all derjenigen Religionen zur Kenntnis zu nehmen, die über ein bestimmtes Volk und einen bestimmten Staat hinaus auf alle Menschen zielen. So richtig es ist, »das Gesellschaftliche nicht aus dem Wesen der Religion aus(zu) klammern« und damit aller Religion notwendig auch Sozialgestalt zuzuschreiben, so sehr greift man doch zu kurz, wenn man damit schon das spezifische Organisationsproblem »universalistischer« Religionen wie des Christentums erfasst zu haben meint.[2] Man spricht heute weniger von Weltreligionen als von nach-achsenzeitlichen Religionen. Damit ist in Anlehnung an Gedanken und die Begrifflichkeit des deutschen Philosophen Karl Jaspers[3] gemeint, dass es in der Religionsgeschichte der Menschheit Durchbrüche zu einem Verständnis von Transzendenz und moralischem Universalismus gab, die diese Religionen von der einfachen Gleichsetzung mit bestimmten Völkern, Kulturen, Staaten oder Imperien abtrennten. Es kamen in all diesen Durchbrüchen Ideale auf, die sich vom Heldenethos der Stammesgesellschaften und dem kriegerischen Geist archaischer Imperien radikal unterschieden. Diese neuen Ideale etwa des Verzichts auf Gewalt ließen sich unter den gegebenen Bedingungen aber nicht verwirklichen; sie sind im Übrigen ja auch heute weit von ihrer Verwirklichung und vielleicht sogar prinzipiell von aller Verwirklichbarkeit entfernt. Eben deshalb aber, wegen der Schwierigkeit oder Unmöglichkeit ihrer Verwirklichung, konnten diese Ideale nur bewahrt werden, wenn es Institutionen zu ihrer Be-

2 In dieser Hinsicht unzulänglich scheint mir auch das wichtige Kapitel »Christentum als Kirche« in: Karl Rahner, Grundkurs des Glaubens. Einführung in den Begriff des Christentums, Freiburg 1984, S. 313–387, hier S. 332 f.

3 Karl Jaspers, Vom Ursprung und Ziel der Geschichte, München 1949. Als Überblick über die daran anknüpfenden Forschungen: Hans Joas, Was ist die Achsenzeit? Eine wissenschaftliche Debatte als Diskurs über Transzendenz, Basel 2014.

wahrung gab oder solche neu entstanden. Um die Ideale am Leben zu erhalten, um sie den Nachkommen weiterzugeben und weitere Menschen mit ihnen in Verbindung zu bringen, um die Mitglieder der so entstehenden Gemeinschaft zu schützen, um in gemeinsamen Ritualen die Ideale immer wieder neu zu verlebendigen und um Formen des Zusammenlebens zu ermöglichen, die sich in größerer Harmonie mit den Idealen befinden, als es die Lebensführung im Allgemeinen zulässt – aus all diesen Gründen bedurfte es neuer Institutionen, und dies angesichts der Schwierigkeiten, die Ideale zu verwirklichen oder sich eine Verwirklichung überhaupt nur durch menschliches Handeln vorzustellen. Das ist die soziologische Dynamik, die zur Entstehung des buddhistischen Mönchtums geführt hat und zur Entstehung philosophischer Schulen und »Akademien« um griechische und chinesische Weisheitslehrer herum.[4] Wenigstens in einzelnen Hinsichten sind diese Institutionen funktionale Äquivalente für das, was Kirche im Christentum bedeutet. Während also nicht alle Weltreligionen eine Kirche ausgebildet haben, haben sie doch Organisationsformen hervorgebracht, die ihren Inspirationen entsprechen, und je mehr diese Inspirationen sie über die vorhandenen Sozialformen hinaustrieben, desto mehr.

An dieser Stelle werde ich die Spur des soziologischen interreligiösen Vergleichs freilich nicht weiterverfolgen. Ich beschränke mich vielmehr auf das Christentum. Auch innerhalb des Christentums ist nämlich die Kirche nicht die einzige soziale Organisationsform der Gläubigen. Mein Ziel wird es sein, der Sozialform Kirche im Vergleich mit diesen anderen Formen der sozialen Organisation der Christen ein deutlicheres Profil zu geben, dabei aber auch zu fragen, was die Kirchen von diesen anderen Sozialformen des Christentums lernen können.

4 Vgl. dazu Robert N. Bellah, Der Ursprung der Religion. Vom Paläolithikum bis zur Achsenzeit, Freiburg 2011, S. 820 f.; Ilana Friedrich Silber, Virtuosity, Charisma, and Social Order. A Comparative Sociological Study of Monasticism in Theravada Buddhism and Medieval Catholicism, Cambridge 1995.

Der Versuch, die Kirche und andere Formen der institutionellen Selbstorganisation von Christen soziologisch zu betrachten, hat – so die allgemeine Auffassung in den Sozialwissenschaften – einen ganz klar feststellbaren wissenschaftsgeschichtlichen Ausgangspunkt. Er liegt in den Gesprächen zweier Kollegen und Freunde, die am Anfang des zwanzigsten Jahrhunderts in Heidelberg sogar unter einem Dach, allerdings in getrennten Wohnungen, lebten: Ernst Troeltsch, der berühmte protestantische Theologe und Christentumshistoriker, und Max Weber, der von Nationalökonomie und Juristerei herkommend zur bedeutendsten Gründergestalt des Faches Soziologie wurde. Beide, Troeltsch und Weber, verfochten in ihren Schriften eine wichtige und folgenreiche Unterscheidung zwischen zwei Typen der sozialen Organisation der Christen, nämlich der »Kirche« und der »Sekte«.[5] Beide scheinen je für sich den Anspruch erhoben zu haben, diese begriffliche Unterscheidung erfunden zu haben, und da wir ihre Gespräche und ihren täglichen Umgang miteinander nicht rekonstruieren können, werden wir vermutlich nie definitiv herausfinden, wer hier mit größerem Recht einen Originalitätsanspruch erheben darf. Allerdings wissen wir heute, dass die Unterscheidung sich schon in verschiedenen Schriften protestantischer Kirchenhistoriker des neunzehnten Jahrhunderts vorbereitet hatte, was der Frage »Weber oder Troeltsch?« etwas von ihrer Dramatik nimmt.[6] Auf der katholischen Seite gab es keine ähnliche Entwicklung. Dort war ein starker Supranaturalismus, d. h. die Vorstellung einer »übernatürlichen« Stiftung der Kirche, lange Zeit ein Hindernis dafür, die Kirche überhaupt einer soziologischen Analyse zu unterwerfen. Die Zusicherung Jesu (Mt 16,18), dass

5 Ernst Troeltsch, Die Soziallehren der christlichen Kirchen und Gruppen, Tübingen 1912; Max Weber, Wirtschaft und Gesellschaft, Tübingen 1922, passim.

6 Manfred Wichelhaus, Kirchengeschichtsschreibung und Soziologie im neunzehnten Jahrhundert und bei Ernst Troeltsch, Heidelberg 1965.

die »Pforten der Hölle« oder »die Macht des Todes« die Kirche nicht überwältigen würden, erschien als hinreichend für die Erklärung institutioneller Kontinuität und als Garantie für diese. Sogar Romano Guardini, gewiss einer der aufgeschlossensten katholischen Denker des zwanzigsten Jahrhunderts, vertrat noch in den 1960er Jahren die Auffassung, die Kirche sei ein »Mysterium«, das sich psychologischen, soziologischen und historischen Erklärungsversuchen prinzipiell entziehe.[7] Auf der protestantischen Seite waren in Deutschland und in Skandinavien die Kirchen lange Zeit so sehr in die staatlichen Herrschaftsapparate integriert, dass auch hier kein Bedürfnis aufkam, die Spezifika der Kirche wirklich zum Gegenstand der Untersuchung zu machen. Dies änderte sich dann allerdings, wie erwähnt, im neunzehnten Jahrhundert schrittweise. In der englischsprachigen Welt wiederum konnte ein repräsentativer Denker wie John Locke in seinem berühmten »Brief über Toleranz« (»Letter Concerning Toleration«) von 1685/86 die Kirche als einen rein freiwilligen Zusammenschluss von Individuen bezeichnen, »a voluntary society of men, joining themselves together of their own accord, in order to the public worshipping of God, in such manner as they judge acceptable to him and effectual to the salvation of their souls«.[8] Die Suche nach dem Seelenheil wird hier als rein individuelle Angelegenheit betrachtet, die einen zwar mit anderen zusammenführen *kann*, wobei dieser Zusammenschluss aber nie mehr sein darf als ein bloßer Verein.

Wir haben damit drei grundsätzliche denkerische Ansätze zu einer Soziologie der Kirche, die alle überwunden werden müs-

7 Romano Guardini, Zwischen zwei Büchern (1965), in: ders., Vom Sinn der Kirche/Die Kirche des Herrn, Mainz/Paderborn 1990, S. 105–113, hier S. 106 f.

8 John Locke, A Letter Concerning Toleration. Latin and English Texts Revised and Edited with Variants and an Introduction by Mario Montuori, Den Haag 1963, S. 23.

sen, wenn diese nicht von vornherein zum Scheitern verurteilt sein soll, weil in ihr das Selbstverständnis von Kirche gar nicht rekonstruiert werden kann oder sich aller Erdung entzieht. Zu überwinden ist sowohl der supranaturale Anspruch, demzufolge Kirche als göttliche Stiftung überhaupt nicht als menschliche Institution betrachtet werden dürfe; die Vorstellung, sie sei nur Teil des Staates oder, wie es in kirchenkritischer Polemik manchmal heißt, dessen »verlängerter Arm«; und die Behauptung, Kirche sei nichts anderes als der freiwillige Zusammenschluss ihrer Mitglieder in vereinsartiger Gestalt. Während auf der katholischen Seite im neunzehnten Jahrhundert unter dem Schutz des Supranaturalismus ein autoritär-hierarchisches und übermäßig zentralistisches Verständnis von Kirche verstärkt wurde, lockerten in den deutschen protestantischen Gebieten die schleichende Auflösung des Staatskirchentums und die wachsende religiöse Heterogenität den Widerstand gegen ein soziologisch reflektiertes Kirchenverständnis. Auf die Bemühungen dieser heute meist vergessenen Theologen konnten sich dann, wie gesagt, Troeltsch und Weber stützen. Für Troeltsch war es eines der Hauptresultate seiner genialischen soziologischen Studie zur Geschichte des Christentums (»Die Soziallehren der christlichen Kirchen und Gruppen«) von 1912, dass die Evangelien und auch die Geschichte des frühen Christentums nicht wirklich unzweideutige Anhaltspunkte oder Richtlinien für die Bildung christlicher religiöser Gemeinschaften enthielten. Deshalb seien sowohl der Typus Kirche wie der Typus Sekte von vornherein im Christentum angelegt. Die Kirche verfüge stärker über die Fähigkeit, viele verschiedenartige Mitglieder aufzunehmen und zu integrieren, und sei besser in der Lage, sich an ihre Umwelt anzupassen und Kompromisse zwischen den religiösen Idealen und den politisch-ökonomischen Rahmenbedingungen zu schließen. Der Grund für diese bessere Integrations- und Anpassungsfähigkeit liege darin, dass Kirchen eine starke Unterscheidung machten zwischen den subjektiven moralischen und spirituellen Qualitäten ihrer Mitglieder einerseits und dem objektiven Gnaden- und Heilsschatz, über den die Institution als ganze und ihre hierokratische Elite verfügten, andererseits. »Herr, Jesus Christus, schau nicht auf unsere Sünden, sondern auf den Glauben deiner Kirche«, heißt es im »Friedensgebet« jeder katholischen Eucharistiefeier. Sekten dagegen seien freiwillige Zusammenschlüsse mit kleineren Mitgliedszahlen bewusster und strenger Christen, die ihren Abstand von der Welt betonen und die moralische Reinheit ihrer Organisation. Sie verlangen von ihren Mitgliedern eine strikt christliche Lebensführung und entwickeln dafür präzise Vorstellungen und Kontrollmechanismen; oft neigen sie zu eschatologischen Vorstellungen.

Während der Arbeit an seinem Buch zur Geschichte des Christentums fand Troeltsch es immer mehr nötig, über dieses bloße Zweierschema hinauszugehen und einen dritten Typus einzuführen. Er schwankte in dessen Bezeichnung zwischen Begriffen wie »Mystik« und »Spiritualität«. Dieser dritte Typus habe das geringste Potential zur Ausbildung von Gemeinschaften, weil hier das persönliche emotionale Leben von Individuen im Zentrum stehe und aus diesem nur recht flüssige Formen geteilten Lebens hervorgehen könnten. Lange Zeit konnte man der Meinung sein, es handle sich hier um ein Randphänomen, etwa die Konventikel der Pietisten, die diese nicht aus der jeweiligen Kirche herausführten; bei Weber kommt dieser dritte Typus gar nicht vor. Heute aber, nach einem weiteren Jahrhundert verstärkter Individualisierung gerade auch auf religiösem Gebiet, sieht es eher so aus, als habe Troeltsch hier mehr Scharfblick für die Zukunft bewiesen als Weber, dem zeitgenössische mystische Tendenzen als bloße Regression und Verantwortungslosigkeit erschienen.

Es wird oft übersehen, dass Troeltsch auch das Dreierschema keineswegs für vollständig erklärte, sondern nur von drei *Haupt*typen der sozialen Organisation des Christentums sprach. Neben diesen Haupttypen ließ er also sehr wohl weitere zu. Ein Beispiel dafür ist die »Heilsarmee«. In einem langen Besprechungsaufsatz einer soziologischen Studie von 1915 über die Heilsarmee[9] warf er die Frage auf, wie es sein könne, dass Christen die Armee zum Vorbild für ihre Organisation nehmen konnten – und dies übrigens nicht zum ersten Mal in der Geschichte, wie etwa die frühe Entwicklung des Jesuitenordens zeigt. Viel interessanter als ein Versuch, die Typologie auf diese Weise zu erweitern und vielleicht zu komplettieren oder die empirische Angemessenheit der Typen in jedem einzelnen Fall zu überprüfen, ist aber etwas anderes – die Frage nämlich, warum eine solche Typologie überhaupt so wichtig sein soll.

Der Grund dafür ist meines Erachtens ein sehr tiefsinniger. Die Soziologie von Weber, Troeltsch und anderen bahnte einen Weg, der sich von idealistischen und von materialistischen Denkformen unterscheidet. Unter dem Einfluss idealistischer Philosophien musste es so aussehen, als seien es die Ideale selbst, aus denen Institutionen hervorgehen. Das hatten die Kirchengeschichtler in Auseinandersetzung mit spekulativen, von Hegel beeinflussten Konstruktionen immer mehr als unbefriedigend empfunden. Für Materialisten wiederum haben Ideale überhaupt keine eigene Kraft; sie sind immer nur Projektionen materieller Wünsche und Bedürfnisse, verzerrter Ausdruck wirklicher Interessenlagen. Troeltsch und Weber dagegen schrieben weder Idealen noch Interessen Handlungsfähigkeit zu, sondern nur Menschen – mit ihren Idealen und ihren Interessen. Die Institutionen des Christentums müssen deshalb nicht einfach als Emanationen christlicher Ideale aufgefasst werden, sondern sind als Resultate des Versuchs von Gläubigen zu begreifen, ihre Ideale gegen eine Welt zu bewahren, die die Verwirklichung dieser Ideale schwierig macht. Diese Institutionen wirken sich dann wiederum auf das Verständnis der Idea-

9 Ernst Troeltsch, Rezension Peter A. Clasen, Der Salutismus (1915), in: Historische Zeitschrift 115 (1915), S. 327–330, jetzt in: ders., Rezensionen und Kritiken (1915–1923), KGA, Bd. 13, Berlin 2010, S. 84–87.

le aus. Einer der originellsten Züge von Troeltschs Geschichte des Christentums war es deshalb, dogmatische Differenzen zwischen Kirchen und Sekten immer wieder auch als *Folge* ihrer unterschiedlichen Organisationsformen aufzufassen und nicht einfach als *Ursache* für ihre Trennung.

Wir stehen hier vor einem zutiefst pluralistischen Verständnis des Christentums. Sekten und spiritualistische Gemeinschaftsbildungen werden nicht abwertend als Abweichler von der allein seligmachenden Kirche denunziert, doch ebenso wenig werden Kirchen als notwendig korrupt, dekadent oder autoritär verdammt, wie es in der Geschichte sektiererischer Polemik angelegt war. Einzusehen ist, dass die priesterlich-sakramentale Kirche mit ihrer Weltanpassung immer von einzelnen Christen, ja vielleicht von großen Gruppen und ganzen sozialen Bewegungen, als unbefriedigend empfunden werden wird; diese werden sich dann gegen das, was sie als Verdinglichung und Relativierung des Evangeliums empfinden, zur Wehr setzen und nach alternativen Organisationsformen streben, die auf persönlicher Religiosität und ethischer Leistung beruhen. Auch diese Organisationen werden aber wiederum von Einzelnen als engstirnig und unterdrückerisch erfahren werden, so dass sie entweder das Sektenleben zu liberalisieren versuchen oder sich nach der freieren Atmosphäre der Kirchen zurücksehnen. Individuen können in ihrer Biographie, ohne ihr Christsein zu verlieren, ihre Mitgliedschaft wechseln; in den USA ist dies ein Massenphänomen. Religiöse Gemeinschaften können in ihrer Fähigkeit, Mitglieder langfristig zu binden und auch noch deren Kinder, stark variieren. So gesehen ist es ganz unwahrscheinlich, dass sich in der Zukunft des Christentums jemals ein bestimmter Organisationstyp, sei es der der Kirche, der Sekte oder der lockeren spirituellen Gemeinschaft, ausschließlich durchsetzen wird. Alle Institutionen des Christentums sind immer wieder auf dessen Geschichte als einer an einem universalistischen Ideal orientierten sozialen Bewegung zu beziehen.

So großartig Troeltschs Buch in methodischer Hinsicht war, so lückenhaft blieb es empirisch. Das orthodoxe Christentum fehlte ebenso gänzlich wie die anglikanische Kirche und das ganze Christentum außerhalb Europas. Die Darstellung endete mit dem späten achtzehnten Jahrhundert und, was den Katholizismus betraf, mit der Reformation. Wie vielen Protestanten erschien auch Troeltsch der nachreformatorische Katholizismus wie ein bloßes Überbleibsel aus vorreformatorischen Zeiten. Die große Lücke einer adäquaten Darstellung des heiligen Augustinus und seiner Lehre vom Gottesstaat erkannte Troeltsch selbst und füllte sie mit einem eigenen bedeutenden Buch von 1915.[10] In sein Handexemplar trug er zudem laufend Ergänzungen ein, die sich in einer neuen Ausgabe des Werks auf 300 zusätzliche Druckseiten belaufen.[11]

In unserem Zusammenhang können die Details solcher Ergänzungen und Selbstrevisionen bei Ernst Troeltsch beiseitegelassen werden. Zwei Entwicklungen *nach* Troeltsch sind aber von größter Bedeutung für ein angemessenes soziologisches Verständnis von Kirche heute. Auf diese will ich hier deshalb knapp eingehen. Die eine hat die religiöse Situation in den USA als Hintergrund – eine Situation, in der es eine friedliche pluralistische Koexistenz einer Vielzahl christlicher religiöser Gemeinschaften gibt. Die andere erwächst aus der stärkeren Berücksichtigung des nachreformatorischen Katholizismus.

In den USA spricht man, wie weithin bekannt, nicht so sehr von Kirchen und Sekten, sondern von »denominations«, Denominationen. In die Religionssoziologie wurde dieser Begriff 1929 von H. Richard Niebuhr eingeführt, dem jüngeren Bruder von Reinhold Niebuhr, der wohl der bekannteste amerikanische pro-

10 Ernst Troeltsch, Augustin, die christliche Antike und das Mittelalter, München/Berlin 1915.

11 Ernst Troeltsch, Die Soziallehren der christlichen Kirchen und Gruppen (1912), hg. von Friedrich Wilhelm Graf in Zusammenarbeit mit Daphne Bielefeld u. a., 3 Teilbände, KGA, Bd. 9, Berlin 2021.

testantische Theologe des zwanzigsten Jahrhunderts ist. In seinem Buch »The Social Sources of Denominationalism«[12] zeigte der jüngere Niebuhr, dass man die Unterschiede zwischen den christlichen Gruppen in den USA kaum durch theologische Differenzen erklären könne. Entscheidend seien vielmehr ethnische Herkunft, Klassenzugehörigkeit und die »color line«, das heißt Rassismus und Rassentrennung. Für eine universalistische Religion wie das Christentum sei ein solcher Zustand skandalös. Auf diese Weise bilde die Kirche die sozialen Spaltungen nur ab, ohne Hoffnung auf deren Überwindung zu bieten. Auch am Tisch des Herrn säßen Arm und Reich getrennt voneinander. Die Denominationen sind für ihn deshalb etwas Negatives, Embleme eines Prozesses, in dem die Kirche eben das gutheißt, was das Evangelium verdammt.

Im Lauf der Zeit trat in den Arbeiten über die USA aber immer mehr die positive Seite des Phänomens hervor, dass nämlich unter den Bedingungen der Religionsfreiheit und des religiösen Pluralismus die verschiedenen christlichen Strömungen einander prinzipiell anzuerkennen bereit sind. Wenn dieser Aspekt betont wird, wird auch schnell klar, dass Denominationen nicht, wie Niebuhr meinte, ein spätes Stadium in der Entwicklung von Sekten sein müssen, eine abgemilderte Form ihrer ursprünglichen Rigidität. Weder Methodisten noch Kongregationalisten waren je eine Sekte, wie dies die Quäker einmal waren. Sie sind eher etwas wie eine loyale Opposition auf dem Gebiet des Christentums, Minderheiten voller Wille zum Respekt vor den anderen oder einer Mehrheit.[13] Dieses amerikanische Phänomen, für das es Parallelen in den Ländern des britischen Commonwealth gibt, ist durch

12 H. Richard Niebuhr, The Social Sources of Denominationalism (1929), New York 1957. Zu Niebuhr und seinem Werk ausführlich: Hans Joas, Im Bannkreis der Freiheit. Religionstheorie nach Hegel und Nietzsche, Berlin 2020, S. 428–462.

13 In dieser Richtung argumentierte schon früh: David Martin, The Denomination, in: British Journal of Sociology 33 (1962), 1, S. 1–14.

zunehmende religiöse Pluralisierung auch außerhalb dieses Kulturraums zentral geworden.

Die andere wichtige Korrektur an Troeltsch und Weber kommt von einem Soziologen, der aus einer jüdischen Familie in Böhmen stammend nach Großbritannien und in die USA emigrierte, zum Katholizismus konvertierte und sein letztes Lebensjahrzehnt (1975–85) in Salzburg verbrachte: Werner Stark.[14] Er formulierte zwei Haupteinwände gegen die Soziologie der Kirche bei Troeltsch und Weber. Beiden Klassikern warf er erstens vor, nicht genügend zwischen einer universalen und einer territorial begrenzten Kirche (wie den evangelischen Landeskirchen) unterschieden zu haben. Zweitens betonte er die Rolle der Orden innerhalb der Kirche und kontrastierte deren revitalisierende Rolle für die Kirche mit der konflikthaften Wechselwirkung von Sekte und Kirche.[15]

Universalität ist für Stark das wichtigste Merkmal der Kirche überhaupt – Universalität sowohl gegenüber sozialer Ungleichheit wie kultureller Differenz. Stark sah die Unterwerfung unter die vorgefundenen Strukturen sozialer Ungleichheit als die große Versuchung für die mittelalterliche Kirche. Er sah die Widerstandslosigkeit der Kirchen gegen den Nationalismus als ihre große Versuchung »in modern times«. Natürlich war die Hierarchie der Kirche nie einfach eine der Abstammung, aber die meritokratischen Prinzipien standen doch oft hinter denen der aristokratischen Abstammung und der ständischen Ordnung zurück. Der Widerstand der Kirchen gegen Nationalismus, Kolonia-

14 Zu ihm ausführlich: Hans Joas, Im Bannkreis der Freiheit, a. a. O., S. 463–500.

15 Werner Stark, The Sociology of Religion. A Study of Christendom, Bd. 2 und 3, New York 1967. Kurzfassung des fünfbändigen Werks in deutscher Sprache: Werner Stark, Grundriss der Religionssoziologie, Freiburg 1974, S. 36–123. Vom selben Autor hier außerdem wichtig: The Place of Catholicism in Max Weber's Sociology of Religion, in: Sociological Analysis 29 (1968), S. 202–210; The Routinization of Charisma: A Consideration of Catholicism, in: Sociological Analysis 26 (1965), S. 203–211.

lismus und Imperialismus sei häufig kaum erkennbar gewesen. Auch ohne de-jure-Identifikation mit einem Staat seien die Kirchen oft de facto mit bestimmten Gesellschaftsordnungen identifiziert.

Es gab aber immer wieder auch Gegenbewegungen gegen solche Identifikation. Diese ähneln in ihren Motiven denen der Sekten – allerdings mit einer entscheidenden Differenz: »Die Sekte baut sich ihr eigenes Haus. Im Falle der Universalkirche kann es nur zur Annäherung, aber nicht zur Fusion mit der Welt kommen, und darum kann der Orden, der der Sekte [...] weitreichend entspricht, in einem Winkel der Struktur verbleiben, bis er genug Kraft gesammelt hat, um seine historische Mission zu erfüllen.«[16] Natürlich stellen sich hier lauter empirische Fragen, da die Orden schließlich selbst ihre eigenen organisatorischen Probleme haben und da auch sie immer in Gefahr sind, partikularistische Rückschläge zu erleiden. Es stellen sich auch interpretatorische Fragen, wie genau Weber und Troeltsch über Dinge wie die Entstehung des Mönchtums,[17] die großen Reformbewegungen von Cluny etwa oder die franziskanische Erneuerung gedacht haben und was ihr Bild von den Jesuiten oder der Selbstreform der katholischen Kirche war. Dies alles soll hier beiseitegelassen werden. Ich will stattdessen in fünf kurzen Punkten systematisieren, was meine auf Ernst Troeltsch, H. Richard Niebuhr und Werner Stark gestützten Überlegungen für unsere heutige Lage bedeuten:

1. Der *Universalismus* der Kirche: Dieser scheint mir in unserer Zeit, in der das Christentum eine enorme globale Expansion erfährt, wichtiger denn je. Auch die katholische Kirche war, wie Karl Rahner es formuliert hat, in ihrer Geschichte Weltkirche

16 Stark, Religionssoziologie (s. Anm. 15), S. 100.

17 Weiterführend zu Weber (nicht zu Troeltsch): Otto Gerhard Oexle, Max Weber und das Mönchtum, in: Hartmut Lehmann/Jean Martin Ouédraogo (Hg.), Max Webers Religionssoziologie in interkultureller Perspektive, Göttingen 2003, S. 311–334.

meist nur in potentia und nicht in actu.[18] Noch beim I. Vatikanischen Konzil (1869/70) wurden die Gläubigen aus den europäischen Kolonien durch Bischöfe aus den Kolonialmächten repräsentiert. Das II. Vatikanische Konzil (1962–65) war dann in dieser Hinsicht ein epochaler Wendepunkt. Der heutige Papst kommt nicht aus Europa, und die Gleichsetzung von Christentum und europäischer Kultur wird immer unhaltbarer. Die Frage für alle christlichen Religionsgemeinschaften ist, wie die wachsende Globalität in den organisatorischen Strukturen konsequent zu berücksichtigen ist. Dabei ist es wichtig, Universalität nicht mit hierarchischem Zentralismus gleichzusetzen. Es war der Troeltsch- und Weber-Schüler Paul Honigsheim, der sich deutlich für föderale Strukturen der Kirche interessiert hat.[19] So wies er auf die orthodoxen Kirchen hin, in denen die nationalen Zweige ausgeprägte Eigenständigkeit genießen und »die Einheit eher mystisch in der Zusammenkunft ihrer Häupter symbolisiert als juristisch in einem zentralistisch leitenden Haupt erblickt« wird. Auch im lateinischen Christentum, v. a. im fünfzehnten Jahrhundert, gab es die Bewegung des »Konziliarismus« als Versuch, die Autorität des Papstes der einer Versammlung von Repräsentanten des gesamten Christentums unterzuordnen und damit einen Weg aus den Spaltungen und Konflikten der Kirche zu bahnen. Die ökumenischen Bewegungen haben sich oft von der Idee leiten lassen, dass die theologischen Unterschiede die enge Zusammenarbeit bis hin zur Gemeinschaft nicht verhindern müssten.

2. *Denominationalismus*: Es ist nicht leicht für die katholische Kirche, andere christliche Gemeinschaften als prinzipiell gleichberechtigt anzuerkennen. Die Kontroversen um die Erklärung der

18 Karl Rahner, Theologische Grundinterpretation des II. Vatikanischen Konzils, in: ders., Schriften zur Theologie, Bd. XIV, Köln 1980, S. 287–302.

19 Vgl. Paul Honigsheim, Religionssoziologie, in: Gottfried Eisermann (Hg.), Die Lehre von der Gesellschaft. Ein Lehrbuch der Soziologie, Stuttgart 1958, S. 119–181, hier S. 145–148.

vatikanischen Kongregation für die Glaubenslehre aus dem Jahr 2000 mit dem Titel »Dominus Jesus« haben dies erneut gezeigt. Wechselseitiger Respekt bedeutet aber nicht Relativierung der eigenen Wahrheitsansprüche, wie manchmal zu hören ist, sondern nur ein revidiertes Verständnis der Zusammenhänge zwischen dem unvermeidlichen Wahrheitsanspruch im Dialog und einem Verständnis der institutionellen Strukturen als Verkörperung der beanspruchten Wahrheit. Es erscheint mir nicht als gerechtfertigt, eine solche Unterscheidung von dialogischem Wahrheitsanspruch und institutionellem Anspruch auf Wahrheitsbesitz als »ekklesiologischen Relativismus«[20] zu bezeichnen, ebenso wie es nicht gerechtfertigt ist, die Einsicht in den nie definitiven Besitz von Wahrheit als relativistischen Verzicht auf Wahrheitsansprüche zu disqualifizieren. Die veränderte Haltung des Lehramts der katholischen Kirche zur Religionsfreiheit seit dem II. Vatikanischen Konzil hat sich oft noch nicht in der Haltung zu anderen christlichen Kirchen und Gruppen so niedergeschlagen, dass wirklich das eigene Selbstverständnis dabei verändert wird. Es geht darum, den Wunsch nach Einheit aller Christen nicht mit dem Anspruch zu verwechseln, selbst schon diese Einheit erfolgreich zu repräsentieren. Die Kirche kann nur die Orientierung auf weltumspannende Einheit hin geben, während sie doch immer auch neu zur inneren Vielfalt ermutigen muss und das Schicksal neuer Trennungen erleiden wird.[21]

3. *Sekten* sind gekennzeichnet durch das Prinzip des freiwilligen Zusammenschlusses. Solche freiwilligen Zusammenschlüsse kann es auch innerhalb der Kirche geben. Ich bin kein guter Kenner des kanonischen Rechts, aber meines Wissens erklärt dieses, dass die Gläubigen das Recht hätten, »Vereinigungen für Zwecke der Caritas oder der Frömmigkeit oder zur Förderung der christ-

20 Rahner, Grundkurs des Glaubens, S. 342.

21 In Anlehnung an eine Formulierung von H. Richard Niebuhr, The Purpose of the Church and Its Ministry. Reflections on the Aims of Theological Education, New York 1956, S. 23 f.

lichen Berufung in der Welt frei zu gründen und zu leiten und Versammlungen abzuhalten, um diese Zwecke gemeinsam zu verfolgen«.[22] Von einer Erlaubnis oder Anerkennung durch das kirchliche Amt ist dabei nicht die Rede. Doch entstehen an diesem Punkt immer wieder Kontroversen, in Deutschland zuletzt um die Schwangerenkonfliktberatung von »Donum vitae«. Ein ganz wichtiger Schritt wäre es, wenn solche freiwilligen Initiativen ohne das Gängelband der Hierarchie gedeihen könnten.

4. Die Rolle der *Orden* in der Geschichte der Kirche war oft entscheidend für die spirituelle Erneuerung. Dabei ist es wichtig, zwischen den Gemeinschaften von Mönchen und Nonnen, die im intensiven persönlichen Miteinander und an einem festen Ort ein exemplarisches christliches Leben zu führen versuchen, und den eigentlichen Orden zu unterscheiden. Diese sind überlokale Organisationen mit eigenen Zielen und Strategien und können (wie die Jesuiten) auf feste klösterliche Gemeinschaft an einem bestimmten Ort ganz verzichten. Die Soziologie hat lange Zeit nur sehr wenig zur Erforschung der Orden beigetragen;[23] erst unter dem Zeichen der Globalisierung verstärkt sich heute das Interesse besonders an den Jesuiten als dem ersten globalen Netzwerk überhaupt.[24] Wie die Liturgische Bewegung nach dem Ersten Weltkrieg zeigt, können aber auch Laien eine entscheidende Rolle bei einer solchen Revitalisierung der Kirche spielen. In einer Zeit, in der die Zahl der Neueintritte in die Orden zumindest in der westlichen Welt gering ist, ist mit einer zunehmenden Bedeutung von Netzwerken aktiver Laien wie Sant'Egidio zu rechnen. Hier liegt unter dem Gesichtspunkt spiritueller Erneuerung sicher eine besonders interessante neuere Entwicklung.

---

22 Im Anschluss an: Stefan Vesper, Schlicht privat. Von den freien Vereinigungen in der Kirche, in: Salzkörner 24 (2018), 1, S. 8–9.

23 Klassisch E. K. Francis, Toward a Typology of Religious Orders, in: American Journal of Sociology 55 (1950), 5, S. 437–449.

24 Vgl. Joas, Im Bannkreis der Freiheit, S. 575–577 unter Bezug auf die Forschungen José Casanovas.

5. *Mystik*: Wenn es den Einzelnen nur um sich selbst und ihre Persönlichkeit geht, dann ist der Nexus zur Transzendenz und zum moralischen Universalismus des Christentums in der Tat durchschnitten; dann wird der Glaube zu einer selbstgebastelten Kombination von Auffassungen und Praktiken nach dem Kriterium des Wohlgefühls und der Lebenshilfe. »Spirituell« wird dann zum Gegenbegriff zur institutionell gebundenen Religiosität. Wenn aber dieser Nexus erhalten bleibt, dann kann hier ein besonders wichtiges Element für das Christentum unter Bedingungen radikaler Individualisierung liegen.

Troeltsch wollte nicht, wie ihm manchmal unterstellt wird, Kirchen und Sekten auflösen zugunsten solcher lockerer mystischer Gemeinschaften. Ihm schwebte vielmehr eine Synthese der drei hauptsächlichen Formen der sozialen Organisation der Christen vor, die er in seiner Geschichte des Christentums unterschieden hatte. Diese Perspektive einer Synthese von Kirche, Sekte und Mystik muss heute durch die weiteren Überlegungen zu Denomination, Universalität und Orden (oder anderen Gemeinschaften) noch verfeinert werden. Berühmt geworden ist sein Plädoyer für die elastisch zu machende Volkskirche.[25] Elastisch zu sein hieß für ihn hinsichtlich der Kirche, dass sie gerade auch den »schroff und radikal religiösen Geistern« Raum geben müsse, ohne deren Lebensführung aber zur Norm für alle zu machen.

Die Zeit, in der Troeltsch diese Ideen entwickelte, ist in vieler Hinsicht von unserer Gegenwart stark unterschieden. Er schrieb

25 Ernst Troeltsch, Die Kirche im Leben der Gegenwart (1911), in: ders., Gesammelte Schriften, Bd. 2, Tübingen 1913, S. 91–108, hier S. 105. An diese Ideen Troeltschs knüpft in einer bemerkenswerten Untersuchung an: Ulrich Schmiedel, Elasticized Ecclesiology. The Concept of Community after Ernst Troeltsch, Basel 2017. Bemerkenswert ist auch die Anwendung der Ideen von Troeltsch auf die organisatorische Landschaft des Christentums in den USA bei: Steven M. Tipton, Public Pulpits. Methodists and Mainline Churches in the Moral Argument of Public Life, Chicago 2007, v. a. »Appendix. Ecclesiology in Action«, S. 425–442.

unter den Bedingungen eines Staates, in dem »ein ungetaufter Leutnant so unmöglich wie ein konfessionsloser Bahnschaffner«[26] war und erwartete vom absehbaren Zusammenbruch der sozialdemokratischen Fortschrittshoffnungen eine starke Zunahme der Sekten in den deutschen Unterschichten. Kommunismus und Faschismus lagen in seinen Schriften vor dem Ersten Weltkrieg selbstverständlich völlig jenseits seines Vorstellungsvermögens. Insofern muss alles, was er sagte, neu durchdacht und vielfältig relativiert werden. Im entscheidenden Punkt aber war er gerade nicht das, was das Klischee von einem »Kulturprotestanten« erwartet. »Die Größe der Religion besteht gerade in ihrem Kulturgegensatz, in ihrem Unterschiede von Wissenschaft und sozialutilitarischer Moral, in ihrer Aufbietung überweltlicher und übermenschlicher Kräfte, in ihrer Entfaltung der Phantasie und ihrer Richtung auf das, was jenseits der Sinne ist«.[27] Dieses Klischee hat die Rezeption der Ideen Troeltschs aber schwer belastet. Die These vom Kulturgegensatz der christlichen Religion bedeutet aber doch letztlich, dass alle Menschen, die von den Idealen des moralischen Universalismus ergriffen sind und diese Ideale religiös durch den Bezug auf einen überweltlichen, d. h. transzendenten göttlichen Quell aller Heiligkeit artikulieren, zwar Formen der sozialen Organisation finden müssen, aber diese Formen auch immer neu an ihren Idealen und seinen Forderungen zu messen sind. Ist Transzendenz also organisierbar? Ja, sie kann ohne Organisation, bloß von den Individuen, nicht bewahrt werden; und nein, sie übersteigt jede bestimmte Organisation.

---

26 Troeltsch, Kirche (s. Anm. 25), S. 94.

27 Ebd., S. 100. Von hier aus ist es leicht, eine Brücke zu Gerhard Wegners Arbeiten zu schlagen, in denen er sich um eine Soziologie der Kirche verdient gemacht hat. Vgl. von ihm den Band: Wirksame Kirche. Sozio-theologische Studien, Leipzig 2019, und den Sammelband: Detlef Pollack/Gerhard Wegner (Hg.), Die soziale Reichweite von Religion und Kirche, Würzburg 2017.

Wer aber von Organisation spricht, kann von Macht und Herrschaft nicht schweigen; auch die Frage nach richtigen Maßen und der angemessenen Art der Partizipation der Organisationsmitglieder stellt sich ganz unvermeidlich. Zwei Gesichtspunkte sind dabei von vornherein zu berücksichtigen. Zum einen darf die Aufmerksamkeit auf die Machtdimension auch in der Kirche als Organisation nicht dazu führen, einfach vom einen Extrem – der Machtvergessenheit – ins andere Extrem, nämlich einen entgrenzten Machtbegriff, zu fallen. Unter dem Einfluss des nietzscheanischen französischen Philosophen und Kulturhistorikers Michel Foucault neigen derzeit auch in den Debatten über Kirchenreform manche dazu, nun selbst das pastorale Handeln, jede Geste oder einen Habitus der Demut und sogar theologische Argumentation vornehmlich oder ausschließlich in Kategorien des Kampfes um Macht zu verstehen. Selbstverständlich kann es in der Tat produktiv sein, auch die Phänomene der Interaktion im Kleinen unter diesem Gesichtspunkt zu betrachten. Dabei darf aber das Ideal, das für Christentum und Kirche konstitutiv ist, nicht aus dem Blick geraten. Dieses Ideal öffnet vielmehr die Augen für einen Gegenbegriff zur Macht. Ähnlich wie es an der Universität Strukturen gibt und geben muss, in denen die unleugbaren Machtunterschiede methodisch außer Kraft gesetzt werden, so dass in der wissenschaftlichen Auseinandersetzung eben nicht die Macht zählt, sondern ausschließlich das bessere Argument, so muss das religiöse Ideal des Christentums selbst der Bezugspunkt für alle Überlegungen zur richtigen organisatorischen Struktur der Kirche bleiben; es darf sich nicht in einer als kritisch erscheinenden Machttheorie verlieren.[28]

Zum anderen ist daran zu erinnern, dass sich die Frage der Macht nicht nur bezogen auf die innere Machtverteilung von Or-

28 Vgl. die klassische Foucault-Kritik von Axel Honneth, Kritik der Macht. Reflexionsstufen einer kritischen Gesellschaftstheorie, Frankfurt/M. 1986, S. 121–224 und Hans Joas/Wolfgang Knöbl, Sozialtheorie. Zwanzig einführende Vorlesungen, Frankfurt/M. 2004, S. 496–508.

ganisationen stellt, sondern auch bezogen auf ihre Handlungsfähigkeit zur Erreichung ihrer Organisationsziele und zur Wahrung ihrer Autonomie gegenüber ihrer Umwelt, in diesem Sinne also nach außen. Wenn wie in der Reformation aus guten Gründen das Machtgefälle zwischen dem Klerus und den sogenannten Laien in der Kirche gemindert wird, kann dies eine verstärkte Anlehnung an den Staat als außerkirchliche Macht und die Abhängigkeit von diesem zur Folge haben. Ob dies wirklich einen Gewinn darstellt, muss dann gefragt werden.

Aus den Überlegungen zum moralisch-universalistischen Charakter des Christentums und zu den beiden genannten Gesichtspunkten eines adäquaten Verständnisses von Macht und Organisation folgt für mich, dass Kirche sich als Genossenschaft derjenigen moralischen Universalisten verstehen sollte, die im Evangelium Christi die entschiedenste Artikulation dieses Ideals sehen. Ich spreche, beeinflusst von dem großen Rechtshistoriker Otto von Gierke,[29] lieber von »Genossenschaft« als von »Gemeinschaft«, um die im Gemeinschaftsbegriff angelegte Opposition zur »Gesellschaft« und die mögliche Idyllisierung der sozialen Beziehungen in ihr zu umgehen. Die Kirche soll also als Genossenschaft der Gläubigen gedacht werden, die hierarchischer Strukturen bedarf, um gegenüber den Machteinwirkungen von außen ihre Handlungsfähigkeit im Sinne ihrer Ideale zu gewährleisten.

Der hierarchische Charakter einer Organisation, auch einer Genossenschaft, ist freilich auch immer in der Gefahr, auszuarten. Das geschieht dann, wenn Führung im Sinn von Herrschaft praktiziert wird. Dann wird die Kirche als Quasi-Staat gedacht, was besonders ausgeprägt ist, wenn sie in dieser Tendenz vom

29 Otto von Gierke, Das deutsche Genossenschaftsrecht. 4 Bde. (1868–1913), Darmstadt 1954 (Nachdruck). Als Überblick die Arbeiten von Gerhard Dilcher, z. B.: Der Staat als herrschaftlich-genossenschaftlich verfasstes Gemeinwesen, in: Walter Pauly/Klaus Ries (Hg.), Staat und Historie. Leitbilder und Fragestellungen deutscher Geschichtsschreibung vom Ende des 19. bis zur Mitte des 20. Jahrhunderts, Baden-Baden 2021, S. 113–142.

Staat gefördert wird und damit zur Staatsanstalt wird. Das ist in der Geschichte des Christentums häufig und über lange Zeiträume geschehen, gerade auch in Deutschland. Wenn die Kirche als Quasi-Staat zudem in wichtigen normativen Hinsichten wie der Transparenz organisatorischer Abläufe und deren rechtlicher Überprüfbarkeit durch die Betroffenen von den Standards abweicht, die der freiheitlich-demokratische Rechtsstaat entwickelt hat, dann tut sich eine Kluft zwischen Ideal und Wirklichkeit auf, die in dieser Hinsicht in der katholischen Kirche heute größer ist als im Staat. Als Genossenschaft der an einem Ideal Orientierten kann die Kirche aber nicht umhin, sich an dem für sie konstitutiven Ideal selbst auch messen zu lassen.

Dies klingt wie die Forderung nach einer »Demokratisierung« kirchlicher Strukturen. Doch kommt es, wo diese Forderung erhoben wird, entscheidend darauf an, was sie genau besagen soll. Selbstverständlich ergibt sich aus dem Geist der demokratischen Kultur auch manche Forderung an die einzelnen Institutionen in einer demokratischen Gesellschaft. Aber es ist keineswegs so, dass in einer Demokratie jede Institution, auch nicht jede öffentlich finanzierte, in sich nach dem Vorbild der politischen Demokratie organisiert sein müsste, um am Maßstab der demokratischen Kultur gemessen zu bestehen. Jede dieser Institutionen muss vorrangig ihr eigenes institutionelles Ziel verfolgen können. So müssen etwa die Universitäten vorrangig daran gemessen werden, ob ihre organisatorischen Strukturen exzellente Forschung und Lehre ermöglichen. Dies schränkt die Möglichkeiten demokratischer Mitbestimmung in vielfältiger Weise ein und führt zu unterschiedlichen Partizipationsmöglichkeiten der sogenannten Statusgruppen. Im Einzelnen wird hier vieles umstritten und umkämpft sein und bleiben. Gerade in Gesellschaften mit langer demokratischer Tradition (wie den USA) begegnet man einer Umgestaltung dieser Institutionen, die als Demokratisierung bezeichnet wird, oft mit Unverständnis. Die Struktur der öffentlich-rechtlichen Rundfunk- und Fernsehanstalten in Deutschland ergibt sich ebenfalls aus dem schwierigen Versuch, Medien nicht nur privatwirtschaftlich, aber eben auch nicht einfach vom Staat und das heißt der jeweiligen demokratisch gewählten Regierung geführt zu organisieren. Die Programmentscheidungen können dann sicher auch nicht »demokratisch« von den Beschäftigten der Fernsehanstalten getroffen werden, sondern sind in komplexen Weisen von den Repräsentanten gesellschaftlicher Kräfte zu finden oder von diesen zu kontrollieren. Auf die spezifischen Probleme der Organisation des Militärs in einer Demokratie ist selbstverständlich ebenfalls hinzuweisen. Dort ist am anschaulichsten, dass demokratischer Geist nicht einfach Demokratisierung der internen organisatorischen Strukturen bedeuten kann.

Was die katholische Kirche betrifft, sind unter dem Gesichtspunkt der Demokratisierung weitere Organisationsprobleme in Erinnerung zu rufen.[30] In einer weltumspannenden Organisation ist jeder Entscheidungsträger nicht nur den Betroffenen und Beteiligten vor Ort gegenüber verantwortlich, sondern auch der Organisation als ganzer und damit den hierarchisch höheren Ebenen, für die vielleicht ganz andere Gesichtspunkte ausschlaggebend sind als die, die lokal für einleuchtend befunden werden. Zu Recht hat man etwa gegen die Idee, in der Selbstbindung von Pfarrern oder Bischöfen an Mehrheitsentscheidungen von Gremien den Königsweg der Kirchenreform zu sehen, eingewandt, dass damit in der Person des jeweiligen Klerikers zwei Logiken miteinander kollidieren müssen, nämlich die der universalen Hierarchie und die der lokalen Partizipation. Dieses Problem kann sicher durch die Klärung der jeweiligen Entscheidungszuständigkeiten entschärft werden, aber unverkennbar ist die Konfliktträchtigkeit und »Sezessionsgefahr« einer solchen Regelung.

---

30 Hier nehme ich Anregungen auf von Mariano Barbato, Double Bind. Der Synodale Weg und die Entmachtung des katholischen Klerus, in: Herder Korrespondenz 75 (2021), 10, S. 24–26.

Zwei weitere Probleme jeder Demokratisierung sind ebenso wenig zu übergehen. An den deutschen Universitäten ist die wahrgenommene Legitimität der Entscheidungen studentischer Organe oft gering, weil sich nur ein winziger Bruchteil des studentischen »Wahlvolks« an den Wahlen tatsächlich beteiligt. Ähnliches gilt für die schon vorhandenen partizipativen Strukturen in der Kirche. Wenn alles seinen gewohnten Gang geht, kann dies unbeachtet bleiben; Schweigen wird eben oft als Zustimmung gewertet. Anders aber wäre es in Konfliktfällen. Hier käme dann das ganze Arsenal des Kampfes um diese Entscheidungen ins Spiel. Diese Kämpfe können in Ergebnissen enden, die letztendlich von allen akzeptiert werden. Sie können aber auch eine noch größere Entfremdung von der Organisation herbeiführen, als es die Enttäuschungen über die Entscheidung von Inhabern hierarchischer Positionen tun.

Es erscheint mir deshalb in der Tat als klug und angemessen, nach einem anderen Wort als »Demokratisierung« zu suchen, wenn von der Kirchenreform die Rede ist. Das spricht für die Rede von der Suche nach »synodalen Strukturen«. Verständlich ist zwar das Misstrauen, dass damit den klerikalen Machtstrukturen nur zeitweise und ohne ernsthafte Veränderung eine gefälligere Fassade vorgeblendet werden soll.[31] Aber es könnte in diesem Begriff doch das Potential enthalten sein, eine der Kirche heute ernsthaft adäquate organisatorische Struktur zu entwickeln. Für diese Struktur sind die wichtigsten Kriterien, die aus diesen Überlegungen folgen, erstens »checks and balances«, zweitens angemessene Formen und Wege der Repräsentation aller Gläubigen und drittens die richtige Balance von Zentralität und Dezentralität. Die großartige Idee des französischen aufgeklärten Staatstheoretikers Montesquieu und dann der amerikanischen Verfassungsväter im achtzehnten Jahrhundert war es ja, klare Führungs- und klare

31 So energisch Daniel Bogner in seiner aufsehenerregenden Streitschrift: ders., Ihr macht uns die Kirche kaputt …, … doch wir lassen das nicht zu. Freiburg 2019, S. 98.

Kontrollstrukturen nicht als prinzipiellen Gegensatz, sondern als Ergänzung zueinander zu konzipieren. Nur so lässt sich Handlungsfähigkeit mit Konsensbildung systematisch vereinbaren.[32] Auf allen Ebenen der Kirche, von den Pfarrgemeinden über die Bistümer bis zur Weltkirche, könnten sich so Strukturen herausbilden, die sich sowohl von unkontrollierter Klerikermacht wie von partizipativer Entscheidungslähmung unterscheiden. Weiterhin erscheint es als unumgänglich, dass eine weltumspannende Kirche, deren Schwerpunkt zudem durch die Schrumpfung der christlichen Bevölkerung in Europa und die gleichzeitige Expansion außerhalb Europas sich immer weiter von einer europäischen kulturellen Hegemonie entfernt, ein neues Gleichgewicht zwischen Einheitlichkeit und Unterschiedlichkeit finden und sich dazu auch offen bekennen muss. Dies betrifft die organisatorischen Strukturen, muss aber bis hinein in den gelebten Glauben reichen. Es gibt Fragen, in denen sich in die christliche Botschaft kulturelle Selbstverständlichkeiten hineinmengen, die nicht denselben Anspruch auf universelle Geltung haben wie die Botschaft des Evangeliums selbst. Es kann auch eine Befreiung von Ballast darstellen, nicht in allen kulturell geprägten Auseinandersetzungen auf kulturübergreifende Einigkeit zu setzen. Wie auf der organisatorischen Ebene die letzte Entscheidung über Entscheidungsstrukturen nur zentral geregelt werden kann, so muss auch auf der Ebene der Entscheidung über die Verbindlichkeiten des Glaubens zentral entschieden werden, wo dezentrale Spielräume nicht nur toleriert, sondern bewusst geöffnet werden sollen. Dies könnte den Forderungen nach einer anderen Stellung der Frauen oder von homosexuellen Menschen entgegenkommen, ohne die Kirche in Zerreißproben zu führen und ihre missionarische Kraft durch endlose interne Auseinandersetzungen zu lähmen.

32 In der Organisationssoziologie legte großen Wert darauf: Amitai Etzioni, Soziologie der Organisation, München 1967.

3. Problematische Prognosen. Religion im säkularen Zeitalter

Vor einiger Zeit war ich als Studiogast in der bekannten Fernsehsendung »Scobel« auf 3sat. Thema des Abends war »Die kirchliche Leere«, geschrieben mit zwei »e«. Dieser eigentlich nicht besonders geistreiche Witz, eher ein Kalauer, signalisierte die Tendenz der eingespielten Filmberichte: Unsere Kirchen und Gotteshäuser seien meist leer und damit weitgehend entbehrlich geworden, keiner interessiere sich mehr für die Botschaften des christlichen Glaubens, stattdessen blühten Esoterik und asiatische Formen der Spiritualität im Westen. Eine Biologin, die auch Religionswissenschaftlerin zu sein in Anspruch nahm, behauptete, das Christentum sei seit 2000 Jahren nur verlängerter Arm des Staates gewesen – seit 2000 Jahren, streng genommen also schon seit vor der Kreuzigung Christi! Zu Beginn der Sendung wurde der Abriss des sogenannten Immerather »Doms« gezeigt, einer Kirche, die einem Tagebau im Rheinischen Braunkohlerevier zum Opfer fiel – was allerdings nicht erwähnt wurde, sondern zur Illustration der These von der Überflüssigkeit großer Kirchenbauten in unserer Zeit diente. Das historische Bild, das mit all dem suggeriert werden sollte, ließe sich so kennzeichnen: Obwohl das Christentum in seiner Staatsnähe an allen Formen politischer Unterdrückung und sozialer Ungleichheit in den von ihm geprägten Weltgegenden wesentlich mitschuldig sei, hingen ihm bis in die Zeit nach dem Zweiten Weltkrieg und des Wirtschaftswunders hinein fast alle Menschen in Deutschland an. Danach aber sei ein einmaliger und sich laufend selbst verstärkender Absturz erfolgt, der heute vollends zu einer Marginalisierung des Christentums führe und alles Reden von einer christlich geprägten Kultur hierzulande in Zweifel zu ziehen erlaube oder zwinge.

Nun bin ich natürlich auch nicht mit Blindheit geschlagen, so dass ich die Zeichen abnehmender Kirchenbindung oder Christlichkeit und fortschreitender Säkularisierung in unserem Land und in einigen weiteren Ländern übersehen könnte. Tatsächlich wurden ja seit dem Jahr 2000 in Deutschland etwa 500 katholische Kirchen umgewidmet und 140 davon sogar abgerissen. Wenn man aber den genauen Charakter und die Verursachung dieses Prozesses der Schwächung des Christentums wirklich verstehen will, muss man sich schon etwas tiefer auf die Sache einlassen. Man muss bereit sein, den Blick räumlich über Deutschland und Mitteleuropa und zeitlich über die Gegenwart hinaus auszuweiten. Dann wird schnell deutlich, dass – im Weltmaßstab gesehen – die Schwächung der Religion hierzulande eindeutig die Ausnahme ist. Sie betrifft, es ist wahr, auch einige, aber keineswegs alle ex-kommunistische Länder Europas, am stärksten ausgeprägt die Tschechische Republik, Ostdeutschland und Estland. Sie ist in einer ganzen Reihe westeuropäischer Länder zu finden (England, Schweden, Frankreich, die Niederlande), wobei es sich aber lohnt, das Verhältnis der Bevölkerungsmehrheit zur Minderheit ernsthaft »praktizierender« Christen jeweils, d. h. Land für Land, näher ins Auge zu fassen. Gerade auch am Fall Schweden wurde der Begriff »vicarious religion«, »stellvertretende Religion« entwickelt,[1] um eine wohlwollende Haltung derer, die am Sonntag nicht in die Kirche gehen, zu denen, die stellvertretend für alle den Gottesdienst besuchen, auszudrücken. Den Kirchenbesuchern in Ostdeutschland wird dieses Wohlwollen eher nicht zuteil; dieser Begriff wäre für die Verhältnisse dort deshalb ganz

1 Grace Davie, Religion in Modern Europe. A Memory Mutates, Oxford 2000.

unpassend. Nur in ganz wenigen von europäischen Siedlern geprägten außereuropäischen Gesellschaften gibt es ähnliche starke Säkularisierungstendenzen (am häufigsten werden genannt: Neuseeland, Uruguay). Die kommunistische Unterdrückung der Religion findet sich heute vor allem noch in Nordkorea; China erlebt dagegen trotz aller staatlichen, in letzter Zeit wieder verstärkten Repression einen vielfältigen religiösen Aufschwung, der sowohl kultureigene religiöse Traditionen (Buddhismus, Daoismus) betrifft wie das (meistens freikirchlich-protestantische) Christentum. Spektakulär ist die Entwicklung in Südkorea, wo einer der rapidesten wirtschaftlichen und wissenschaftlich-technischen Modernisierungsprozesse, die es in der Weltgeschichte jemals gegeben hat, mit einer Revitalisierung eigener religiöser Traditionen und einer starken Christianisierung einhergeht. In vielen afrikanischen Staaten wächst das Christentum stark, obwohl auch einige der klügsten Beobachter, z. B. der große evangelische Theologe Paul Tillich, einst annahmen, dass das Ende der Kolonialherrschaft das Christentum als europäisches Implantat in Afrika zum Verdorren bringen werde. Dieses Wachstum hat vor allem, aber nicht nur demographische Gründe. Nach seriösen Schätzungen steigt derzeit die Zahl der Christen in Afrika täglich um 23 000 Menschen.[2] In Gestalt der sogenannten Pfingstbewegung breitet sich das Christentum heute in Lateinamerika, Afrika und Ostasien, gegen größte Widerstände sogar in einigen Gegenden Indiens,[3] weiter aus.

Aufgrund dieser Entwicklungen hat die sogenannte Säkularisierungsthese heute für die meisten Forscher auf diesem Gebiet – allerdings nicht für alle – ihre Plausibilität verloren. Hier

2 So Philip Jenkins, The Next Christendom. The Coming of Global Christianity, Oxford 2002, S. 56 (im Anschluss an die World Christian Encyclopedia von 2001).

3 Sarbeswar Sahoo, Pentecostalism and Politics of Conversion in India, Delhi 2018 (with a preface by Hans Joas).

ist sofort vor einem häufigen Missverständnis zu warnen. Diese These hat nie einfach besagt, dass es Säkularisierung *gibt*. Sie wird deshalb auch nicht durch unbestreitbare Phänomene der Schwächung von Religion bestätigt oder durch religiöse Neuaufschwünge widerlegt. Diese These oder Theorie nahm vielmehr für sich in Anspruch, die *Erklärung* für die Schwächung von Religion zu kennen. Sie behauptete einen engen kausalen Zusammenhang von Modernisierung und Säkularisierung: Je moderner eine Gesellschaft sei (im Sinne wirtschaftlicher und wissenschaftlich-technischer Entwicklung), desto schwächer oder aufs Private reduzierter sei in ihr die Religion. Aber eben diese Annahme hat sich immer mehr als eine falsche Verallgemeinerung von Phänomenen der europäischen Geschichte herausgestellt. Schon immer war deutlich, dass sie auf die USA nicht passt – eine unbestreitbar moderne, aber zugleich religiös höchst vitale und sogar religionsproduktive Gesellschaft. Als »religionsproduktiv« bezeichne ich eine Gesellschaft, aus der neue und überlebensfähige, sich sogar weiter ausbreitende religiöse Bewegungen hervorgehen wie aus den USA im neunzehnten Jahrhundert die Mormonen und im zwanzigsten Jahrhundert die schon erwähnte Pfingstbewegung. Die Säkularisierungsthese erklärt auch nicht die großen Unterschiede innerhalb Europas, das keineswegs als einheitlich säkularer Kontinent darzustellen ist, weil ja die regionalen Unterschiede beträchtlich und keineswegs einfach auf unterschiedliche Niveaus von Modernisierung zurückzuführen sind. Heute wird deutlich, dass sie außerhalb Europas fast nirgends von den Tatsachen bestätigt wird. Selbst ihre wenigen noch verbliebenen Verfechter räumen ein, dass das stärkere Bevölkerungswachstum in religiös vitalen Gesellschaften die Welt immer religiöser mache.[4] Ihnen zufolge stirbt die Bevölkerung moderner und damit für sie stark

4 Pippa Norris/Ronald Inglehart, Sacred and Secular. Religion and Politics Worldwide, Cambridge 2004.

säkularisierter Gesellschaften wegen ihrer geringen Kinderzahl tendenziell aus oder wird durch Migranten und ihre mitgebrachte Religiosität tendenziell radikal verändert.

Dieser Glaubwürdigkeitsverlust der Säkularisierungsthese aber hat mannigfaltige Konsequenzen. Drei davon sollen an dieser Stelle erörtert werden. 1. Wenn Modernisierung als solche nicht die Erklärung für Säkularisierung ist, Fälle von Schwächung der Religion aber nicht zu leugnen sind, brauchen wir offensichtlich eine andere Erklärung für diese Schwächung von Religion. Die Kritiker der Säkularisierungsthese sind ja keineswegs mehrheitlich postmoderne Gegner aller historischen Großerzählungen und umfassenden theoretischen Erklärungsversuche. Sie halten nur eine bestimmte Theorie und eine bestimmte Großerzählung, nämlich eben die der Säkularisierungstheorie, für gescheitert. 2. Wenn Modernisierung und Säkularisierung kein unauflösliches Gespann bilden, gerät auch die verbreitete Deutung der Vorgeschichte moderner Säkularisierung ins Wanken, nämlich die auf Max Weber zurückgehende Geschichte von einem jahrtausendelangen Prozess der Entzauberung. Dabei ist die Kritik an der Entzauberungskonzeption deutlich zu unterscheiden von der an der Säkularisierungstheorie. 3. Wenn wir die Fehlerhaftigkeit der Prognosen, die sich aus der Säkularisierungsthese und der Entzauberungserzählung ergeben, ernsthaft durchdenken, stoßen wir auf sehr grundsätzliche Fragen, was solche geschichtlichen Tendenzbehauptungen generell angeht. Diese haben oft prophetische Züge. Aber es gibt echte und falsche Propheten. Unser Reden über die Zukunft ist immer Teil gegenwärtiger Kämpfe um diese. Auch diesem Zusammenhang sind einige Gedanken zu widmen. So erklärt sich auch der Titel dieses Kapitels.

Säkularisierung ohne »Säkularisierungsthese«

Zu Beginn dieses Kapitels wurde schon angedeutet, dass ich das Bild einer bis zum Wirtschaftswunder selbstverständlichen Christlichkeit Deutschlands oder ganz Europas für falsch halte. Schon am Anfang des achtzehnten Jahrhunderts gab es nämlich erste Stimmen, die ein Verschwinden des Christentums aus Europa voraussagten. Solche Stimmen hatte es, soweit ich sehe, seit der Zeit, als der heilige Augustinus nach Alarichs Plünderung Roms im Jahr 410 »eine massenhafte Rückkehr zum Heidentum nicht für ausgeschlossen« hielt,[5] über ein Jahrtausend lang in der Tat nicht gegeben. Jetzt aber nahmen sie zu. Der preußische König Friedrich II. etwa äußerte sich in seinem Briefwechsel mit Voltaire in diesem Sinn, und in der Französischen Revolution gab es sogar gewaltsame praktische Bestrebungen in dieser Richtung. Wir sollten nicht vergessen, dass Friedrich Schleiermacher, der größte protestantische Theologe des neunzehnten Jahrhunderts, seine genialen Reden »Über die Religion« von 1799 nur deshalb »an die Gebildeten unter ihren Verächtern« adressieren konnte, weil es diese Verächter eben in großer Zahl gab – gebildete und ungebildete. Im Vormärz und der Revolution von 1848 entfremdete die Treue der evangelischen (Staats-)Kirche zur preußischen Dynastie, zu König, Regierung und Armee weite Teile des liberalen Bürgertums und der keimenden Arbeiterbewegung in Preußen vom Christentum – mit anhaltenden Folgen. Berlin war schon Ende des neunzehnten Jahrhunderts eine der am stärksten säkularisierten Städte der Welt, wesentlich auch deshalb, weil das protestantische Christentum sich verbürgerlicht hatte und die Unterschichten sich von diesem Bürgertum und dem deutschnationalen Geist der Pastoren abgestoßen oder ausgeschlossen fühlten.

5 Jörg Lauster, Die Verzauberung der Welt. Eine Kulturgeschichte des Christentums, München 2014, S. 125.

In der Zeit nach dem Ersten Weltkrieg und durch die nationalsozialistische Bewegung verstärkten sich die sektenhaften und antisemitischen Bestrebungen, hinter das jüdischstämmige Christentum auf eine germanische Religiosität zurückzugreifen oder alles Jüdische aus dem Christentum zu entfernen. Jesus Christus habe nicht die Erlösung gebracht; wir müssten vielmehr von Jesus Christus erlöst werden – so hieß es im Kreis um Mathilde Ludendorff, der Frau des kaiserlichen Generals und Schlüsselgestalt der völkisch-religiösen Zirkel. Zwecks »Entjudung« des Christentums wurde sogar 1939 in Eisenach ein theologisches »Institut zur Erforschung und Beseitigung des jüdischen Einflusses auf das deutsche kirchliche Leben« gegründet und betrieben. Bei einem anderen Ausgang des Zweiten Weltkriegs hätten diese Ansätze eines neuen (christlichen oder antichristlichen) rassistischen Anti-Universalismus vermutlich eine große Zukunft gehabt; auch an den »Deutschen Christen« war das Christliche im Sinne eines Universalismus der Liebe ja nicht mehr recht zu erkennen.

Mit diesen wenigen Pinselstrichen will ich ein wenig plausibel machen, dass mit Sicherheit eine Alternative zur Erklärung von Säkularisierung aus Modernisierung nötig ist. Diese Alternative gibt es allerdings auch. Ich nenne sie eine »politische Soziologie der Religion« und sehe den britischen Soziologen David Martin als ihren Pionier.[6] Diese politische Soziologie der Religion rückt die Stellung der Kirchen und Religionsgemeinschaften zu den großen politischen Fragen der jeweiligen Epoche in den Mittelpunkt: zur »sozialen Frage« etwa, wie man im neunzehnten Jahrhundert sagte, zur nationalen Frage – so ausschlaggebend etwa für

6 Sein Hauptwerk: David Martin, A General Theory of Secularization, Oxford 1978. Zu seinem Gesamtwerk jetzt den Diskussionsband: Hans Joas (ed.), David Martin and the Sociology of Religion, London 2018 und das ihm gewidmete Kapitel »Weberianischer als Weber?«, in: Hans Joas, Im Bannkreis der Freiheit. Religionstheorie nach Hegel und Nietzsche, Berlin 2020, S. 501–530. Vgl. auch Hans Joas, Glaube als Option. Zukunftsmöglichkeiten des Christentums, Freiburg 2012, v. a. S. 66–85.

die Treue der Polen, Iren, Kroaten, Bayern zu ihrer katholischen Kirche – zur demokratischen Frage, zu den Rechten des Individuums, zum Prozess der Frauenemanzipation, zu den Fragen des religiösen Pluralismus. Der Flickenteppich der religiösen Landkarte Europas, wo manchmal hochgradig religiöse an hochgradig säkulare Regionen grenzen, wird nur auf solch historisch differenzierendem Weg verständlich. Wir erkennen dann auch, wie wenig zwangsläufig bestimmte Säkularisierungsprozesse waren und sind. Entscheidend sind die unterschiedlichen institutionellen Konstellationen im Verhältnis Staat/Kirche bzw. Religionsgemeinschaften. Übertriebene Staatsnähe und machtgestützte Monopolstellung wurden für die Kirchen immer dann gefährlich, wenn sich in der Bevölkerung politische und wirtschaftliche Unzufriedenheit ausbreitete. Das ist der vernünftige Kern der zu Beginn zitierten Äußerung einer Biologin. Wie ungerecht deren Verallgemeinerung aber eben auch ist, zeigt ihre souveräne Ignoranz gegenüber der Geschichte der Spannungen zwischen Kirche und Staat sowie der großen Bedeutung des Dualismus von Staat und Kirche in der europäischen Geschichte. Mein Lieblingsbeispiel aus der neueren deutschen Geschichte ist eine katholische Schule im Thüringer Eichsfeld, an der ich einmal einen Vortrag hielt. Ihre Schließung wurde in Bismarcks Kulturkampf erzwungen – danach wurde sie wieder aufgemacht. Später schlossen sie die Nazis – danach wurde sie wieder aufgemacht. Als Nächstes schlossen sie die Kommunisten – danach wurde sie wieder aufgemacht. Drei politische Regime in Deutschland kamen und gingen, und diese christliche Schule hat sie alle überlebt. Seltsam muss da die These von der unentwegten Staatsnähe der Kirchen und des gesamten Christentums klingen, und es ist deshalb kein Zufall, dass das Eichsfeld eine Art kleines gallisches Dorf des katholischen Glaubens durch die verschiedenen politischen Regime hindurch geblieben ist.

Spannungen dieser Art gehören auch nicht einfach der Vergangenheit an. Sie können neue und unerwartete Formen annehmen.

Das gilt etwa für die Fragen der Migrationspolitik, wo eine moralisch argumentierende Befürwortung von Masseneinwanderung und die Unterstützung der Regierungspolitik durch die Kirchen zur Entfremdung benachteiligter einheimischer sozialer Milieus von den Kirchen beitragen kann.[7] Die Herausforderungen stellen sich immer neu auch in Fragen von Krieg und Frieden. Von Bedeutung scheinen mir zudem die gestiegenen Bedürfnisse nach individualistischen Formen von Spiritualität. Diese können zwar innerhalb der großen Religionsgemeinschaften und -traditionen sehr wohl ihre Befriedigung finden, können aber eben auch gegen diese gewendet werden. Das ist wiederum der vernünftige Kern der Behauptung, Esoterik und neue Formen von Spiritualität nähmen zu. Es ist aber empirisch nicht korrekt, religiöse oder quasi-religiöse Suchbewegungen, die oft nur zu kurzzeitiger Mitgliedschaft oder Praxis führen und meist schon bei der Weitergabe an die Kinder scheitern, zu historischen Tendenzen einer kommenden Auflösung aller religiösen Institutionen hochzurechnen.

Zwei ergänzende Bemerkungen zu diesem Komplex sind an dieser Stelle nötig, um nicht missverstanden zu werden. Die Betonung politischer Fragen bedeutet nicht, dass eigentlich nur das Politische zählt und es das eigentlich Religiöse nicht gäbe und, wie es der Marxismus nahelegt, religiöse Formen nur verschobener Ausdruck materieller Interessen seien. Aber die Hinwendung zu und die Abwendung von bestimmten Religionen und auch säkularen Weltanschauungen und Wertsystemen geschieht meist nicht aufgrund einzelner Glaubenssätze, sondern über ganzheitliche Identifikation. So werden religiöse Biographien von politischen Weichenstellungen mitbedingt. Und schließlich: Die Folgen solcher Weichenstellungen können mit großer Verspätung eintreten. Wir wissen aus Großbritannien, dass dort die Kirchen-

---

7 Hans Joas, Kirche als Moralagentur?, München 2016. Dazu jetzt den Diskussionsband: Jochen Sautermeister (Hg.), Kirche – nur eine Moralagentur? Eine Selbstverortung, Freiburg 2019. Dazu in diesem Buch Kap. 10 und 11.

ferne von Männern lange Zeit nicht zum Kirchenaustritt führte, weil ihre Mütter, Ehefrauen und Geliebten oft ein Gegengewicht bildeten. Wenn diese Frauen aber ebenfalls ihre Kirchenbindung verlieren, der Unglaube also »feminisiert« wird, kann der Kirchenaustritt lawinenartig zunehmen. Und wenn es einer Elterngeneration durch Zeitumstände nicht gelingt, ihre Kinder in der Glaubensgemeinschaft zu halten, ist eine galoppierende Säkularisierung, die mit Verzögerung eintritt, wahrscheinlich. Das klingt resignierter, als es gemeint ist. Man kann die dreihundertjährige Geschichte der Schwächung des Christentums in Europa, die ich skizziert habe, auch als Geschichte immer wieder partiell gelungener Verjüngung lesen, als Anlass, die Vitalität des Christentums auch hierzulande und die unleugbare Aktualität seiner Botschaft und seiner liturgischen und diakonischen Praxis nicht zu unterschätzen.

Die Grenzen der Geschichte von der Entzauberung

Erst seit dem siebzehnten und achtzehnten Jahrhundert entwickelt sich in Europa eine intellektuell ausgearbeitete und offensiv verfochtene neue Alternative zum christlichen Glauben in Gestalt dessen, was der große kanadische Philosoph Charles Taylor in seinem monumentalen Werk »A Secular Age« von 2007[8] den Aufstieg der »säkularen Option« genannt hat. Vor diesem Aufstieg gab es gewiss religiöse Gleichgültigkeit, Hass auf einzelne oder alle Kleriker oder auf die Kirche z. B. in ihrer Rolle als ausbeuterischer Grundbesitzer. Abgesehen vom Judentum und von einzelnen Intellektuellen gab es aber seit der Unterwerfung und nachfolgenden Vertreibung der Mauren aus Spanien am Ende des fünfzehnten

8 Charles Taylor, Ein säkulares Zeitalter, Berlin 2009.

Jahrhunderts keine selbstbewusste Alternative zum Christentum in Europa. Wie konnte es zu dieser neuen Weltanschauung und ihrer Verbreitung kommen? Wir müssen uns ja fragen, ob die Erklärung für die moderne europäische Säkularisierung in den Bedingungen des achtzehnten, neunzehnten und zwanzigsten Jahrhunderts selbst liegt oder ob für diese epochalen Veränderungen eine langfristige Vorgeschichte zu veranschlagen ist. So wie die Säkularisierungstheorie die Entwicklung der letzten beiden Jahrhunderte zu erklären beansprucht, so behauptet die Geschichte von der Entzauberung, die Erklärung für die langfristige Vorgeschichte dieser Säkularisierung zu liefern. »Entzauberung« ist nicht »Säkularisierung«, obwohl dies immer wieder durcheinandergerät. »Entzauberung« bedeutete für Max Weber, auf den diese Denkfigur im Wesentlichen zurückgeht, vielmehr eine Geschichte von zweieinhalb Jahrtausenden, einsetzend bei den hebräischen Propheten (und einigen parallelen Erscheinungen in anderen Kulturen wie dem Buddha). Weber zog eine Linie, die von diesen Propheten und der Philosophie der Griechen in der Antike nach Rückschlägen im Mittelalter zunächst zum neuen prophetischen Aufbruch in der Reformation und zur frühneuzeitlichen wissenschaftlichen Revolution und von dort zur Durchsetzung eines kausalmechanistischen Weltbilds und zur Aufklärung, dann aber auch zur tiefen Sinnkrise im europäischen Fin de Siècle um 1900 und am Vorabend des Ersten Weltkriegs führt. Diese Geschichte hat sich als unerhört suggestiv erwiesen. Ähnlich wie Nietzsche dem Christentum eine konstitutive Rolle in einem historischen Prozess zuschrieb, der zur Überwindung des Christentums führen musste – weil das Ethos der Wahrhaftigkeit auch zur historischen Bibelkritik hinleitete –, so hat Weber bei aller Distanz zu Nietzsche im Einzelnen doch auch eine Geschichte konstruiert, die keinen Platz lässt für eine intellektuell verantwortbare und vitale Religiosität in unserer Zeit.

Es würde den vorliegenden Argumentationszusammenhang völlig überfordern, diese Geschichte im Einzelnen kritisch zu erörtern. Ich habe in meinem Buch »Die Macht des Heiligen« auf Hunderten von Seiten zu zeigen versucht, woran diese Geschichte krankt und wie eine Alternative auch zu ihr auszusehen hat.[9] Die Geschichte von der Entzauberung leidet vor allem an der Vieldeutigkeit ihres zentralen Begriffs, des Begriffs der »Entzauberung«. Dieser bezeichnet sowohl den Kampf der Propheten gegen Magie (»Entmagisierung«) wie den Verlust alltäglichen Handlungs- und Lebenssinns (»Entsakralisierung«) und die Schwächung von Vorstellungen radikaler Transzendenz im Sinne von Jesu Wort vor Pilatus »Mein Reich ist nicht von dieser Welt« (»Immanentisierung« oder »Enttranszendentalisierung«). Weil Weber diese drei Bedeutungen nicht unterscheidet, spannt er die verschiedenen Prozesse zu einem einzigen weltgeschichtlichen Prozess der Entzauberung hintereinander, der dann Modernisierung *und* Säkularisierung ermöglicht haben soll.

Um meinen zentralen Einwand verständlich zu machen, brauche ich die Unterscheidung dreier Begriffspaare, die in den Diskussionen immer wieder ineinanderfließen.[10] Es geht um die Unterscheidungen heilig/profan, transzendent/immanent (oder mundan) und religiös/säkular. Die Begriffe »sakral«, »transzendent« und »religiös« sind keine Synonyme. Der Begriff des »Heiligen« (oder »Sakralen«) zielt auf ein universales anthropologisches Phänomen, das sich aus den menschlichen Erfahrungen

9 Hans Joas, Die Macht des Heiligen. Eine Alternative zur Geschichte von der Entzauberung, Berlin 2017. In den folgenden Abschnitten stütze ich mich auf Formulierungen aus diesem Buch.

10 Ich nehme für mich in Anspruch, diese Unterscheidung seit Jahren zu verfechten (vgl. Hans Joas, Die Sakralität der Person, Berlin 2011, S. 94 f. zur Unterscheidung säkular/religiös versus profan/sakral. Zu transzendent/immanent meine Arbeiten zur Achsenzeit, z. B. Hans Joas, Was ist die Achsenzeit?, Basel 2015). Besonders klar ausgedrückt findet sie sich bei José Casanova, Religion, the Axial Age, and Secular Modernity in Bellah's Theory of Religious Evolution, in: Robert N. Bellah, Hans Joas (Hg.), The Axial Age and Its Consequences, Cambridge, Mass. 2012, S. 191–221. Sie ist jetzt auch die Grundlage für die Religionstheorie in: Reinhard Schulze, Der Koran und die Genealogie des Islam, Basel 2015, S. 109 ff.

der Selbstüberschreitung ergibt. Der Begriff des »Transzendenten« bezeichnet die Vorstellungen von einer Trennung zwischen dem Reich des Göttlichen und dem des Irdischen, zugleich eine Lokalisierung des Wahren und Guten im Reich des Göttlichen; diese Vorstellungen stellen keineswegs ein universales anthropologisches Phänomen dar, sondern sind historisch an identifizierbaren Orten und Zeitpunkten entstanden. Der Begriff des Religiösen schließlich ist nur sinnvoll, wo ihm ein Gegenbegriff gegenübersteht; dies ist vollständig erst seit dem Aufstieg der »säkularen Option« im Europa des siebzehnten und achtzehnten Jahrhunderts der Fall.[11] Wenn diese Unterscheidung dreier Gegensatzpaare, die ich an dieser Stelle nur ganz kurz erwähne,[12] einleuchtet, dann folgt aus ihr, dass es drei verschiedene Prozesse des Wechsels von einer Seite zur anderen geben muss: *Es gibt dann Prozesse der Sakralisierung und Profanisierung (oder Entsakralisierung); es gibt Prozesse der Transzendentalisierung und Immanentisierung (oder Enttranszendentalisierung); es gibt Prozesse der religiösen Revitalisierung und der Säkularisierung.* Keineswegs ist es zwingend, diese verschiedenen Prozesse so aufzufassen, als stünden sie in einer Art Folgeverhältnis zueinander. Die Prozesse können sogar auch in der Gegenrichtung verlaufen.

An einem einzigen Beispiel sei dies illustriert. In Max Webers Darstellung kommt dem Wirken des Reformators Calvin eine zentrale Stellung zu: Er nennt es den »Abschluss« oder Höhepunkt der religiösen Entzauberung durch radikale Magiefeind-

11 Zur Entstehung des Begriffs »Religion« im Sinne einer Opposition zum »Säkularen« vgl. die Bemerkungen in Kapitel 1 bei Hans Joas, Die Macht des Heiligen, a. a. O.; zur Entstehung von Transzendenzvorstellungen vgl. Kapitel 5 desselben Buches.

12 Zum Begriff des Heiligen ausführlicher Kapitel 2 von »Die Macht des Heiligen«; Joas, Die Sakralität der Person, a. a. O., S. 84 ff.; ders., Säkulare Heiligkeit. Wie aktuell ist Rudolf Otto?, in: Rudolf Otto, Das Heilige. Über das Irrationale in der Idee des Göttlichen und sein Verhältnis zum Rationalen (1917), München 2014, S. 255–281, auch in Joas, Im Bannkreis der Freiheit, a. a. O., S. 99–125.

schaft. Weber übertreibt zwar, wenn er – ohne Beleg –[13] schreibt, »dass der strenge Puritaner selbst die Leichen seiner Lieben formlos verscharren ließ, um nur jeder ›Superstition‹, und das hieß hier: jedem Vertrauen auf Manipulationen magischen Charakters die Quelle abzugraben«, denn Calvin selbst billigte Bestattungsriten durchaus.[14] Doch grundsätzlich trifft es zu, dass Calvin auf der »Negation aller Anhaltspunkte für eine *innerweltlich* vorzunehmende Scheidung von sakral und profan – also für die Auszeichnung bestimmter Orte, Zeiten, Zahlen, Objekte, Handlungen usw. als heilig«[15] bestand. Doch ist die Pointe dieses Kampfes gegen alle »Kreaturvergötterung« bei Calvin natürlich gerade nicht eine totale Entsakralisierung oder gar Säkularisierung, sondern die verstärkte, ja ausschließliche Sakralisierung Gottes, d. h. seine radikale Transzendentalisierung.[16] Mit diesem Beispiel will ich ansatzweise plausibel machen, dass Entmagisierung im Fall des asketischen Protestantismus als Transzendentalisierung verstanden werden muss. Ähnlich verhält es sich schon bei dem, was Weber das »prophetische Zeitalter« nannte.[17] Auch der prophetische Kampf gegen Magie sollte nicht als Vorstufe späterer Säkularisierung, sondern nur als Schritt zu einer entmagisierten Religion verstanden werden. Entmagisierung eröffnet zunächst einmal ja, wie Weber selbst schrieb,[18] die Möglichkeit einer stärker moralisch-gesinnungshaften oder einer stärker mystischen Gläubigkeit. Wir können also das, was Weber im Begriff der Entzauberung eineb-

13 Max Weber, Gesammelte Aufsätze zur Religionssoziologie, Tübingen 1921, Bd. I, S. 513.

14 Vgl. dazu Hartmann Tyrell, Potenz und Depotenzierung der Religion. Religion und Rationalisierung bei Max Weber, in: Saeculum 44 (1993), S. 300–347, hier S. 306, Anm. 20.

15 Ebd., S. 323.

16 Ebd., S. 311.

17 Vgl. Joas, Was ist die Achsenzeit?, a. a. O., S. 26–35.

18 Max Weber, Über einige Kategorien der verstehenden Soziologie (1913), in: ders., Gesammelte Aufsätze zur Wissenschaftslehre, Tübingen 1973, S. 427–474, hier S. 433.

net, zumindest versuchsweise auseinanderziehen. Dann werden wir fragen, ob *Entmagisierung, Entsakralisierung, Enttranszendentalisierung* und *Säkularisierung* nicht völlig unterschiedliche Prozesse sind. Es liegt dann eben nicht mehr nahe, den einen oder anderen dieser Prozesse zum Vorbereiter oder Schrittmacher des anderen zu erklären. Vielmehr ergeben sich aus dieser Sichtweise eine Fülle unterschiedlicher Herausforderungen, denen religiöse Traditionen gerecht werden müssen oder an denen sie scheitern können.

Während bei Weber selbst der *religions*geschichtliche Prozess der Entzauberung im Vordergrund stand, spielt in der breiteren Öffentlichkeit der Zusammenhang von *Wissenschafts*geschichte und Entzauberung die größere Rolle. In einem recht unklaren Verhältnis zur Religionsgeschichte kommt dieser auch bei Weber vor. Die Vorstellung, der Wissenschaftsfortschritt selbst sei es, der die Religion unglaubwürdig gemacht habe, lässt sich auf dem heutigen Wissensstand eigentlich nicht mehr verfechten. Niemand wird heute z.B. mehr ernsthaft alle zentralen Figuren der frühneuzeitlichen Wissenschaftsgeschichte als von Säkularisierungsmotiven getrieben darstellen; allgemein hat sich das Wissen durchgesetzt, dass es gerade häufig religiöse Motive waren, die große Naturforscher zu ihrem Studium der Natur etwa als eines Buches Gottes trieben.[19] Eben deshalb genügt es auch nicht, die Entstehung eines Weltbildes der Immanenz auf die empirischen Fortschritte der Wissenschaften zurückzuführen. Für ein angemessenes Bild der

19 Aus einer riesigen, natürlich auch kontroversen Literatur nenne ich an dieser Stelle nur einen ausgezeichneten Übersichtsartikel: Rivka Feldhay, Religion, in: The Cambridge History of Science, Bd. 3, Early Modern Science, (hg. von Katharine Park, Lorraine Daston), Cambridge 2008, S. 727–755. Sie unterscheidet drei hauptsächliche Narrative zum historisch sich entwickelnden Verhältnis Religion und Wissenschaft (ewiger Konflikt; friedliche Koexistenz; Affinitäten und Interaktionen), weist jedem Narrativ sein relatives Recht zu und betont vor allem, wie die religiösen Umwälzungen der frühen Neuzeit und die Herausbildung der modernen Wissenschaft zu Veränderungen führten, die sich jedem der drei Narrative in ihrer Komplexität entziehen.

Zusammenhänge stellen sich hier mindestens drei Aufgaben, die an dieser Stelle nur kurz benannt werden können. Es sind erstens neben dem kausal-mechanistischen Weltbild, das sich angeblich aus den Wissenschaften zwingend ergab, alle diejenigen Denkansätze zu berücksichtigen, die in Reaktion auf dieses Weltbild entstanden sind und dieses einschränken oder überwinden, ohne sich dabei von den modernen Wissenschaften zu lösen. Weder die Philosophie Kants mit ihrer Zentrierung auf die Bedingungen der Möglichkeit menschlichen Erkennens und moralischer Freiheit noch die historistische und hermeneutische Tradition von Herder, Humboldt und Schleiermacher mit ihrer Betonung des menschlichen Ausdrucks, noch die komplexen Versuche zur Synthese dieser neuen Philosophien bei Hegel lassen sich in das Bild eines Siegeszugs des kausal-mechanistischen Weltbilds einfügen. Zweitens ist zu fragen, wie sich die Transzendenzvorstellungen religiöser Traditionen, etwa der jüdischen und der christlichen, ändern, wenn die räumliche Metaphorik für die Lokalisierung der Transzendenz (im »Himmel«) nicht mehr zur Verfügung steht. Das simplizistische Bild, dass die Astronomie der frühen Neuzeit mit der räumlichen Metaphorik diese Transzendenzvorstellungen einfach erledigt habe, trifft ja die Geschichte des religiösen Diskurses über Kosmologie keineswegs. Drittens ist beim neu entstehenden Weltbild der Immanenz zu unterscheiden zwischen denjenigen Versionen, denen es in aufklärerischer Weise darum geht, den moralischen Universalismus der transzendenzbezogenen Religionen, vielleicht in säkularisierter Gestalt, zu bewahren, und denjenigen, für welche die Wissenschaft und das Pathos der Immanenz ein Mittel sind, um auch diesen moralischen Universalismus zu beseitigen, etwa durch eine angeblich wissenschaftliche Rassenlehre und die darauf aufbauende Bevölkerungspolitik. Die Begriffe »Entzauberung« oder »Verzauberung« werden allen diesen Aufgabenstellungen gewiss nicht gerecht. Wenn der Sinn des Begriffs »Entzauberung« dadurch präzisiert werden soll, dass er auf die Bedeutung »Entmagisierung« eingeschränkt wird, dann ist empirisch zu fragen, wie sich die Bekämpfung von Magie oder Wunderglauben in der Neuzeit wirklich abgespielt hat und welche Rolle religiöse oder andere Motive dabei spielten.[20] Es kann ebenso untersucht werden, welche Rolle der Bezug auf Wissenschaft in den verschiedenen Prozessen der Entmagisierung, Enttranszendentalisierung, Entsakralisierung und Säkularisierung spielt; von einer automatischen einseitigen Wirkung sollte dabei in keinem der Fälle ausgegangen werden. Die Ausdrucksformen religiösen Glaubens werden von diesen Auseinandersetzungen innerhalb der und mit den Wissenschaften vielfach geprägt, aber das Ergebnis ist jeweils durchaus offen und nicht von den Wissenschaften her determiniert. Die kurze Auffächerung dieser Fragen soll hier hauptsächlich die vorgeschlagene begriffliche Unterscheidung plausibler machen. Die Geschichte der Entmagisierung seit der Reformation ist eine andere als die der Enttranszendentalisierung, und beide sind mit einer Entsakralisierung im Sinne des Verlusts eines motivierenden Weltverhältnisses nicht gleichzusetzen. Um möglichen Wirkungen des einen Prozesses auf den anderen auf die Spur zu kommen und um zu beurteilen, welche Rolle alle im Zusammenhang mit Säkularisierung (im Sinne einer Schwächung aller Religion) spielen, ist der Begriff der Entzauberung zu überwinden.

20 Das Standardwerk von Keith Thomas, Religion and the Decline of Magic, New York 1971 ist durchaus mit Webers Entzauberungsnarrativ gut verträglich. Zur Diskussion darüber vgl. die Einleitung zu: Jonathan Barry, Marianne Hester, Gareth Roberts (Hg.), Witchcraft in early modern Europe: studies in culture and belief, Cambridge 1996, S. 1–45. Zur Geschichte des »Wunders«: Lorraine Daston, Katharine Park, Wunder und die Ordnung der Natur 1150–1750, Berlin 2002. Zur Kritik daran: Michael Saler, Modernity and Enchantment: A Historiographic Review, in: American Historical Review 111 (2006), S. 692–716, v. a. S. 703–705. Dort (S. 703) die Formulierung: »In this respect, enchantment waxed rather than waned by the time of the Enlightenment, countering more linear narratives of progressive disenchantment.«

Säkularisierung als Kampfbegriff

Während Säkularisierungstheorie und Entzauberungsnarrativ, wie freudig oder melancholisch auch immer, ein gewisses Bild von der Zukunft für gesichert halten, bleibt dieses, wenn meine Überlegungen zutreffen, deshalb unbestimmt und damit offener, als es vielen recht ist. Die Zukunft, auch die der Kirchen und der Religion, hängt nämlich wesentlich auch vom bewussten menschlichen Handeln ab. Das heißt nicht, dass diese Zukunft planbar und frei gestaltbar wäre. Wie die Christen und ihre Kirchen oder Gemeinschaften in die vergangene Geschichte der Säkularisierung auch schuldhaft verwickelt sind – die Säkularisierung ist eben nicht, wie ein amerikanischer Kardinal (Donald Wuerl) 2012 sagte, ein »Tsunami«,[21] der über die westlichen Kulturen unvorhersehbar und quasi von außen hereingebrochen sei und alles zerstöre –, so sind sie auch in die zukünftige Geschichte verwickelt. Über die Zukunft wird aber oft im Modus falscher Gewissheiten und auf der Grundlage problematischer Prognosen geredet. Das hat mehrere Gründe. So werden die Prognosefähigkeiten der Wissenschaften regelmäßig generell überschätzt. Unvorhergesehene Ereignisse wirken dann ernüchternd, aber oft nur für kurze Zeit. Das Prestige etwa der Wirtschaftswissenschaften hat in dieser Hinsicht in den Jahren nach der Finanzkrise von 2008 ähnlich gelitten wie das der Sozialwissenschaften nach dem unvorhergesehenen Zusammenbruch des Kommunismus in Europa 1989. Aber diese Überschätzung der Prognosefähigkeit der Wissenschaften setzt oft bald nach solchen Entwicklungen wieder ein. Die Säkularisierungstheorie, die so verwundert auf das Wachstum der Pfingstbewegung oder die verstärkte öffentliche Präsenz von Religion in vielen modernen Gesellschaften reagierte, und die

21 Vgl. The Tablet, 2.9.2016 (»Cardinal Wuerl gives advice on evangelisation amid ›cultural tsunami‹ of secularism«).

Entzauberungsgeschichte mit ihren Zukunftsimplikationen sind freilich mehr als nur gescheiterte oder schlechte Prognosen. Sie stellen vielmehr eine verdeckte, sich nicht als solche bekennende Geschichtsphilosophie dar. Von dieser Art gibt es viele. Mir selbst wurde die Unplausibilität einer solchen, allerdings offen vertretenen Geschichtsphilosophie vor Jahrzehnten schlagartig klar, als ich in der DDR mit dem Bewusstsein konfrontiert wurde, der Sozialismus sei auf jeden Fall »um eine ganze Epoche voraus«. Da man zu wissen glaubte, wohin die Geschichte sich entwickelt, musste eine sozialistische Gesellschaft historisch schlicht weiter sein, selbst wenn ihre alten Wohnhäuser zerfielen, die städtische Infrastruktur verrottete und die Industrie international nicht konkurrenzfähig war. Aber solches scheinbar feste Wissen über die Zukunft wird nicht nur im Marxismus unterstellt. Von den Diskussionen über den Bildungsföderalismus in Deutschland bis zur Frage nach den Chancen einer »immer engeren« Europäischen Union reichen die Meinungsäußerungen, in denen eine historische Tendenz zu politischer Zentralisierung oder zu größeren Staaten unterstellt wird und die Gegner einer solchen Entwicklung als rückständig, nostalgisch oder gefährlich diffamiert werden.

Kein Denker hat den Kampfcharakter solcher historischen Tendenzbehauptungen so scharfsinnig analysiert wie der große, 2006 gestorbene deutsche Historiker Reinhart Koselleck. In seinem Buch »Kritik und Krise«[22] zeigte er, wie sehr gerade die aufklärerischen Denker des achtzehnten Jahrhunderts mit geschichtlichen Zwangsläufigkeitsbehauptungen arbeiteten. Diese waren keine wertfreien Thesen über empirisch festgestellte Tendenzen, sondern Mittel im Meinungskampf. An die Stelle der offenen politischen Bekämpfung des absolutistischen Staates trat immer wieder die geschichtsphilosophische Rede von seiner historischen Über-

22 Reinhart Koselleck, Kritik und Krise. Eine Studie zur Pathogenese der bürgerlichen Welt (1959), Frankfurt/M. 1973.

holtheit. Die Behauptung von der Unvermeidlichkeit seines Verschwindens wurde damit zu einer Waffe, deren Charakter als Waffe aber nicht eingestanden werden sollte. Genau dasselbe gilt oft von den aufklärerischen und den an diese anknüpfenden Prognosen des Verschwindens des Christentums oder der Religion insgesamt. An die Stelle der Zurückweisung des religiösen Glaubens oder zur Unterstützung dieser Zurückweisung tritt dann die Behauptung, er sei überholt, rückständig oder unzeitgemäß. Es ist bemerkenswert und fast kurios, dass Kosellecks Sensibilität für solche rhetorischen Strategien gerade bei der Säkularisierungsthese selbst versagt zu haben scheint, wenn er etwa selbst von einem »post-theologischen Zeitalter« sprach.[23] Das spielt in unserem Zusammenhang aber keine Rolle. Es ging hier nur darum, die Tatsachen heutiger Säkularisierung in unseren Breiten illusionslos ins Auge zu fassen, sie aber in einen historischen und globalen Rahmen zu setzen und damit von den Selbsteinschüchterungswirkungen offener und verdeckter Untergangsprophetien zu befreien.

23 Hans Joas, Die Kontingenz der Säkularisierung. Überlegungen zum Problem der Säkularisierung im Werk Reinhart Kosellecks, in: Hans Joas/Peter Vogt (Hg.), Begriffene Geschichte. Beiträge zum Werk Reinhart Kosellecks, Berlin 2011, S. 319–338, auch in Joas, Im Bannkreis der Freiheit, S. 224–249.

4.
Braucht der Mensch Religion? Über Erfahrungen der Selbsttranszendenz

»Peinlicher Vorfall« heißt ein Gedicht von Bertolt Brecht aus dem Jahr 1943.[1] Geschrieben im kalifornischen Exil, berichtet es von einer großen Feier unter den deutschen Emigranten aus Anlass des 65. Geburtstags von Brechts Freund und bewundertem Kollegen Alfred Döblin, den er in diesem Gedicht einen seiner »höchsten Götter« nennt. Man war im kleinen Theatersaal von Santa Monica in der Nähe von Hollywood zusammengekommen, und alle waren erschienen: neben Brecht und seiner Frau Helene Weigel Heinrich und Thomas Mann, Lion Feuchtwanger und Hanns Eisler, der eigens ein Klavierstück komponiert hatte, Fritz Kortner, Peter Lorre und Alexander Granach, die aus Döblins Büchern lasen.[2] Alles verlief so, wie man sich eine schöne Ehrung für den verarmten und vereinsamten Döblin, den einst führenden Romancier und linken Publizisten der Weimarer Republik, gedacht hatte. Da geschah das Unerwartete, als Döblin zu seiner Dankrede ansetzte und kundtat, dass er, der jüdische Intellektuelle, zum christlichen Glauben gefunden habe und katholisch getauft worden sei. In Brechts Worten spiegelt sich das Geschehen so:

1 Bertolt Brecht, Peinlicher Vorfall, in: ders., Gesammelte Werke, Bd. 10, Frankfurt/M. 1967, S. 861f.

2 Vgl. dazu Werner Mittenzwei, Das Leben des Bertolt Brecht, Bd. 2, Berlin (DDR) 1986, S. 106 ff.

Da betrat der gefeierte Gott die Plattform,
die den Künstlern gehört
Und erklärte mit lauter Stimme
Vor meinen schweißgebadeten Freunden und Schülern
Daß er soeben eine Erleuchtung erlitten habe und nunmehr
Religiös geworden sei und mit unziemlicher Hast
Setzte er sich herausfordernd einen mottenzerfressenen Pfaffenhut auf
Ging unzüchtig auf die Knie nieder und stimmte
Schamlos ein freches Kirchenlied an, so die irreligiösen Gefühle
Seiner Zuhörer verletzend, unter denen Jugendliche waren.
Seit drei Tagen
Habe ich nicht gewagt, meinen Freunden und Schülern
Unter die Augen zu treten, so
Schäme ich mich.

Mit dieser Episode, die der Literaturgeschichtsschreibung und vielleicht auch manchen Lesern wohlbekannt ist, haben wir eine erste Antwort auf die Frage vor uns, ob der Mensch Religion braucht. Religiosität, so könnte man Brechts Reaktion übersetzen, ist ein Zeichen der Schwäche. Der Mensch braucht also Religion nur, wenn er zu schwach ist, ohne sie auszukommen. Während der Ton des Gedichts eher hämisch ist, war Brecht durchaus zu stärkerem Mitgefühl mit seinem Freund fähig. In seinem »Arbeitsjournal«[3] sprach er »von dem verständnisvollen Entsetzen über einen Mitgefangenen, der den Folterungen erlegen ist und nun aussagt«, und er führt die vielen Schicksalsschläge an, die Döblin so weit gebracht hätten und die man als mildernde Umstände anerkennen

3 Bertolt Brecht, Arbeitsjournal, Eintrag vom 14.08.1943.

müsse: den Tod zweier Söhne, beruflichen Misserfolg, Krankheit und Eheprobleme. All das erklärt für ihn Döblins Konversion als Zusammenbruch, aber der Grundgedanke bleibt eindeutig derselbe: Religiös sein heißt schwach sein, und dieser Schwäche solle man wenigstens nicht öffentlich nachgeben. Man schämt sich sonst für den Freund, der seine Schwäche in aller Öffentlichkeit sichtbar werden lässt.

Das Gedicht »Peinlicher Vorfall« dürfte Döblin nicht zur Kenntnis gekommen sein, aber die Peinlichkeitsempfindungen und die Empörung seiner Freunde, die teilweise unter Aufsehen die Feier vorzeitig verließen, und die Abkühlung der Freundschaft mit Brecht sind ihm gewiss nicht verborgen geblieben. Mit seinem Selbstgefühl war der Eindruck der linken Gesinnungsgenossen schwerlich vereinbar. Literarisch war Döblin so produktiv wie je; seine Sprachmächtigkeit, ja selbst der weiterhin so kess-berlinerische Tonfall vieler seiner Stellungnahmen klangen nicht, als spräche und schriebe da ein gebrochener Mensch. Ironisch wehrte er sich in einer ähnlichen Konstellation gegen die Unterstellung, aus Krankheit gläubig geworden zu sein, mit dem Satz: »Ich bin nicht krank, war nicht krank und werde nicht krank sein.«[4] Und er verfasste einen kraftvollen Dialog über Religion aus der Absicht heraus, das Christentum »in meine Sprache zu übersetzen«, und unterschied darin wie zur Entgegnung auf die Deutungen der Freunde zwei Arten der Schwäche: »eine beim Nachlass der Kraft und eine beim Nachlass eines Widerstandes«.[5] Für ihn also waren – gerade umgekehrt – diejenigen schwach, die vor der Beziehung zu Gott flüchten und sich in falschen Sicherheiten einrichten.

Wie sind unsere Gefühle beim Rückblick auf den »peinlichen Vorfall« heute, viele Jahrzehnte später? Ist nicht Brechts Reaktion

---

4 Alfred Döblin, Brief an Wilhelm Hausenstein vom 31.01.1947, in: ders., Briefe, Olten 1970, S. 364.

5 Alfred Döblin, Der unsterbliche Mensch. Ein Religionsgespräch (1946), Frankfurt/M. 2016, S. 158.

heute selbst peinlich, da sie enthüllt, mit welcher peinlichen Gewissheit Brecht selbst glaubte? Sein Glaube war natürlich kein Glaube an Gott, aber ohne Zweifel hielt Brecht die Frage nach dem Lebenssinn für politisch beantwortet; ihm schien die wissenschaftliche Kenntnis der historischen Gesetzmäßigkeiten gegeben und damit die Verwirklichung des historischen Fortschritts zum Kommunismus hin erreichbar. Sieht dieser »Geschichts-Glaube« nicht heute sehr alt aus? War nicht die Bezeichnung »Wissenschaftlicher Kommunismus«, in den Ländern des real existierenden Sozialismus bekanntlich die Bezeichnung einer Disziplin und damit von Lehrstühlen an Universitäten und Akademien, schon vor den Regimezusammenbrüchen im Osten zur Lachnummer geworden? Nur begrenzte Zeit konnten widrige Umstände als Ursache dafür angeführt werden, dass sich die utopischen Träume nicht verwirklichen lassen wollten. Spätestens als auch der Koloss Sowjetunion zerbrochen war, wurde allen klar, dass das Licht der Zeitprobleme weitergewandert war. Weniger deutlich bemerkt wurde dabei, dass die Erschütterungen noch tiefer gingen.

Keineswegs nur die Marxisten, sondern fast alle einflussreichen Sozialwissenschaftler und Geschichtsdenker hatten lange Zeit angenommen, dass Säkularisierung im Sinne eines Verlusts der Bedeutung von Religion eine notwendige Begleiterscheinung von Modernisierungsprozessen sei. Tatsächlich findet jeder Blick um uns herum viele Bestätigungen für diese Annahme; sie sind zu bekannt, um aufgezählt werden zu müssen. Aber es gab immer auch Ausnahmen, etwa bei den Polen oder Iren, für die man jedoch rasch Erklärungen zur Hand hatte. Den schwierigsten Fall stellten immer die USA dar, da dort niemand leugnen konnte, dass Religion in den vielfältigsten Formen und keineswegs nur in Gestalt eines fundamentalistischen Protestantismus höchst vital blieb, niemand aber auch die Modernität der USA bestreiten wollte. Deshalb wurden die USA immer als Sonderfall gewertet, als moderne Gesellschaft in einem religiösen Entwicklungsland, wie eine besonders extreme Formulierung lautete. Auch hierauf bezogen hat sich aber die Sichtweise dramatisch gewandelt. Mit der rasch fortschreitenden Modernisierung großer Weltteile außerhalb des christlich geprägten Kulturkreises vollzieht sich ja unter unseren Augen ein riesiges Experiment, das den Zusammenhang von Säkularisierung und Modernisierung empirisch zu überprüfen erlaubt. Die vorläufigen Befunde laufen eher darauf hinaus, Europa – und nicht die USA – als Sonderfall zu klassifizieren. Die starke Säkularisierung, die Europa erlebt hat, wiederholt sich keineswegs einfach heute im Weltmaßstab, und man spricht deshalb schon von einer »Desäkularisierung«. Wie auch immer es sich damit genau verhält, Anlass ist gewiss vorhanden, die Annahme des historischen Verschwindens der Religion in allen Varianten infrage zu stellen, ohne darin aber einfach einen Beleg dafür zu sehen, Religion sei eine anthropologische Konstante, die nur mit Gewalt unterdrückt werden könne.

Ich denke, damit ist der historische Augenblick charakterisiert, an dem wir uns befinden und in dem wir über die Frage nachdenken: Braucht der Mensch Religion? Wenn die Gewissheiten derer verschwunden sind, die Religion für überflüssig und schädlich halten, aber auch die Gewissheit der Gläubigen, dass außerhalb des Glaubens nur Verfall sein könne, dann ist vielleicht eine günstige Stunde für eine neue Betrachtungsweise.

Ich glaube nämlich, dass wir unsere Frage keinesfalls dadurch beantworten können, dass wir auf irgendwelche Vorteile verweisen, die das Individuum, die Gesellschaft oder die Menschheit aus der Religion beziehen. Manche behaupten, nur wer gläubig sei, könne wirklich glücklich sein oder stabil moralisch oder seelisch gesund; nur wenn die Menschen gläubig seien, könne die Gesellschaft zusammenhalten, könne das Zusammenleben friedlich sein und auch die Nichtzugehörigen berücksichtigen. Das mag alles so sein, und ich persönlich neige durchaus dazu, manche solche Zusammenhänge für plausibel zu halten. Aber in jedem einzelnen Fall fordert unser Verstand natürlich die genaue sachliche Prüfung dieses Zusammenhangs, und in keinem Fall dürfen wir einfach aus einem Überschwang der Glaubensgewissheit heraus einen solchen Zusammenhang als unwiderleglich behaupten. Dieser Weg, über die funktionalen Vorzüge und heilsamen Wirkungen der Religion nachzudenken, führt zwar zu interessanten Forschungen, aber doch nicht wirklich dahin, wohin diejenigen wollen, die ernsthaft fragen: Braucht der Mensch Religion? Denn eines scheint mir völlig klar: Was auch immer bei diesen Forschungen herauskommt, selbst der schönste Beweis von der Nützlichkeit des Glaubens kann eines nicht erreichen: Er kann nicht zum Glauben führen. Niemand kann deshalb glauben, weil man ihm die Nützlichkeit des Glaubens säuberlich demonstriert hat. Wenn wir die Nützlichkeitsüberlegung hinsichtlich der Religion auf uns selbst anwenden, dann kommt Pascals berühmte Wette heraus; aber wir wissen, dass das Ergebnis eines rationalen Kalküls von keiner Intensität unserer seelischen Kräfte getragen wäre, und außerdem fiele Gott, wie der amerikanische Philosoph und Psychologe William James einst schrieb, auf eine solche rationale Kalkulation auch nicht herein. Uns selbst zumindest »würde es wahrscheinlich ein ganz besonderes Vergnügen machen, Gläubigen dieses Schlags ihre ewige Belohnung zu versalzen«.[6] Wenn aber die Nützlichkeitserwägung auf die Gesellschaft angewendet wird, dann muss dabei eine Spaltung herauskommen zwischen der Elite, die es besser weiß, und der Masse, für die der Glaube zum Zwecke des gesellschaftlichen Friedens das Rechte sein soll. Der berühmte Spruch »Ich bin ein Atheist, aber selbstverständlich katholisch« entstammt der radikalen Rechten in Frankreich vor hundert Jahren (Maurice Barrès) und bringt dies auf eine zynische Formel.

6 William James, Der Wille zum Glauben (1897), in: ders., Essays über Glaube und Ethik, Gütersloh 1948, S. 40–67, hier S. 44. Dazu auch Hans Joas, Die Entstehung der Werte, Frankfurt/M. 1997, S. 69.

So geht es also nicht. Wir müssen das »braucht« in der Frage anders wenden. Das »brauchen« kann sich nicht auf ein Jenseits des Glaubens beziehen, seine Nützlichkeit für etwas, sondern muss etwas meinen, das dem Glauben selbst eigen ist. Es muss etwas mit der Erfahrung zu tun haben, die wir Glauben nennen. Nicht »Ist die Religion zu etwas nütze?« ist also die Frage, sondern »Können wir ohne die Erfahrung leben, die im Glauben, in der Religion artikuliert wird?« Wenn dies aber die richtige Frage ist, dann müssen wir genauer hinsehen, was für eine Erfahrung dies eigentlich ist und in welch vielfältigen Formen sie auftritt.

Ich schlage also vor, auf eine Art von Erfahrungen zu reflektieren, die nicht selber schon Gotteserfahrungen darstellen, ohne die wir aber nicht verstehen können, was Glaube, was Religion eigentlich ist. Ich nenne diese Erfahrungen Erfahrungen der Selbsttranszendenz. Dies bedeutet: Erfahrungen, in denen eine Person sich selbst übersteigt, nicht aber, zumindest zunächst nicht, im Sinne einer moralischen Überwindung ihrer selbst, sondern im Sinne eines Hinausgerissenwerdens über die Grenzen des eigenen Selbst, eines Ergriffenwerdens von etwas, das jenseits meiner selbst liegt, einer Lockerung oder Befreiung von der Fixierung auf mich selbst. Diese Selbsttranszendenz ist zunächst also nur bestimmt als eine Richtung weg von sich selbst, wie es ja in dem etwas altväterlichen deutschen Wort »Ergriffensein« schön zum Ausdruck kommt.

Solche Erfahrungen aber machen wir gewiss. Mein Buch »Die Entstehung der Werte«[7] war ein Versuch, zusammen mit philosophischen und sozialpsychologischen Überlegungen über den genauen Charakter dieser Selbsttranszendenz eine reiche Phänomenologie dieser Erfahrungen zu liefern. Alle Menschen kennen solche Erfahrungen. Im Folgenden zitiere ich eine Beschreibung, die nicht zum Argwohn Anlass geben sollte, ich wolle den Glau-

7 Ebd.

ben mit solcher Erfahrung gleichsetzen. Aber dem Glauben sich nähern über solche Erfahrungen, das können wir.

In Knut Hamsuns Roman »Mysterien« geht ein Mann namens Nagel in den Wald. Und so hört sich an, was er dabei erlebt:

»Eine bebende Freude durchzog ihn, er fühlte sich hingerissen, verzaubert, und versteckte sich förmlich in dem grellen Sonnenschein, der ihn umgab. Die Stille machte ihn ganz benommen vor Zufriedenheit, nichts störte ihn, nur in der Luft oben rauschte der weiche Ton, der Ton des ungeheuren Stampfwerkes. Gott, der sein Rad trat. Im Walde ringsum rührte sich nicht ein Blatt und nicht eine Nadel. Nagel kroch zusammen, schüttelte sich und zog vor Behagen die Knie unter sich an, weil alles so gut war. Etwas rief nach ihm, und er antwortete Ja. Dann stemmte er sich auf die Ellbogen und sah um sich. Niemand war da. Noch einmal sagte er Ja und lauschte; aber niemand zeigte sich. Das war doch sonderbar, er hatte so deutlich rufen hören. Aber er dachte nicht mehr darüber nach, vielleicht war es nur eine Einbildung gewesen, auf jeden Fall wollte er sich nicht mehr stören lassen. Er war in einem rätselhaften Zustand, erfüllt von seelischem Wohlbehagen. Jeder Nerv in ihm war wach, Musik zog durch sein Blut, er fühlte sich mit der ganzen Natur, mit der Sonne und den Bergen und allem anderen verwandt, spürte aus Bäumen und Erdhaufen und Halmen sich von seinem eigenen Ichgefühl umrauscht. Seine Seele wurde groß und volltönend wie eine Orgel, und niemals mehr konnte er vergessen, wie die milde Musik in seinem Blut gleichsam auf und nieder schwebte.«[8]

Hier finden sich alle Attribute der Erfahrung der Selbsttranszendenz bei einer Erfahrung ekstatischer Vereinigung mit der Natur. Aber wir kennen ähnliche Erfahrungen, die wir mit anderen Menschen machen. Man denke etwa an ein Gespräch, das über den Austausch von Belanglosigkeiten, von Informationen oder

8 Knut Hamsun, Mysterien, München 1925, S. 58.

Argumenten hinausgeht, in dem man plötzlich das Gefühl hat, von jemandem in tieferen Schichten der eigenen Persönlichkeit intuitiv verstanden zu werden, so dass man den Mut entwickelt, über prägende Ereignisse des eigenen Lebens oder über vielleicht bisher kaum eingestandene Regungen zu sprechen. Auch ein solches Gespräch stellt die Erfahrung einer Überschreitung der Grenzen des Selbst dar, das sich dem Gedächtnis einprägen wird und das über lange Zeit hinweg eine leichte Bindung an den Partner dieses Gesprächs, eine größere Leichtigkeit, bei der nächsten Begegnung miteinander umzugehen, hinterlässt. Vielfach gesteigert findet sich diese Erfahrung natürlich in der Liebe und im Verlieben. Das Gefühl der Begegnung ist hier von alters her und in vielen Kulturen als Wiederbegegnung gedeutet worden, als habe man sich schon immer gekannt oder sei vom Himmel oder den Ahnen füreinander bestimmt. Das drückt gewiss die anders nicht spontan erklärbare Wucht aus, mit der sich hier zwei Menschen, vielleicht schon nach wenigen Augenblicken – und Augenblicke im wörtlichen Sinne sind es oft bloß – im anderen erkennen und vom anderen angenommen empfinden. Die Frage Außenstehender, was man denn an diesem Liebespartner so anziehend finde, wird meist als unangemessen empfunden, weil es eben nicht einzelne Merkmale oder Eigenschaften des anderen sind, in die wir uns verlieben, sondern eine ganze Person, für die es keinen rationalen Nenner gibt. Sexuelle Erfahrungen, könnte man sagen, verknüpfen die Vereinigung mit einer anderen Person mit der Vereinigung mit der Natur, da wir hier ein wechselseitiges Verstehen, aber auch die Freude über die Schönheit des anderen Körpers, die Freude, dass mein Körper als schön empfunden und geliebt wird, und eine Lust erleben können, die uns über das Alltägliche hinaushebt und die wiederum zu den stärksten Quellen für affektiv tief sitzende menschliche Bindungen wird.

Vom Eros nicht durch eine undurchdringliche Wand getrennt sind Erfahrungen der Selbstlosigkeit und Selbstüberwindung im

Zeichen der Nächstenliebe. Auch hier könnte eine Phänomenologie bei trivialsten Erfahrungen ansetzen, etwa der Freude über das Schenken, und der Einsicht, dass es wohl fast niemanden gibt, der immer nur an sich denkt und dem eigenen Vorteil den Vorzug gibt, wenngleich sicher häufig die Selbstliebe nur ausgedehnt wird auf einen engen Kreis, etwa den der Familie, und kein Bruch erfolgt mit der Fixierung auf das Ich. Aber die Erfahrungen des Helfens und des Hilfe-Empfangens können Erfahrungen der Selbsttranszendenz sein. Dies gilt für die Erschütterung durch die Hilfsbedürftigkeit geliebter Mitmenschen, kann aber auch für anonyme Andere gelten. Der Bettler, an dem wir an neunundneunzig von hundert Tagen achtlos vorbeigehen oder den wir mit einer kleinen Gabe bedenken, um unser vages schlechtes Gewissen über soziale Ungerechtigkeit zu beruhigen, kann uns plötzlich als »Bruder« erscheinen – aber vielleicht ist auch dieses Wort zu abgegriffen, um die Erschütterung der Erfahrung zu signalisieren, dass der andere ein Ich ist wie ich und dass ich wirklich an seiner Stelle sein könnte und mit seinem Körper sein Leben führen müsste.

Hier meldet sich eine moralische Stimme in der Erfahrung des Ergriffenseins, obwohl natürlich auch die erotische Liebe, die nach Dauer verlangt, Verpflichtungen entstehen lässt, und selbst das intensive Naturgefühl nicht ohne Auswirkungen auf den Umgang mit der Natur und unsere moralischen Vorstellungen über den angemessenen Umgang mit ihr bleiben dürfte. Aber in der Erschütterung unseres Selbst durch den Anderen hat man sogar die Wurzel der Moralität überhaupt gesehen, und in einer Vielzahl moralischer Gefühle, etwa der Scham oder der Empörung, steckt gewiss eine intensive Erfahrung der Selbsttranszendenz. Schließlich ist an die Erfahrungen der kollektiven Ekstase zu denken, wenn Versammlungen von Menschen sich erhitzen, wie wir metaphorisch sagen, wenn die Selbstkontrolle des Einzelnen so abnimmt, dass er sich Dinge zutraut, die er sonst als jenseits seiner Möglichkeiten empfunden hätte. Der Redner wird witziger, wenn er Erfolg bei den Zuhörern verspürt, oder großsprecherisch, wenn er Zustimmung empfindet. Wir fühlen uns kraftvoller, geschickter und schöner oder vielleicht, etwa unter Masken und Verkleidungen, als ganz andere, wie auch die anderen mit uns durch eine geheimnisvolle anonyme Kraft als verwandelt erscheinen. Diese Verwandlung kann uns großzügig machen, so dass wir Geld verschenken an die ersten Ausreisenden des Novembers 1989 aus der DDR, oder aggressiv und gewaltsam, wie in Pogromen gegen andere, die uns als Bedrohung unseres ekstatisch erfahrenen Zusammenhalts erscheinen. Denn nicht alle solche Erfahrungen der Selbsttranszendenz sind moralisch gut. Wir müssen aber zunächst einmal bereit sein, gewissermaßen »wertfrei« auf die Erfahrungen zu blicken, die Menschen an Werte binden – selbst wenn uns die Werte, an die sie sich gebunden fühlen, oder die Handlungen, die sie aus dieser Bindung heraus begehen, als wertlos oder, schlimmer noch, als gefährlich und böse erscheinen.

Nicht nur moralisch als böse zu bewertende soziale Formen, in denen Selbsttranszendenz stattfindet oder die aus ihr resultieren, trüben das Bild, das kurze Zeit wie eine kitschig-harmonistische Lobrede auf die Wunder der Natur, der Liebe und Nächstenliebe erscheinen mochte. Es gibt nicht nur enthusiasmierende Erfahrungen der Selbsttranszendenz. Auch die Erschütterung durch Leid, durch das eigene Leid, kann eine solche Erfahrung sein. Jeder genannten enthusiasmierten Erfahrung steht eine »Schreckensversion« gegenüber: der Naturbegeisterung das »Naturgrauen« (Arthur Schnitzler), dem Aufbau des Vertrauens und der Bindung Vertrauensmissbrauch und -verlust, dem Verlieben der Verlust eines geliebten Menschen durch Trennung oder Tod, der ekstatischen sexuellen Vereinigung die Vergewaltigung. Wie wir uns über uns hinausgerissen fühlen können in ein unerhörtes Glück, so kann uns unsere ständige Verletzbarkeit, die Endlichkeit von allem, an dem wir hängen, das unheilbar Prekäre unserer Existenz in jedem Moment schockhaft bewusst werden. Ebenso wenig wie bei den enthusiasmierenden Erfahrungen werden wir hier sinnvoll fragen können, ob wir diese Erfahrungen brauchen. Wir machen sie schlicht – ein Leben ohne sie ist nicht denkbar, selbst wenn wir alles menschengemachte Unheil überwinden könnten.

Paul Tillich hat besonders Sensibles zur Erfahrung der Angst als einer Erfahrung der Selbsttranszendenz geschrieben. Angst, so Tillich, ist »Endlichkeit erfahren als die eigene Endlichkeit«.[9] Zu beachten ist hier das Wort »Erfahrung«. Denn gemeint ist ausdrücklich nicht ein abstraktes Wissen, das wir ja immer schon haben. »Nicht die Einsicht in die universale Vergänglichkeit, nicht einmal die Erfahrung des Todes anderer, sondern die Einwirkung dieser Ereignisse auf das immer latente Bewusstsein unseres eigenen Sterbenmüssens« ist gemeint. Diese Einwirkung aber »erzeugt die Angst«, die nackte Angst, die wir nur augenblicksweise überhaupt ertragen können, und an der vernünftiges Reden ähnlich abprallt wie an der Erfahrung der Liebe. Auch eine Phänomenologie der Angst gehört also in die Phänomenologie der Selbsttranszendenz. Wenn wir Tillich folgen, dann müssen wir jedenfalls drei Formen der Angst unterscheiden, die uns als relative oder als absolute Bedrohung unseres Existenzgefühls heimsuchen können. Wir können durch Schicksalsschläge relativ bedroht werden, durch die Aussicht auf unseren Tod aber absolut. Wir können eine relative Leere in unserer geistigen Orientierung verspüren, aber auch die Erfahrung totaler Sinnlosigkeit machen, eines depressiven Verlorengehens aller derjenigen Züge der Welt, die uns ansprechen und zum Handeln anreizen. Wir können im Schuldgefühl über von uns begangene oder unterlassene Taten unser Selbstgefühl als moralische Wesen relativ bedroht fühlen oder unter der Einsicht in die nie wieder und durch nichts gut-

9 Paul Tillich, Der Mut zum Sein (1952), Hamburg 1965, S. 40. Zu Tillichs Denken ausführlich: Hans Joas, Verdankte Freiheit, in: ders. Im Bannkreis der Freiheit. Religionstheorie nach Hegel und Nietzsche, Berlin 2020, S. 330–362.

zumachende Schwere unserer Schuld und die Aussicht auf Verdammnis vollständig zusammenbrechen.

Für Tillich war es keine Frage, dass von diesen Erfahrungen der Angst aus Glauben entstehen kann. »Nur wer die Erschütterung der Vergänglichkeit erfahren hat, die Angst, in der er seiner Endlichkeit gewahr wurde, die Drohung des Nichtseins, kann verstehen, was der Gottesgedanke meint. Nur wer die tragische Zweideutigkeit unserer geschichtlichen Existenz erfahren und den Sinn des Daseins völlig in Frage gestellt hat, kann begreifen, was das Symbol des Reiches Gottes aussagen will.«[10] Das mögen diejenigen, für die der Glaube aus einem Schwächeanfall folgt – wie die abspenstig werdenden politischen Freunde Döblins, von denen anfangs die Rede war –, wie eine Bestätigung empfinden. Aber so einfach ist die Sache nicht. Sie kann schon deshalb nicht so einfach sein, weil wir nun ja umgekehrt die enthusiasmierenden Werterfahrungen nicht vergessen dürfen, aus denen ebenso eine Brücke zum Glauben werden kann wie aus den Erfahrungen der Angst. Gemeinsam ist diesen Erfahrungen zunächst das Charakteristikum der Selbsttranszendenz. Wir begegnen in ihnen einer Kraft, die uns über uns hinausreißt, selbst wenn dies wie im Falle der Angst bedeutet, dass wir eben unserer Grenzen innewerden. Aber in diesem Innewerden der Grenzen steckt das Gefühl unserer »schlechthinnigen Abhängigkeit«, wie wir im Enthusiasmus zu dankbaren Empfängern unverdienter Gaben werden.

Vor allem ist die Sache aber deshalb nicht so einfach, weil ja weder aus den Erfahrungen des Enthusiasmus noch aus denen der Angst der Glaube einfach folgt. Religion artikuliert solche Erfahrungen der Selbsttranszendenz, aber sie artikuliert sie in einer bestimmten Weise. Für den Gläubigen stellen Erfahrungen des Ergriffenseins ein Ergriffensein von einem Unbedingten, einem Unverfügbaren dar. Aber nicht für den Ungläubigen und nicht für

10 Paul Tillich, Systematische Theologie, Bd. 1, Berlin 1987, S. 76.

alle Gläubigen in gleicher Weise! Deshalb müssen wir uns, nachdem so viel von Erfahrung die Rede war, nun der Deutung dieser Erfahrungen zuwenden. Wenn Menschen die beschriebenen Erfahrungen unweigerlich machen, wie steht es dann mit den Deutungen dieser Erfahrungen? Braucht der Mensch eine religiöse Deutung dieser Erfahrungen?

Nichtreligiöse Menschen werden dazu neigen, alle von mir genannten Erfahrungen als rein psychologische Phänomene zu betrachten. Während der Gläubige im Naturerlebnis Dankbarkeit über die Schöpfung, in der Liebe unter den Menschen einen Abglanz der göttlichen Liebe, in Schicksalsschlägen vielleicht eine Strafe oder doch eine Fügung aus Gottes unerforschlichem Ratschluss sehen wird, wird der Nichtgläubige seine Erfahrungen als die psychische Verarbeitung glücklicher oder schrecklicher Zufälle oder des unvermeidlichen Schicksals aller Lebewesen klassifizieren. Nun ist ja daran zunächst nichts auszusetzen; um psychologische Phänomene handelt es sich ja gewiss. Aber die Frage ist, ob es berechtigt ist, diesen Satz so auszusprechen, als handele es sich deshalb um nichts weiter als ein psychologisches Phänomen, als erübrige sich mit dieser Klassifizierung die Frage nach der Herkunft dieser Erfahrungen. Doch ebenso wenig wie der Gläubige dem Nichtgläubigen seine religiöse Deutung seiner Erfahrungen als logisch zwingend aufnötigen kann, kann der Nichtgläubige seine nichtreligiöse Deutung als einzig rational mögliche verfechten. Hier öffnet sich ein Raum zwischen Erfahren und Deuten, den wir etwas näher betrachten müssen.

Drei Beobachtungen führen weiter. Erstens ist es im subjektiven Erleben durchaus wiederum so, dass uns bestimmte Deutungen unserer Erfahrung selbst als die einzig möglichen, die einzig plausiblen erscheinen. Auch wenn für den Beobachter eine Differenz zwischen Erfahrung und Deutung besteht, gilt dies nicht notwendig für den Erlebenden selbst. Wir können die Erfahrung einer (subjektiven) »Offenbarung« machen, wenn es uns plötzlich gelingt, das lösende Wort zu finden, das aus dem Gefühl einer Kluft im schon Gesagten erst eine bestimmte Erfahrung macht. Bei allen anderen Deutungen unserer Erfahrung, ja selbst bei unseren eigenen bisherigen Beschreibungen des Erlebten, mögen wir ein nagendes Gefühl der Unzulänglichkeit gehabt haben; jetzt aber ist uns plötzlich alles klar, die Erfahrung geht restlos im Ausdruck auf. Wenn wir diese Erfahrung machen, dann verschmelzen Deutung und Erfahrung für uns unlöslich. Wir sind dann nur noch zögernd bereit, mit uns über die Deutung überhaupt reden zu lassen.

Zweitens handelt es sich beim Prozess der Artikulation von Erfahrungen um einen Prozess, der an beiden Enden beginnen kann. Manchmal begegnen wir dem richtigen Wort, das es uns erlaubt, eine einst gemachte Erfahrung erstmals richtig zuzulassen. In diesem Sinne können wir Sprachen, Kulturen und Religionen als reichhaltige Repertoires für die Artikulation von Erfahrungen ansehen. So sind die vorhandenen Deutungsmuster immer schon erfahrungsdurchsetzt, ebenso wie unsere Erfahrungen nicht völlig unabhängig von Deutungen und Erwartungen sind.

Drittens – und dies ist am wichtigsten – erlauben uns bestimmte Deutungen überhaupt erst, bestimmte Erfahrungen zu machen. Dies ist für das Gebiet der religiösen Erfahrung ein wesentlicher Sachverhalt. Hier gilt nämlich, dass wir uns von vornherein von bestimmten Erfahrungen abschneiden, wenn wir der Skepsis den Vorrang geben. Klassisch hat dies William James in seinem Aufsatz »Der Wille zum Glauben« von 1896 ausgeführt. Hier ist ebenfalls zuerst an Beispiele wie das Verlieben oder den Aufbau von Vertrauen im Allgemeinen zu denken. Wer kalt und defensiv wartet, um von anderen sichere Zeichen der Liebe zu erhalten, wird meist vergeblich warten. Ich muss dem anderen einen Vertrauensvorschuss gewähren und zugleich selbst davon überzeugt sein, im Prinzip der Liebe des anderen würdig zu sein. Ich muss mich selbst für »liebenswürdig« und den anderen für »liebesfähig« halten, damit Liebe entstehen kann. Ohne den ungesicherten

Sprung in die Liebe entsteht sie nicht. So ist es aber auch beim Glauben. Wenn wir der Vorschrift folgen, nur das zu glauben, was uns die alltägliche Erfahrung beschert, dann schließen wir uns von allen außeralltäglichen Erfahrungen ab. Aber warum sollten wir uns so abschließen und der Furcht den Vorzug vor der Hoffnung geben? Wenn unsere Einstellung zur Welt den Ausdruck der Welt verändert, dann gibt es keinen zwingenden Grund, der Welt ohne Vertrauen entgegenzutreten. Eine Bereitschaft zu glauben ermöglicht dann überhaupt erst bestimmte Erfahrungen.

Unmittelbar anschaulich wird das am Beten. Das Beten wendet die in den Erfahrungen der Selbsttranszendenz erlebte Öffnung zu etwas Höherem selber wieder ins Aktivische. Wir müssen zwar hören können, wenn wir beten wollen, wir dürfen aber auch sprechen und uns an ein Gegenüber wenden, das jedes konkrete menschliche Gegenüber übersteigt. William James war der Meinung, dass wir nicht nicht beten können, dass jeder Mensch bete, ob er nun in seinem bewussten Weltbild dazu stehe oder nicht. Er meinte das, weil für ihn jedes Selbst nach einem idealen Gegenüber verlangt, das es unter den Menschen nicht findet. Ich weiß nicht, ob dies zutrifft, und ich weiß auch nicht, wie man diesen Satz wirklich überprüfen soll. Aber so viel ist daran gewiss richtig, dass das Beten von allen religiösen Handlungen diejenige ist, die am wenigsten der theologischen Fundierung bedarf. Beten – zumindest in elementarer Form – setzt ein Handeln fort, das jeder Mensch ohnehin beherrscht.

Das gilt so nicht für die Erfahrungen, die ich »sakramentale Erfahrungen« nennen möchte. Eucharistie und Abendmahl gehören für viele Christen zu den stärksten religiösen Erfahrungen überhaupt, aber es ist selbstverständlich, dass die Aufnahme von Brot und Wein zur außeralltäglichen Erfahrung nur dann wird, wenn ein Glaubenswissen über den Sinn dieses Rituals vorliegt. Dieses Ritual knüpft also sehr wohl auch an Elemente an, die im Alltag selbst über den Alltag hinausweisen: wie das gemeinsame Mahl und die Feier. Es geht aber radikal über den Alltag hinaus, wenn es in seinem religiösen Sinn erfasst wird. Es wäre irreführend, die sakramentalen Erfahrungen so zu behandeln, als seien sie nur religiöse Deutungen allen zugänglicher Erfahrungen. Bei ihnen stellt die Deutung vielmehr die Voraussetzung dafür dar, die Erfahrung überhaupt zu machen. Wenn wir die Erfahrung Nichtgläubigen verständlich machen wollen, werden wir sie freilich mit Erfahrungen vergleichen, die auch ihnen zugänglich sind; so gibt es kühne Versuche, die Erfahrung der Eucharistie mit ekstatischen sexuellen Erfahrungen in Verbindung zu bringen.[11] Wenn dies manchen als anstößig erscheint, werden andere darin die wechselseitige Spiegelung der Liebesarten ineinander erkennen. Allen bleibt bewusst, dass es sich bei solchen Beschreibungsversuchen nur um Annäherungen an die Erlebnisqualitäten selbst handeln kann und dass hier die Erfahrung von einer geschulten Fähigkeit abhängig ist, die Erfahrung zu machen.

Religiöse Traditionen und Institutionen stellen, wenn dies so ist, nicht nur reiche Repertoires zur Deutung unserer Erfahrungen der Selbsttranszendenz dar; sie machen solche Erfahrungen auch erst möglich. Sie enthalten ein Wissen gewissermaßen körperlicher Art, wie wir uns bereit machen können zu solchen Erfahrungen – durch Askesetechniken etwa, durch den Einsatz körperlicher Haltungen wie des Kniens zum Beispiel, durch gemeinsames Singen und Musik. Wichtiger aber ist, dass das Glaubenswissen uns anleitet, die Zentrierung unserer Erfahrung auf uns selbst tatsächlich zu überwinden. Erfahrungen der Selbsttranszendenz müssen ja wirklich Erfahrungen der Überschreitung des Selbst sein und nicht bloße Versuche eines Selbst, das bei sich selbst bleiben will, auch noch den Kitzel außeralltäglicher Erfahrungen zu genießen.

Diesen Verdacht haben viele ohnehin, wenn der religiösen Erfahrung ein so großes Augenmerk gewidmet wird, wie es hier

11 Etwa bei Andre Dubus, Ehebruch und anderes, Reinbek 1988, S. 314 ff.

geschieht. Sie mögen denken, dass der Ernst des Glaubens verschwindet, aber auch die Schönheit des Glaubens geschmälert wird, wenn der Glaube von den subjektiven Erfahrungen her interpretiert wird, die die Gläubigen machen. Diese Gefahr, dass der Glaube auf die Logik der »Erlebnisgesellschaft« zugeschnitten wird, besteht gewiss. In der Religionssoziologie wird über eine Zunahme religiöser »Bastelei« (»bricolage«) und religiöser Flickenteppich-Identitäten (»patchwork identity«) diskutiert, d. h. höchst subjektiver Verknüpfungen von Elementen aus verschiedenen religiösen Traditionen, ein bisschen Christentum mit einer Prise Buddhismus und einem kräftigen Schuss Esoterik etwa. Dann glaubt jeder etwas anderes, Verbindlichkeit gibt es nicht, nicht einmal für den Einzelnen, das Glauben ist von jeder Gemeinschaftszugehörigkeit entkoppelt, und es gibt so viele Glaubensrichtungen wie Individuen. Alle theologischen Einwände, die hiergegen bereitstehen, sind berechtigt. Ein Glauben dieser Art sprengt schwerlich die Fesseln narzisstischer Selbstzentriertheit, und ein Glauben dieser Art wird auch nur in einzelnen Lebenslagen bemüht werden, wie ein Hobby, zu dem unter dem Druck des Alltags dann doch nie recht Zeit ist. Eine Privatsprache, so Richard Schröder zu Recht,[12] taugt höchstens zum Selbstgespräch; ernsthafter als Extensivierung sei Intensivierung des Glaubens. Aber wir dürfen diese Kritik auch nicht übertreiben. Es können in solchen Verknüpfungsversuchen ja auch wirklich kreative und produktive Ansätze stecken. Vergessen wir nicht, dass auch die Geschichte des Christentums nicht einfach eine lineare und homogene Weitergabe des christlichen Glaubens ist, sondern gerade religiöse Virtuosen das spirituelle Erbe des Christentums bereichert haben, indem sie wie der Mystiker Meister Eckhart jüdische Anstöße oder der Ordensgründer Franziskus von Assisi wohl islamische aufgenommen und ins

12 Richard Schröder, Wie beim Handy, so beim Glauben: »Wechseln Sie einfach den Anbieter!« Funktioniert das?, in: Chrismon 05/2003, S. 46.

Christentum integriert haben. Vergessen wir auch nicht, dass die Vorstellung, der Flickenteppich sei etwas Neues und Unerhörtes in Sachen Religion, historisch irreführend ist. Die Grenzen zwischen den Konfessionen etwa waren im Bewusstsein der Menschen keineswegs immer ganz klar, und in den regionalen Besonderheiten des christlichen Glaubens lassen sich häufig die Spuren vorchristlicher und außerchristlicher Religiosität nachweisen. Vorsicht ist also angeraten gegenüber vorschnellen Verurteilungen, damit wir uns auch nicht vor den Chancen des Individualismus verschließen, zur Vitalisierung des religiösen Lebens beizutragen.

Was folgt aus all diesen Überlegungen zum Verhältnis von Deutung und Erfahrung auf dem Gebiet der Religion für unsere Ausgangsfrage? Wir haben herausgefunden, dass alle Menschen im Prinzip zu Erfahrungen der Selbsttranszendenz imstande sind. Gläubige deuten diese Erfahrungen aber im Lichte ihres Glaubens. Für die Gläubigen heißt dies zugleich, dass Gott auch von denen erfahren wird, die ihre Erfahrungen nicht auf Gott zurückführen und die, wenn sie das Wort »Gott« hören, nicht dasselbe hören wie die Gläubigen. Wir haben außerdem gesehen, dass der Glaube viele Erfahrungen erst möglich macht, vor denen sich der Nichtgläubige verschließt. Wir müssen uns aber alle auch vor bestimmten Deutungen und Erfahrungen verschließen; Kritik ist deshalb Teil des Deutungsgeschehens und ihm nicht äußerlich. Im Verhältnis zu anderen Religionen sind wir demgemäß zur Bescheidenheit aufgerufen. Wir müssen diese wenigstens zu einem Teil als andere, oft imponierende Versuche ansehen, menschliche Erfahrungen mit dem Göttlichen auszulegen. Der Glaube an Jesus Christus fußt so auf einem allen Menschen möglichen Gottesbewusstsein. »Wären wir ohne Jesus Atheisten, so würde uns auch Jesus nicht vom Atheismus befreien können, denn es würde das Organ fehlen, ihn zu empfangen« (Paul Tillich).[13] Diese Beschei-

13 Paul Tillich, Gesammelte Werke, Bd. 8, Stuttgart 1970, S. 93.

denheit muss sich auch auf das Verhältnis zu denen auswirken, die nicht einem anderen religiösen Glauben anhängen, sondern keinem. Es gibt sicher auch einen »Atheismus der Tiefe«, eine Nichtgläubigkeit, die gerade selbst zu einem Pathos der Liebe zu den Menschen und zur Welt wird. Aus unseren Überlegungen folgt in dieser Hinsicht lediglich, dass solche Denkweisen schädlich sind, die die Erfahrungen der Selbsttranszendenz gar nicht zu deuten erlauben, sie damit zum Verstummen bringen und uns die Kommunikation mit dem Göttlichen prinzipiell verwehren. Diese sind schädlich, weil sie dem Menschen Tiefe verwehren und ihn auf sich selbst festlegen. Religiöser Glaube erhöht deshalb die Wahrscheinlichkeit, dass ein Individuum Erfahrungen der hier beschriebenen Art macht und, wenn sie gemacht werden, diese nicht abwehrt. Er erhöht die Wahrscheinlichkeit, über eine bloße Klugheitsmoral hinauszuwachsen, Respekt vor einem Unverfügbaren zu haben und Kraft und Ausdauer für Veränderungen in der Welt aufzubringen. Aber dies ist eine irrtumsgefährdete empirische Aussage, kein triumphalistisches Selbstlob. Religion überhaupt und der christliche Glaube im Besonderen können nicht logisch zwingend gemacht werden. Christen können ihren Glauben nur anbieten und Einladungen aussprechen, Christus nachzufolgen. Bekehrungen werden wohl auch eher erreicht, wenn wir uns selbst bekehren, wenn wir den Glauben, den wir brauchen, selbst leben, als wenn wir anderen erklären, warum sie ihn brauchen müssten.

Während es also einen »Atheismus der Tiefe« geben kann, gibt es auch einen oberflächlichen Glauben und, schlimmer, einen Glauben, der eine falsche Beruhigung darstellt. Manche Menschen haben Schwierigkeiten mit dem Glauben, weil sie meinen, der Glaube verpflichte sie, in jedem Schicksalsschlag eine gute Fügung zu sehen. Sie protestieren aber, gerade um der Authentizität ihrer Empfindungen willen, gegen pseudo-rationalen Trost. Auch manche Gläubige preisen den Glauben und unsere Angewiesenheit auf Religion eben mit dem Argument an, nur so seien Fragen lösbar, für die Wissenschaft und Philosophie keine Lösung anzubieten haben. Selbst große Denker wie Max Weber haben gemeint, Religionen hauptsächlich als Lösungen der Theodizee-Problematik verstehen zu müssen, der Frage also, warum Gott das Böse und das Leid zulasse.

Aber trifft ein solches Verständnis die Religion wirklich; trifft es vor allem das Christentum? Sie kennen alle Paul Gerhardts wunderbares Lied »O Haupt voll Blut und Wunden«. Die sechste Strophe lautet:

»Wenn ich einmal soll scheiden, so
scheide nicht von mir.
Wenn ich den Tod soll leiden, so
tritt du dann herfür!
Wenn mir am allerbängsten wird um das Herze sein,
so reiß mich aus den Ängsten kraft deiner Angst und Pein.«

Das Sensationelle, wenn man dies so salopp ausdrücken darf, steht in der Schlusszeile dieser Strophe. Der Christ erwartet Trost und Hilfe in der größten Bedrängnis nicht einfach von einem starken Helfer, der, als er selbst verfolgt wurde, seine Feinde einfach mit übermächtiger Kraft niedergestreckt und sich über sie erhoben hätte. Der Christ wendet sich vielmehr an einen, der selbst die Todesangst ganz durchlitten hat, und findet seinen Trost darin. Warum soll uns, wenn wir Todesangst leiden, eigentlich die Erinnerung an die Todesangst eines anderen trösten? Warum sollte unsere Angst dadurch geringer werden? Sie wird auf diese Weise nicht einfach verschwinden und einem tollkühnen Unverwundbarkeitsgefühl Platz machen. Der Glaube aber, dass Gott selbst in menschlicher Gestalt meine Angst durchlitten hat, macht es mir möglich, diese Angst in meinen Lebensmut hineinzunehmen. Der Glaube erlaubt es mir, meiner Erfahrung der Angst Worte zu verleihen und immer wieder neu die Erfahrung eines Aufgefangenwerdens in der göttlichen Liebe zu machen. Wichtig ist mir hier das »immer wieder neu«. Wenn wir den Glauben als den feststehenden rationalen Trost, als definitive Beantwortung einer Frage verstehen, entziehen wir ihn der Dynamik dieses »immer wieder neu«. Auch in Hinsicht auf Moral und Geschichte gilt, was hier für die Verarbeitung der individuellen Angst oder aller Erfahrungen der Selbsttranszendenz gesagt wurde. Auch die moralischen Dilemmata verschwinden nicht durch den Glauben, als habe Gott dafür gesorgt, dass keine Konflikte zwischen Werten oder zwischen moralischen Verpflichtungen für den Gläubigen auftreten könnten. Auch die historische Tragik verschwindet nicht, als gebe es plötzlich nur noch eine grandiose Heilsgeschichte, in der alle Schrecken und Fehlschläge der Geschichte ihren guten Sinn gewinnen.

Biblisch findet dies seinen Ausdruck unter anderem in den Psalmen. Jesu Ausruf am Kreuz »Mein Gott, mein Gott, warum hast du mich verlassen?« steht ja hinter Paul Gerhardts Liedtext. Er verweist aber auch zurück auf den Psalm 22, der mit eben diesen Worten beginnt. Die Klage über die Gottverlassenheit wird hier sehr wohl an Gott gerichtet, sogar an einen Gott, der mit »mein Gott« angeredet werden darf, in einer betont persönlichen grammatischen Form also. Ist die Klage über Gottverlassenheit in Gestalt eines Gebets ein Widerspruch in sich? Kann sie überhaupt die Form eines Gebets annehmen? Für unsere Zeit, in der ja eher die Existenz Gottes als seine Zuwendung zu uns infrage gestellt wird, kann die Klage als Gebet paradox erscheinen. Für den Gläubigen aber bietet der Psalm eine Möglichkeit, Gott sogar die Zweifel mitzuteilen und Hilfe von Gott für den Wiederaufbau eines erschütterten Gottvertrauens zu erflehen. Für den Gläubigen heißt dies, dass Gott uns nicht blinden Gehorsam und stetiges stummes Einverständnis abverlangt. Tatsächlich schlägt der Ton im Psalm 22 ja nach den ausführlichen Klagestrophen in die Bitte um:

»Bleib nicht fern von mir, Herr!
Du bist mein Retter, komm und hilf mir!
Rette mich vor dem Schwert meiner Feinde,
rette mein Leben vor der Hundemeute!
Reiß mich aus dem Rachen des Löwen,
rette mich vor den Hörnern der wilden Stiere!
Herr, du hast mich erhört!«

Und nach dem Umschlag geht der Psalm in einen Lobpreis auf Gott und die Bekundung der Absicht über, Opfer zu bringen und allen von Gott zu erzählen.

Paul Ricœur, der große christliche französische Philosoph, sieht in seiner Interpretation dieser Stelle[14] das Klage- und Lobgebet als Ausgleich zur Erzählung der Heilsgeschichte und zur Moralisierung unseres Handelns durch die Propheten. Dieser Gedanke scheint mir parallel zu laufen zu meiner These, dass sich Moral und Geschichte anders darstellen, wenn wir sie nicht holistisch denken, sondern Wertepluralismus und geschichtliche Tragik zulassen. Wir werden dann zwar immer an moralischer Konsistenz und der Erzählung der einen umfassenden Geschichte zu arbeiten haben. Aber der Punkt, von dem aus wir dies tun, wird immer die jeweils neue und einmalige Situation unseres Handelns und Erleidens sein. Für deren Bewältigung, ohne falsche Sicherheiten, vertrauen die Christen auf den Gott Jesu Christi. Sie können ohne die Erfahrung, allen Jubel, alle Sorgen und selbst alle Zweifel darbringen zu können und dabei einer Hilfe teilhaftig zu werden, auch wenn diese nicht immer ihren ursprünglichen Vorstellungen entspricht, nicht leben. In diesem Sinne brauchen die Gläubigen ihren Glauben. Und sie bieten den Nicht-Gläubigen an, für sich selbst dieselbe Entdeckung zu machen.

---

14 Paul Ricœur/André LaCocque, Penser la bible, Paris 1998, S. 279 ff. Zu Ricœur ausführlicher Joas, Im Bannkreis der Freiheit, S. 363–380.

5. Glaube oder Selbstoptimierung? Zur kulturellen Rolle der Kirche

Der Name Jürgen Klinsmann ist in Deutschland, aber auch weit darüber hinaus vielen Menschen bekannt und geläufig. Sie kennen ihn als einen der besten deutschen Fußballspieler der letzten Jahrzehnte. Als Mitglied der deutschen Nationalmannschaft gewann er mit dieser die Weltmeisterschaft 1990. Nach seiner aktiven Zeit als Spieler wurde er Trainer zuerst der deutschen Nationalmannschaft (von 2004 bis 2006), später dann der der USA (von 2011 bis 2016). Für kurze Zeit, in der Saison 2007/08, trainierte er den FC Bayern München; es war zu Beginn dieser seiner Tätigkeiten, dass er eine besonders spektakuläre Initiative ergriff. Zusammen mit dem Architekten des Vereins platzierte er vier Buddha-Statuen auf dem Trainingsgelände, zwei in Gold, zwei in Weiß. Buddha-Statuen an einem symbolisch hoch aufgeladenen Ort mitten im traditionell katholischen Bayern? Wenn ich mir vorstelle, dies wäre während meiner Kindheit und Jugend in den 1950er oder frühen 1960er Jahren dort passiert, dann wird mir klar, dass die Reaktion darauf damals ganz gewiss Empörung gewesen wäre. Klinsmanns Initiative wäre damals als Angriff auf die nationale Identität des bayerischen Volkes aufgefasst worden, und da zumindest, wie es heißt, die Altbaiern von sich denken, schon vor der Geburt von Jesus Christus katholisch gewesen zu sein, als Angriff auch auf den Katholizismus als solchen. Im neuen Jahrtausend aber ist das nicht mehr der Fall. Der Sprecher des Münchner Erzbischofs nahm nur höchst diplomatisch dazu Stellung und bemerkte, jeder Trainer habe eben seinen eigenen persönlichen Stil, und Fußballvereine seien keine Zentren des intellektuellen Lebens einer Gesellschaft. Die evangelische Kirche, die traditionell in Bayern nur eine Minderheit repräsentiert, pries das Ideal der Religionsfreiheit und warnte davor, den Fußballspielern einen spezifischen religiösen Glauben zu oktroyieren. Die Reaktionen aus der regierenden christlich-konservativen CSU waren gemischt, einige skeptisch zwar, aber nicht scharf oder polemisch. Der stärkste Widerstand kam bemerkenswerterweise von einigen der Spieler, am deutlichsten von dem tief christlichen Brasilianer Zé Roberto. Sein Kommentar lautete: »Dies wird mir nicht helfen; ich habe schon einen Glauben.« Unterstützung für ihn kam von dem Franzosen Franck Ribéry, der zum Islam konvertiert war.

Angesichts dieses Widerstands aus dem Spielerkreis und der ironischen Bemerkungen von Journalisten und anderen versuchte Klinsmann seine Initiative damit zu verteidigen, dass für ihn die Buddha-Statuen eigentlich nichts mit Religion zu tun hätten: Es sei ihm nur darum gegangen, den Energiefluss zu verbessern und den Spielern bei der Entspannung zu helfen. Nachdem er ein Jahr später den Verein verlassen hatte, wurden auch die Statuen bald entfernt. Rückblickend bestritt Klinsmann im November 2014 sogar, die Idee des Architekten jemals selbst energisch unterstützt zu haben.

Ich finde, dass sich in dieser Anekdote – für deren Details ich mich nicht wirklich verbürgen will – einige der wichtigsten religiösen Tendenzen unserer Zeit anschaulich identifizieren lassen: der voranschreitende Prozess der Säkularisierung in Europa mit der Folge einer zunehmenden Infragestellung der Gleichsetzung von europäischer und christlicher Kultur; die Globalisierung des Christentums und die Auswirkungen, die das intensive religiöse Leben der Christen in der sogenannten Dritten Welt ebenso wie das von Muslimen auf Europa hat; die eklektische Kombination von Elementen aus verschiedenen religiösen Traditionen und die Reduktion der Religion auf eine Technik der Entspannung und der Selbstoptimierung. Ein angemessenes Verständnis der kulturellen Lage der Gegenwart muss alle drei Tendenzen gleichzeitig in den Blick nehmen.

Wenn wir dies zu tun versuchen, dann ist der Schlüsselbegriff, der uns dies erlaubt, meines Erachtens der der »Option«. Er ist einer der zentralen Begriffe in meiner Beschreibung der religiösen Situation der Gegenwart.[1] Bei der Verwendung dieses Begriffs stütze ich mich auf zwei große Religionsdenker, einen gegenwärtigen und einen aus der Zeit vor mehr als einhundert Jahren: Die Rede ist von dem kanadischen katholischen Philosophen Charles Taylor und von dem amerikanischen Psychologen und Klassiker des Pragmatismus, William James. Als wichtigste Leistung von Charles Taylor und seines monumentalen Werks »Ein säkulares Zeitalter« empfinde ich es, dass er darin den Aufstieg der sogenannten säkularen Option erforscht und dargestellt hat.[2] Er konzentriert sich dabei auf das achtzehnte Jahrhundert, bezieht aber auch die Vorgeschichte dieses Aufstiegs, die weitere Durchsetzung und den langfristigen Einfluss mit ein. Taylor arbeitet in aller Deutlichkeit heraus, dass dieser Aufstieg der säkularen Option auch die Bedingungen des Glaubens fundamental verändert hat. Seit dieser epochalen Veränderung müssen Gläubige nämlich ihren Glauben, etwa den christlichen, nicht mehr vornehmlich als spezifischen gegenüber anderen Konfessionen oder Religionen rechtfertigen, sondern als solchen. Sie werden gefragt, warum sie überhaupt gläubig sind und nicht vielmehr die »säkulare Option«

1 Hans Joas, Glaube als Option. Zukunftsmöglichkeiten des Christentums, Freiburg 2012.

2 Charles Taylor, Ein säkulares Zeitalter, Frankfurt/M. 2009. Dazu Hans Joas, Die säkulare Option. Ihr Aufstieg und ihre Folgen, in: Deutsche Zeitschrift für Philosophie 57 (2009), S. 293–300, auch in Joas, Im Bannkreis der Freiheit. Religionstheorie nach Hegel und Nietzsche, Berlin 2020, S. 250–271.

wählen, eine Option, die zuerst nur als legitime Möglichkeit auftrat und dann, wie ich behaupte, in einzelnen Ländern und Milieus zunehmend zur Regel, d. h. »normalisiert«[3] wurde. Natürlich darf der Aufstieg der säkularen Option als solcher nicht als Ursache späterer Säkularisierungsprozesse verstanden werden. Er schuf nur die Möglichkeit für diese, erklärt selbst aber nicht, warum diese Möglichkeit von Menschen auch wahrgenommen wird. Zunächst also besteht die Optionalität des Glaubens darin, dass es im Prinzip möglich geworden ist, in bewusster und öffentlich erkennbarer Weise nicht zu glauben.

Unter den Bedingungen eines wachsenden religiösen und weltanschaulichen Pluralismus verstärkt sich diese Optionalität noch. Ich glaube, dass wir hier begriffliche Unterscheidungen einführen sollten, die ursprünglich von William James in seinem einflussreichen Aufsatz »The Will to Believe« (»Der Wille zum Glauben«) von 1896 verwendet wurden.[4] Optionen, sagt James dort, können von ganz unterschiedlicher Art sein: living or dead/ forced or avoidable/ momentous or trivial. Die vorliegende deutsche Übersetzung spricht von lebendigen oder toten, unumgänglichen oder vermeidlichen, bedeutungsvollen oder unerheblichen Optionen. Als *echte* Option bezeichnete James nur diejenigen, die unumgänglich, lebendig und bedeutungsvoll sind. Ich beschränke mich hier auf das Moment der Lebendigkeit. »Lebendig ist eine Option dann, wenn es ihre beiden Hypothesen sind. Sage ich zu Ihnen: ›Seien Sie ein Theosoph oder ein Mohammedaner!‹, so ist das wahrscheinlich eine tote Option, da vermutlich keine der beiden Hypothesen für Sie lebendig ist. Sage ich dagegen: ›Seien Sie ein Agnostiker oder ein Christ!‹, so liegen die Verhältnisse anders: bei Ihrer Vorbildung appelliert jede der beiden Hypothesen an Ihren Glauben, wenn auch noch so leise.«

---

3 Joas, Glaube als Option, a. a. O., S. 80 ff.

4 William James, Der Wille zum Glauben (1896), in: ders., Essays über Glaube und Ethik, Gütersloh 1948, S. 40–67, hier S. 42 f.

Ich halte diese Unterscheidung für äußerst wichtig, wenn wir das verstehen wollen, was ich »echten Pluralismus« nenne. Damit meine ich, dass es sich nicht um *echten* religiösen Pluralismus handelt, wenn z. B. wie heute in vielen europäischen Gesellschaften eine muslimische Minderheit mit einer christlichen oder agnostischen Mehrheit zusammenlebt, sich die Mehrheit aber ebenso wenig zum Islam hingezogen fühlt wie die Minderheit zu den religiösen oder säkularen Anschauungen der Mehrheit. Auch in der Vergangenheit gab es viele Fälle einer solchen bloßen Koexistenz verschiedener Glaubensrichtungen. Diese möchte ich abheben von den Fällen, in denen sich die einen wenigstens vorstellen können, zum Glauben der anderen überzugehen. Das genaue Ausmaß, in dem wir in unterschiedlichen Ländern oder Milieus in der Tat heute von echtem Pluralismus und Optionalität sprechen können, kann selbstverständlich nur empirisch festgestellt werden. Aber ich halte es bei unserem gegenwärtigen Wissensstand für gesichert, dass im heutigen Europa die meisten Christen ständig mit der Option säkularer Weltanschauungen konfrontiert sind und wir insofern *echten* Pluralismus erleben. In den traditionell bikonfessionellen Gesellschaften Mitteleuropas, das kommt hinzu, fand in den letzten Jahrzehnten nicht nur eine Schrumpfung der festgefügten konfessionellen Milieus statt, sondern es gibt auch Anzeichen für ein sich herausbildendes überkonfessionell christliches Milieu. Die institutionellen Unterschiede und Abgrenzungen der christlichen Kirchen bilden sich jedenfalls nicht mehr in einer entsprechenden Unterscheidung und Abgrenzung von Familien, Freundschaftsnetzwerken und soziokulturellen Milieus ab. Die eigene Konfession wird damit viel mehr als in der Vergangenheit im Licht einer verständlich gewordenen anderen Konfession und das heißt als Option erlebt. In den USA gibt es ähnliche Entwicklungen. Dort interessieren sich viele Gläubige immer weniger für die theologischen Differenzen zwischen den verschiedenen Richtungen des Protestantismus. Es erweisen sich vielmehr die politischen und moralischen Affinitäten der Individuen zu bestimmten religiösen Gemeinschaften als ausschlaggebend für ihre Zugehörigkeit. Auch dort sind religiös definierte Milieus aufgebrochen worden.[5] Mehr als die Hälfte der neu geschlossenen Ehen ist »interfaith«.[6] Die religiöse Landkarte der USA ändert sich auch deshalb ständig, weil immer neue christliche Kirchen entstehen, die keiner der historischen Denominationen zugeordnet werden können.

Die Bedeutung von »Optionalität« ist nicht auf das Gebiet der Religion beschränkt.[7] Aus vielen soziologischen Analysen geht hervor, dass Menschen heute oft auch ihre wichtigsten sozialen Beziehungen so empfinden: Liebe, Familie, aber auch Beruf und politische Zugehörigkeit. Dies kann natürlich zu einer Überforderung durch die Zunahme von Optionen, zu Orientierungskrisen und aggressiver Optionsvernichtung führen. Es gibt aber auch die Möglichkeit, die Orientierungen an die gestiegene Kontingenz anzupassen. Ein Beispiel: Wenn sich fixe Geschlechts- und Altersrollen auflösen, dann nimmt der Bedarf an Koordination und Diskussion zu; die Individuen müssen dann sensibler werden für den Charakter gegebener Situationen und für die Bedürfnisse anderer. Von der Institution zur »companionship« – so hieß das bei Ernest Burgess, einem Chicagoer Familiensoziologen, schon 1945.[8] Der Verlust an »statischer« Stabilität kann durch eine höhere, nämlich »dynamische« Stabilität kompensiert werden.

Wir leben heute aber auch in einem anderen Sinn in einer Welt der Optionen. Ich spreche von den Folgen dessen, was üblicher-

---

5 Zuerst beschrieben von: Robert Wuthnow, The Restructuring of American Religion, Princeton 1988.

6 Robert Putnam/David Campbell, American Grace. How Religion Divides and Unites Us, New York 2010.

7 Ich greife hier auf Passagen aus verschiedenen früheren Arbeiten von mir zurück.

8 Ernest Burgess, The Family: From Institution to Companionship, New York 1945.

weise als Globalisierung bezeichnet wird. Vielleicht der wichtigste soziologische Trend in Sachen Christentum in unserer Zeit ist dessen enorme Globalisierung. Seriöse Beobachter wie der britisch-amerikanische Historiker Philip Jenkins[9] sprechen von unserer Zeit nicht so sehr unter der Überschrift der Säkularisierung, sondern von einer der größten Expansionsphasen des Christentums in der Geschichte. Teilweise hat die Zunahme der Zahl der Christen im Weltmaßstab schlicht demographische Gründe, d. h. sie geht auf starkes Bevölkerungswachstum in einigen christlichen Ländern zurück. Aber das ist nicht die ganze Geschichte. Es gibt auch beeindruckende Entwicklungen des massenhaften Übertritts zum Christentum in Afrika, aber auch in Südkorea und Teilen Chinas. Durch Migrationsprozesse und eine fundamentale geographische Machtverschiebung außerhalb der Kirchen und in ihnen wird dies eher früher als später auch die Christen in Europa und Nordamerika in vielfältiger Weise betreffen.

Alle diese Prozesse haben auch enorme intellektuelle, darunter theologische Implikationen. Einer der ersten Theologen, die dies begriffen, war Karl Rahner. In einem Rückblick von 1979 auf das II. Vatikanische Konzil[10] erkannte der große Theologe, der beim Entwurf vieler Konzilsdokumente stark beteiligt gewesen war, dass dieses Konzil einen »qualitativen Sprung« auf dem Weg der katholischen Kirche zu einer wirklichen Weltkirche darstellte. Was sie immer schon in potentia gewesen sei, werde sie nun in actu. Einer der Gründe, warum das Konzil zu einer Erfahrung kollektiver »Efferveszenz« (Durkheim) wurde, d. h. einer gemeinsamen Hochstimmung, die zu unerhörten Taten Anlass gibt, scheint die Intensität der Begegnung von Bischöfen und Theologen aus

9 Philip Jenkins, The Next Christendom. The Coming of Global Christianity, Oxford 2002.

10 Karl Rahner, Theologische Grundinterpretation des II. Vatikanischen Konzils, in: ders., Schriften zur Theologie. Bd. XIV, Köln 1980, S. 287–302. Vgl. dazu auch oben, Kap. 2, im Zusammenhang mit der Frage der organisatorischen Gewährleistung des Universalismus des Christentums.

aller Welt gewesen zu sein. Rahner sah dies als den Beginn – und lediglich den Beginn – einer völlig neuen Epoche der Kirchengeschichte, für ihn nur vergleichbar mit »der radikalen Neuschöpfung«[11] des heiligen Paulus, als er die Grenzen einer jüdischen Sekte überschritt und die Christengemeinschaft zum Magneten für alle Völker der mittelmeerischen Welt seiner Zeit machte. Mehr vielleicht, als sogar Rahner antizipiert hatte, führt diese Entwicklung zu einer neuen Konstellation eines »echten Pluralismus« in großen Teilen der Welt heute. Das Christentum wird in unserer Zeit zu einer lebendigen Option für Menschen, für die es bisher entweder gar nicht verfügbar war oder befleckt von Missständen in den missionarischen Aktivitäten der Kolonialmächte. Doch bleiben zumindest für die Christen in Asien auch die alten intellektuellen und religiösen Traditionen ihrer eigenen Kulturen eine lebendige Option. In den Worten des in Cambridge lehrenden Kirchenhistorikers und Asienexperten David Thompson:[12] »Die asiatischen Christen versuchen deshalb, alle Weltreligionen als in irgendeiner Weise Ausdrucksformen göttlicher Selbstoffenbarung zu verstehen. In dieser Hinsicht stellten sie Fragen, die denen westlicher Missionare ähneln. Unvermeidlich führt dies zu Fragen der Christologie. […] Vergleiche zwischen Jesus und Krishna oder Buddha scheinen auf einen Verzicht auf den christlichen Anspruch hinauszulaufen, dass Gott sich einzig in Jesus Christus offenbart habe. Dies wiederum stellt die Frage, ob das Christentum verzerrt wurde, als es seinen Ausdruck in der hellenischen Kultur suchte.« Das sind keine neuen Fragen, aber sie werden jetzt in nichteuropäischen Kontexten und auf neue, herausfordernde Weise gestellt.

Die beiden hauptsächlichen neuen Konstellationen von Optionalität, die ich hier skizziert habe – die Konfrontation des christ-

11 Ebd., S. 297.

12 David M. Thompson, Introduction: mapping Asian Christianity in the context of world Christianity, in: Sebastian C.H. Kim (ed.), Christian Theology in Asia, Cambridge 2008, S. 3–21, hier S. 13 f.

lichen Glaubens mit der weitverbreiteten Religionslosigkeit in Europa und wenigen außereuropäischen Ländern einerseits, mit asiatischen und afrikanischen kulturellen und religiösen Traditionen auf anderen Kontinenten andererseits –, haben eine schlagende Ähnlichkeit. Beide unterminieren die Fusion des christlichen Glaubens mit partikularen europäischen kulturellen Traditionen. Zentral ist dann die Frage, was dies für eine zeitgenössische Neuartikulation des christlichen Glaubens bedeutet. Alle Theologien, die diese Herausforderungen nicht ernst nehmen, erscheinen mir als obsolet. Wir brauchen in dem Sinn eine neue Sprache für das Christentum, als diese durchdrungen sein muss von einem Verständnis für die Leistungen säkularer Weltanschauungen einerseits, einem tiefen Verständnis nichteuropäischer Kulturen andererseits. Wir sehen uns dabei aufgefordert, in den Worten des langjährigen Erfurter katholischen Bischofs Joachim Wanke, die Glaubensvermittlung zu »elementarisieren«, d. h. den Gedanken einer Hierarchie der Wahrheiten im christlichen Glauben sehr ernst zu nehmen.

Die Hauptfrage an dieser Stelle lautet deshalb, wie wir den christlichen Glauben in einer Kultur denken sollen, in der Selbstoptimierung zu einem dominanten Wert geworden ist. In einer solchen Kultur wird der Glaube oft, sogar von Gläubigen und den Kirchen, so angepriesen, als stelle er eine Art überlegene Technik der Selbstoptimierung dar. Wenn Prominente in den Medien zu ihrem Glauben befragt werden, dann sprechen sie häufig über die Kraft und den Trost, die sie aus ihrem Glauben ableiten, und empfehlen ihn anderen als einen Quell psychologischer Unterstützung. Nichts spricht natürlich gegen eine Stärkung persönlicher Kraft, eine Erhöhung der Lebenszufriedenheit und die Stillung der Trostbedürfnisse, aber nichtsdestotrotz empfinde ich ein Ungenügen, wenn die Wahrheitsansprüche des christlichen Glaubens in solchen Äußerungen gar nicht vorkommen, sondern nur seine psychologischen Wirkungen. Hier liegt eine Falle verborgen, oder vielleicht sind es sogar mehrere Fallen. Wenn die psychologischen Effekte, sagen wir, des Buddhismus, in der gewünschten Richtung größer sein sollten als die des Christentums – wer würde sich schon einen besseren »Energiefluss« auf dem Trainingsgelände von der Aufstellung eines Kruzifixes versprechen? –, warum sollte man dann nicht schlicht den traditionellen Glauben durch den effektiveren ersetzen? Ich würde sogar zögern, eine solche Veränderung der religiösen Identität als »Bekehrung« oder »Konversion« zu bezeichnen, weil diese Begriffe sich doch immer auf die plötzliche oder schrittweise Erfahrung einer subjektiven »Offenbarung« bezogen haben, d. h. auf das Sehen, das Erkennen einer Wahrheit. Im Fall solcher Erfahrungen wird es einem Menschen klar, dass er oder sie bisher falsch gelebt hat, dass man umkehren und sein Leben verändern müsse, und dies nicht, weil es einem hilft, die schon bisher gültigen Ziele nun erfolgreicher zu verfolgen. Es ist vielmehr überzeugend oder gar evident geworden, worin die richtige Lebensführung besteht und dass man die eigenen Gewohnheiten und Lebensziele ändern muss. Es geht also dabei jeweils gerade nicht um eine Verbesserung der Strategien, sondern eine Änderung fundamentaler Ziele.[13]

Die Grenze zwischen der Konversion im starken Sinn und der Veränderung der religiösen Identität im Sinn der Selbstoptimierung mag manchmal dennoch nicht ganz leicht zu ziehen sein. Fasten in der Fastenzeit ist vielleicht ein gutes Beispiel. Wenn die religiöse Rahmung des Fastens verschwindet, können dann nicht sogar Verzicht und Opfer zu Mitteln der Selbstoptimierung werden? Reinigung und Läuterung verlieren dann ihren Bezug zur Moral und werden pseudophysiologisch neu interpretiert, als ginge es um Entschlackung und Entgiftung des Körpers, die Entfernung und Ausscheidung überflüssiger, schädlicher, giftiger Stoffe aus dem Körper. Diese tastenden Überlegungen sollen nicht wie eine kul-

13 Vgl. dazu vertiefend Kapitel 6 dieses Buches.

turkritische Bußpredigt klingen. Ich habe nichts gegen den Wert der Selbstverwirklichung, sondern bejahe diesen energisch; die Kultur seit dem Aufstieg dieses Wertes am Ende des achtzehnten Jahrhunderts, vor der Romantik sozusagen,[14] ist nicht Gegenstand meiner Sehnsucht. Ich glaube nur nicht, dass Selbstverwirklichung als der höchste aller Werte betrachtet werden sollte. Vor allem aber liegt ein Paradox darin, dass es zu den Bedingungen gelungener Selbstverwirklichung gehört, sich auf etwas hin zu öffnen, das das eigene Selbst übersteigt. Die Frage lautet deshalb, wie wir diese Offenheit davor bewahren können, selbst wieder in egozentrischer Weise instrumentalisiert zu werden.

Einer der interessantesten philosophischen Versuche im zwanzigsten Jahrhundert, eine angemessene Begrifflichkeit für diese Problemlage zu entwickeln, findet sich in den Schriften des deutschen Philosophen und Soziologen Max Scheler aus den 1920er Jahren. In seiner Religionsphilosophie und in seiner Wissenssoziologie unterschied er drei Typen des Wissens und der Übermittlung solchen Wissens.[15] Der erste Typus ist das Wissen, das wir für die Beherrschung von Naturprozessen brauchen und aller anderen Prozesse, wie denen wirtschaftlicher Art, die wir regulieren wollen. Dieses Wissen wird von den Naturwissenschaften und Teilen der Sozialwissenschaften erarbeitet und zur Verfügung gestellt; Scheler nennt es *»Herrschaftswissen«*. Für den zweiten Typus benutzt er das Wort »Bildung« und spricht von *»Bildungs-*

14 Diesen Aufstieg hat v. a. Charles Taylor genauer untersucht. Vgl. ders., Quellen des Selbst. Die Entdeckung der neuzeitlichen Identität, Frankfurt/M. 1994. Daran anschließend und weiterführend: Magnus Schlette, Die Idee der Selbstverwirklichung. Zur Grammatik des modernen Individualismus, Frankfurt/M. 2013.

15 Aus seinem umfangreichen Werk nenne ich an dieser Stelle nur seinen im Jahr 1925 an der Lessing-Hochschule in Berlin gehaltenen Vortrag: Max Scheler, Die Formen des Wissens und die Bildung, in: ders., Philosophische Weltanschauung, München 1954, S. 16–48. Zu Schelers Wertphilosophie Joas, Die Entstehung der Werte, Frankfurt/M. 1997, S. 133–161; zu seiner Religionsphilosophie Joas, Im Bannkreis der Freiheit, S. 126–150.

wissen«. Der Begriff ist im Deutschen hochgradig aufgeladen und berüchtigt wegen seiner Unübersetzbarkeit. Er zielt nicht auf zielorientierte Ausbildung, sondern beruht auf der individualisierten vorromantischen und romantischen Transformation der aristotelischen Idee eines »telos«, eines lebenden Wesen innewohnenden Entwicklungsziels. Beim Menschen ist das Telos aber nicht ein und dasselbe für alle Menschen, sondern ein je spezifisches Entwicklungsziel des Einzelnen, das zudem nur erreicht werden kann, wenn das Individuum es selbst in sich findet und aktiv verfolgt. »Bildungswissen« kommt dem Menschen dann aus dem Studium von Geschichte und Kultur zu, zum Beispiel aus Kunst und Literatur. Selbstverwirklichung ist eine wichtige Dimension solcher Bildung, aber es ist eine Selbstverwirklichung mit kommunitärer Dimension. Obwohl ein sich selbst verwirklichendes Individuum sich von Konventionen distanzieren oder sogar befreien muss, wird seine Selbstverwirklichung letzten Endes der Gemeinschaft dienen – besser jedenfalls, als wenn es diesen Umweg nicht zurückgelegt hätte und einfach im Rahmen der konventionellen Erwartungen und Normen geblieben wäre. Bei Wilhelm von Humboldt war der Endzweck der Freisetzung von Individuen für Bildungsprozesse die Gewinnung weitblickender, selbständiger Staatsbeamter; bei Friedrich Schleiermacher ging es um ähnliche Persönlichkeiten für die Führung der Kirche. *Selbstoptimierung ist, was aus der Selbstverwirklichung wird, wenn sie ihrer kommunitären Dimension verlustig gegangen ist.*[16]

Die Vertreter der Bildungsidee in Deutschland waren oft glühende Verfechter der Sache des preußischen Staates und später

16 Die Literatur zum Thema Selbstoptimierung ist in den letzten Jahren sehr stark angewachsen. Genannt seien aus der wissenschaftlichen Literatur nur: Jürgen Straub, Das optimierte Selbst. Kompetenzimperative und Steigerungstechnologien in der Optimierungsgesellschaft, Gießen 2019; Anja Röcke, Soziologie der Selbstoptimierung, Berlin 2021. Eine brillante journalistische Auseinandersetzung ist: Alexandra Schwartz, Improving Ourselves to Death, in: The New Yorker, January 15, 2018.

dann des deutschen Nationalismus. Zumindest auf institutioneller Ebene wurden die Ideen der Bildung und die der nationalen Identität der Deutschen eng miteinander verwoben, so typischerweise im humanistischen Gymnasium und der Universität. Nur in der ästhetischen »Bohème« am Rande der Gesellschaft wurde Selbstverwirklichung zu einem pur individualistischen nichtkommunitären Ziel. Was aber kann das nationalistische Gegengewicht heute ersetzen? Kann eine kosmopolitische Orientierung ohne jede institutionelle Grundlage, wie manche meinen, als Gegengewicht stark genug sein, oder müssen wir uns damit abfinden, dass es ein solches Gegengewicht eben nicht mehr gibt?

Scheler zumindest dachte in der Richtung einer weiteren Möglichkeit. Deshalb brauchte er einen dritten Typus des Wissens, der nicht nur über das Herrschaftswissen, sondern auch über bloße Bildung hinausgeht. Diesen Typus nannte er abwechselnd *»Heilswissen«* oder *»Erlösungswissen«*. Solange er sich als katholischer Christ begriff, wurde dieser Wissenstypus für ihn vom christlichen Glauben verkörpert, von der Achtung vor dem Heiligen, der Liebe zu dem, was die eigene Person transzendiert, sei es ein anderer Mensch oder ein anderes Lebewesen, sei es Gott oder die ganze Schöpfung. Als er sich in seiner letzten Lebensphase zum Pantheisten wandelte, transformierte er seine Vorstellungen über Heil und Erlösung in Richtung eines meditativen, nichtinstrumentellen Verhältnisses zur Welt als ganzer, einer Umkehrung des Willens, für die er Inspiration besonders in den Traditionen der indischen Spiritualität fand. Das Europa der 1920er Jahre sah er in einer tiefen kulturellen Krise, die es als Ganzes einer religiösen Konversion zu asiatischer Spiritualität bedürftig mache. Er hätte den Buddha niemals als bloßes Entspannungsmittel behandelt; sehr wohl aber hätte er die Herausforderung angenommen, eine weniger auf Beherrschung der Natur und der Menschen hin angelegte Einstellung der europäischen Kultur zu erarbeiten.

»Heil« und »Erlösung« als Gegenbegriffe zur »Selbstoptimierung« – das könnte man als die Quintessenz von Schelers Botschaft an dieser Stelle bezeichnen. Es geht hier nicht darum, diesen Gedanken philosophisch-systematisch oder geistesgeschichtlich weiter zu verfolgen. Nur zwei kleine Bemerkungen solcher Art seien gestattet. Erstens: Max Scheler war in dieser Zeit nicht der Einzige, der in diese Richtung zielte. Er hatte selbst schon die Phänomenologie Edmund Husserls als einen Versuch gedeutet, uns durch die Reflexion darauf, wie die Welt uns gegeben ist, frei zu machen für die Wahrnehmung der Dinge, wie sie an sich sind. Die berühmten Überlegungen des jüdischen Philosophen Martin Buber über Dialog und authentische Ich-Du-Beziehung artikulieren ebenso kraftvoll das Ideal nichtinstrumentalistischer interpersonaler Beziehung.[17] Romano Guardini, der deutsch-italienische Theologe, entwickelte ähnliche Ideen unter dem Stichwort »Begegnung«, begrenzte diese aber nicht auf die interpersonalen Beziehungen.[18] Zumindest die späteren Schriften des Philosophen Martin Heidegger mit ihrer Hervorhebung der »Gelassenheit«[19] wurden zur wichtigen Inspiration für den Dialog zwischen europäischen und japanischen Denkern und für das ökologische Denken. Es wäre allerdings ein Missverständnis, wenn man Scheler unterstellen würde, ihm sei es um eine Abwertung der Wissenschaften und ihre Ersetzung durch den dritten Wissenstypus gegangen. Sowohl die Europäer wie die Asiaten müssten ihm zufolge vielmehr lernen, von der einen zur anderen Einstellung umzuschalten, wo dies jeweils geboten ist.

Die zweite Bemerkung gilt Jürgen Habermas. Als junger Denker legte er 1968 sein einflussreiches Buch »Erkenntnis und Inte-

---

17 Martin Buber, Ich und Du (1923), Stuttgart 2021 (Neuausgabe mit vorzüglichen Anmerkungen von Bernhard Lang).

18 Z. B. in: Romano Guardini/Otto Friedrich Bollnow, Begegnung und Bildung, Würzburg 1956, S. 9–24.

19 Martin Heidegger, Gelassenheit, Pfullingen 1956.

resse« vor, in dem er – ohne Scheler zu erwähnen – ebenfalls eine Dreiertypologie erkenntniskonstitutiver »Interessen« entwickelte, die in Hinsicht auf die ersten beiden Typen und damit die Unterscheidung von Natur- und Geisteswissenschaften der von Scheler deutlich ähnelt. Stillschweigend aber ersetzte er den dritten Typus, Heils- oder Erlösungswissen, durch den des emanzipatorischen Erkenntnisinteresses. Damit war es nicht religiöse Erziehung, wie bei Scheler, sondern eine Ausbildung in Psychoanalyse und »kritischer« Sozialwissenschaft, insbesondere in Marxismus, die das verkörpern sollte, was über Natur- und Geisteswissenschaften hinausgeht. Ein paar Jahre später ließ er diesen dritten Typus wieder fallen, nun aber, ohne überhaupt etwas an dessen Stelle zu setzen. Das frühere Buch kann man deshalb als einen typischen Ausdruck des Überschwangs von 1968 hinsichtlich eines emanzipatorischen Utopismus und der Säkularisierung lesen, die spätere Entwicklung als Ausdruck wachsender Perplexität, was die Stellung der Religion in der modernen Kultur betrifft. Diese ist zentral für die denkerische Entwicklung von Habermas in den letzten Jahrzehnten. Bei allen Veränderungen bleibt Habermas dabei, »Metaphysik« als Verteidigung einer vorkantischen Weltanschauung aufzufassen, während bei Scheler diese Bezeichnung auf die Fragen zielt, die auch nach der Wende zur Selbstreflexivität des erkennenden Subjekts nicht wegfallen.

Was aber bedeuten diese Überlegungen für die Rolle der Kirchen in Hinsicht auf Bildung, Erziehung und Kultur? Wenn wir bei der Beantwortung dieser Fragen Schelers Typologie zugrunde legen, dann ist offensichtlich, dass die Naturwissenschaften und ihr Wissenstypus nicht im Zentrum stehen werden. Dies bedeutet jedoch keinesfalls, dass ihre Bedeutung zu unterschätzen sei und die von ihnen ausgehenden Herausforderungen, auch für tradierte religiöse Weltbilder, nicht ernst genommen werden müssten. Der zweite Wissenstypus, das Bildungswissen, das aus der Beschäftigung mit der Kultur und ihrer Geschichte erwächst, spielt in der katholischen Tradition immer schon eine zentrale Rolle. Eine Institution wie die katholische Kirche mit ihrer langen Tradition und ihrer Hochschätzung der Bedeutung von Tradition für den Glauben kann und soll auf dieses reiche Erbe nicht verzichten. Die christlichen Konfessionen unterscheiden sich in dieser Hinsicht deutlich voneinander. Die Lutheraner haben besonders viel zur Steigerung der Lesefähigkeit in großen Teilen der Bevölkerung und zur Musikkultur ihrer Länder beitragen, während radikalere protestantische Richtungen wie etwa die amerikanischen Baptisten, weil sie das Predigeramt nicht akademisierten, den rhetorischen Talenten aus der Unterschicht den Aufstieg ins Pastorenamt erleichterten, auch den Schwarzen. Für die Katholiken spielten in der sogenannten Gegenreformation Bildlichkeit und Theater eine viel größere Rolle als für die Protestanten – mit lang anhaltenden mentalitätsprägenden Wirkungen. Wie immer sich dies im Einzelnen darstellen mag, es kommt mir darauf an, dass es immer schon einen Zusammenhang zwischen dem spezifischen Charakter einer Religion und der Qualität der mit ihr zusammenhängenden Bildung gab. Sogar unter extrem säkularisierten Bedingungen kann man nicht zu einem gebildeten Individuum werden, wenn man keinerlei Verständnis für religiöse Traditionen hat. Die europäische Kunst bleibt ohne die Fähigkeit, biblische Szenen oder die Attribute von Heiligen zu erkennen, schlicht unzugänglich.

Aber die Bildungsaufgabe der Kirche kann nicht hauptsächlich darin liegen oder darauf begrenzt sein, Kultur der Vergangenheit zu bewahren und sie an neue Generationen zu vermitteln. Damit kommen wir an den Punkt, an dem der zweite und der dritte Wissenstypus ineinander übergehen. Es ist der Punkt, an dem wir uns mit einer religiös inspirierten Kultur nicht nur in einem historistischen Sinn konfrontieren, sondern in existentieller Weise, wenn wir also die Wahrheitsansprüche einer Religion ernst nehmen, die Werte, die ihr innewohnen. Oft werden die Kirchen ja für ihre Rolle bei Wertevermittlung und Werterziehung gelobt, und es steht auch für mich außer Frage, dass sie hier eine wichtige Rolle spielen können und in der Tat spielen. Aber das Ausmaß, in dem sie diese Rolle spielen können, hängt von mindestens zwei Voraussetzungen ab. Erstens können Werte nicht vermittelt werden, wenn sie nicht in Weisen artikuliert werden, die sie für heutige Menschen zugänglich machen. Dies ist aber nicht nur eine Frage der Sprache oder gar der Didaktik, sondern eine Frage der intellektuellen Durchdringung der eigenen Botschaft. Ich habe es an anderer Stelle als die intellektuellen Herausforderungen des heutigen Christentums bezeichnet, die Spezifika des christlichen Liebesethos, des Person-Verständnisses, der besonderen Spiritualität und des Transzendenzbezugs neu verständlich zu machen.[20] Christen müssen auch in nichttradierten Weisen ihren Glauben verständlich machen können. Zweitens aber gibt es für glaubwürdige Wertevermittlung auch institutionelle Voraussetzungen. Die Kirche ist nur glaubwürdig, wenn sie die Werte, die sie predigt, auch in ihren eigenen Strukturen verkörpert. Die sexuellen Missbrauchsskandale haben völlig klargemacht, dass es eine riesige Kluft gibt zwischen einerseits dem Selbstbild der Kirche und ihrem Anspruch, eine Autorität in der Verkündigung und Verteidigung des Ideals universaler Menschenwürde zu sein, und andererseits ihrer tatsächlichen Beschaffenheit und ihrer institutionellen Mechanismen. Um die Welt zu evangelisieren, wie es schon Papst Paul VI. in »Evangelii nuntiandi« forderte und wie es Papst Franziskus nicht müde wird zu wiederholen, muss die Kirche zuerst sich selbst evangelisieren. Alle erfahrenen Eltern und Lehrer wissen, dass ihr persönliches Beispiel schwerer wiegt als die Lehren, die sie verkünden, und das gilt eben für Institutionen gleichermaßen.

Der Glaube ist aber mehr als Werte und Moral. Er kann nur als eine Alternative zu bloßer Selbstoptimierung wahrgenommen

20 Hans Joas, Glaube als Option, a. a. O., S. 201–218.

werden, wenn er tatsächlich eine Sphäre der Erfahrungen erschließt, in denen die Individuen über die Fixierung auf die Grenzen ihrer Selbst hinausgehen können. Der (katholische) britische Anthropologe Victor Turner hat für diese Erfahrungssphäre den Begriff »Anti-Struktur« geprägt.[21] Menschen leben immer und notwendigerweise ein in vielen Hinsichten strukturiertes Leben, doch bedürfen sie auch der zeitweiligen Lockerung der Strukturen, in denen sie leben. Für Turner geschieht dies in Ritualen, die ihrem Sinn gerecht werden. Rituale – so habe ich andernorts argumentiert[22] – schaffen eine kontrollierte Umwelt, welche die Mechanismen des Alltagslebens zeitweise außer Kraft setzt. Damit können Idealzustände erlebbar gemacht werden, und zwar so, dass sie nach Rückkehr in den Alltag als intensive Erfahrungen im Gedächtnis bleiben. Das bedeutet aber, dass die Teilhabe an Ritualen enorme erzieherische und bildende Wirkung hat oder haben kann. Religiöse Erziehung muss deshalb auf die Liturgie vorbereiten, weil sie damit den Zugang zu einer Sphäre von Erfahrung eröffnet, die über das strukturierte Alltagsleben hinausgeht. Doch sind Rituale nicht die einzige Form von Anti-Struktur. Auch heilige Räume gehören hierher. Eine Kirche betreten zu können, wenn man an ihr vorbeikommt, eröffnet den Individuen eine Gelegenheit, für kurze Zeit ihren Alltag hinter sich zu lassen, sich leichter auf Gott in Gebet und Meditation zu beziehen und diese Beziehung in ihre profanen Tätigkeiten mitzunehmen. Wallfahrt und Pilgerwanderung werden gegenwärtig als eine Form des Lebens wiederentdeckt, in der die Strukturen des Alltags zurückgelassen werden. In Deutschland sind die sogenannten Katholiken- und Kirchentage, d. h. die Treffen von Zehntausenden von Gläubigen, Gelegenheiten für Christen, sich der Präsenz ihrer Mitchristen und ihrer großen Zahl zu vergewissern, aber auch

21 Victor Turner, Das Ritual. Struktur und Anti-Struktur. Frankfurt/M. 1989.

22 Hans Joas, Die Macht des Heiligen. Eine Alternative zur Geschichte von der Entzauberung, Berlin 2017, S. 163.

dafür, die Erfahrung dessen zu machen, was Turner »communitas« nannte, intensiv erlebte spontan entstandene Gemeinschaftlichkeit. Die rationalen Formen und Inhalte religiöser Erziehung hängen von der Vitalität eines religiösen Lebens ab, zu dem sie beitragen, das sie aber nicht selbst erzeugen können.

Die Wege des Herrn sind unerforschlich. Ich habe mit einer Sport-Anekdote begonnen, und ich möchte diese Überlegungen mit einer anderen beschließen. In Ost-Berlin gab es während der kommunistischen Zeit zwei große Fußballclubs. Der eine davon, Dynamo, genoss das Wohlwollen der Sicherheitsorgane und vielerlei Privilegien, was dazu beitrug, dass er häufig die Meisterschaft gewann. Der andere, Union, wurde von eben denjenigen heiß geliebt, die in einem Staat, der sich auf die Diktatur des Proletariats berief, angeblich die Macht innehatten. Beide Vereine waren, wie alles in Ost-Berlin und ganz Ostdeutschland, in Weltbild und Stil zutiefst säkularistisch. Man könnte sagen, dass weder Christus noch Buddha für sie oder die Anhänger irgendeine Rolle spielten. Doch ist in den letzten zwanzig Jahren etwas Bemerkenswertes passiert. Im Jahr 2003, genauer am 23. Dezember abends, kamen 89 Fans von Union Berlin, die sich selbst die Verrückten nannten, heimlich in ihrem geliebten Stadion »An der Alten Försterei« auf dem Spielfeld zusammen. Sie hatten Plätzchen, Kuchen und Glühwein mitgebracht und begannen, traditionelle Weihnachtslieder zu singen – sowie die Hymne des Vereins. Seit 2003 hat dieses vorweihnachtliche Treffen jedes Jahr vor der Pandemie stattgefunden. Die Zahl der Teilnehmer stieg von den ursprünglichen 89 auf 400 im Jahr 2004 und 1000 im Jahr 2005 an, bis sie 28 000 erreichte, die Höchstzahl an Menschen, die in diesem Stadion gestattet ist. Kerzen werden kostenlos verteilt und von den Menschen angezündet, der Chor aus einem nahegelegenen Gymnasium singt, und ein Pastor liest aus der Bibel. Es gibt eine Kollekte, deren Erlös an die Kinder- und Jugendabteilung des Vereins geht. Das Ereignis kann inzwischen im

Berliner Regionalfernsehen verfolgt werden und in ganz Brandenburg. Ähnliche Initiativen sind in Köln, Aachen, Dresden, Gelsenkirchen-Schalke und Schweinfurt entstanden. Man kann hier die spontane Entstehung einer Ritualtradition beobachten. Sie steht in einer eindeutigen Kontinuität mit der christlichen Tradition oder, besser gesagt, sie überwindet eine von der kommunistischen Herrschaft erzwungene Diskontinuität. Aber sie stellt gleichzeitig keineswegs eine Erneuerung des Christentums in seinen institutionellen Strukturen dar. Die so entstehende Lage ist voller Zweideutigkeiten. In Erfurt mit seinen inmitten der Stadt auf einer Anhöhe stehenden grandiosen mittelalterlichen Kirchen (dem Dom und Sankt Severi) gibt es eine Parallele dazu. Dort entschieden vor Jahren der katholische Bischof und sein Weihbischof, eine eigene Weihnachtsfeier für Nichtchristen anzubieten. Immer mehr Menschen kamen nämlich zur Christmette in den Dom, ohne getauft und mit den Ritualen vertraut zu sein; manche Christen fühlten sich von diesen als bloßen Besuchern, nicht Teilnehmern, gestört. Jetzt feiern die beiden Gruppen in nebeneinanderliegenden Kirchen.

Diese Beispiele demonstrieren die Macht der Rituale, die Macht des Heiligen, auch in zutiefst säkularisierten Gesellschaften. Sie erinnern uns auch daran, dass das Christentum bei aller Hochschätzung der kulturellen Tradition, wie sie gerade für die Katholiken bezeichnend ist, nicht zur Religion der Gebildeten werden darf. Es geht darum, die höchsten Ansprüche an Erziehung und Intellektualität mit der Zugänglichkeit für alle Menschen in ihren wirklichen Erfahrungen zum Ausgleich zu bringen. Das ist es, worum es im dritten Typus des Wissens, der über Fachkenntnis und Bildung hinausreicht, geht und gehen sollte.

6.
Ein Christ durch Krieg und Revolution. Alfred Döblins Erzählwerk »November 1918«

Wie der Selbstmord erscheint uns die religiöse Konversion als individueller Akt im reinsten Sinne. Wir nehmen an, dass erschütternde existentielle Erfahrungen den Ausschlag geben, wenn jemand sein Leben nicht mehr fortsetzen will oder seine tiefsten, identitätsbestimmenden Überzeugungen ändert. Gewiss können beim bloßen Übertritt zu einer anderen Glaubensgemeinschaft auch oberflächlichere Erwägungen oder Zwang eine Rolle spielen: steuerliche Vorteile etwa, die Bemühung um eine Heiratserlaubnis, politische Loyalitäten. In diesen Fällen aber zögern wir, den Begriff Konversion auf den Wechsel der Mitgliedschaft überhaupt anzuwenden. Am Fall des Selbstmords hat eine der Pionierarbeiten aus der Gründungsphase der Disziplin Soziologie eindrucksvoll demonstriert, dass auch bei höchst individuellen existentiellen Akten soziale Muster auszumachen sind. Protestanten, so behauptete in einer großen Studie 1897 der französische Begründer der Soziologie, Émile Durkheim,[1] begingen häufiger Selbstmord als Katholiken und Juden, Unverheiratete häufiger als Verheiratete, kinderlose Ehepaare häufiger als solche mit Kindern. In Zeiten wirtschaftlicher Krise nähmen Selbstmorde zu, aber auch in Zeiten rapiden ökonomischen Aufschwungs. Revo-

1 Émile Durkheim, Der Selbstmord (1897), Neuwied und Berlin 1973.

lutionen und Kriege senkten im Regelfall eher die Selbstmordhäufigkeit. Wichtig sind hier nicht diese Befunde im Einzelnen, sondern ist die Einsicht, dass individuelle Akte, ohne dadurch weniger persönlich zu werden, in ihrer sozialen Verteilung doch auf Kräfte hinweisen, die sich nicht auf Individuelles zurückführen lassen. Durch die Forschung nach Durkheim haben wir zudem gelernt, dass schon in die statistische Erfassung eines Todesfalls als eines Selbstmords Definitionsprozesse eingehen, die in verschiedenen Kulturen und Milieus verschiedenen Charakter haben und die Vergleichbarkeit der Daten damit mindern.[2]

All das gilt auch für Konversionen. Jeder einzelne Mensch, der sich von einer religiösen Gemeinschaft löst, in der er aufgewachsen ist, jeder Mensch, der vielleicht gegen den Widerstand seines Umfelds den Weg zu einer neuen Überzeugung und Gemeinschaft findet, kann dies als dramatischen Einschnitt empfinden, der sein Leben in ein Vorher und Nachher gliedert. Aber auch hier gelten soziale Muster – wie etwa der enorme Schub an Kirchenaustritten in westeuropäischen Ländern seit den 1960er Jahren zeigt, der massenhafte Übertritt zu protestantischen Gruppen in Lateinamerika und bei nordamerikanischen Hispanics, die Christianisierung in Südkorea und Teilen Chinas heute. In diesen Formulierungen dürfte schon deutlich geworden sein, was ich dennoch ausdrücklich hervorheben möchte: dass »Konversion« in den Sozialwissenschaften ein wertfreier Begriff ist, also nicht das Finden höherer oder objektiver Wahrheit bezeichnet, sondern auf subjektiven Überzeugungswandel zielt. Deshalb ist der Weg etwa *zum* christlichen Glauben damit ebenso gemeint wie der Weg *weg von* ihm. Es geht auch nicht nur um *religiösen* Glauben, sondern um alle tiefsitzenden und weitreichenden Überzeugungssysteme. In diesem Sinne konvertieren Menschen auch zum Marxismus oder Faschismus oder islamistischen Fundamentalismus,

2 Jack D. Douglas, The Social Meanings of Suicide, Princeton, N. J. 1967.

aber natürlich auch zum Liberalismus, säkularen Humanismus oder einem leidenschaftlichen Einsatz für soziale Gleichheit oder Menschenrechte. Wie bei der Forschung zum Selbstmord hat sich auch hier als unabdingbar herausgestellt, die Konversionserzählungen als Genre anzuerkennen und nicht anzunehmen, dass jeder Mensch die Erzählform, in der er von seinem Überzeugungswandel berichtet, jeweils neu erfindet. In manchen Traditionen gibt es Mustererzählungen, die für den Einzelnen bereitstehen und schon seine Erwartungen und sein Erleben präformieren. Auch die Erzählung über den Glaubensverlust, etwa in James Joyce' »Porträt des Künstlers als junger Mann«, als dem Jesuitenschüler am sommerlichen Strand angesichts eines Mädchens, das mit geschürztem Rock ins Wasser watet, schlagartig klar wird, wovon er sich lösen will, hat erzähltechnisch die Struktur des klassischen christlichen Konversionsnarrativs. Erfahrung und Artikulation der Erfahrung sind hier im Einzelfall kaum zu entwirren.

Einige Gedanken, die mir in diesem Zusammenhang besonders wichtig sind, möchte ich an einem literarischen Werk entwickeln: dem vierbändigen »Erzählwerk«, wie der Autor es nannte, »November 1918«, das wie alle Bücher Alfred Döblins außer dem einen unsterblichen Erfolgsbuch »Berlin Alexanderplatz« zum Leidwesen seines Verfassers (und in diesem Fall mitverursacht durch eine besonders unglückliche Publikationsgeschichte) nie so ganz die Aufmerksamkeit gefunden hat, die es nach meinem Urteil verdient. Das Desinteresse ist zumindest hierzulande überraschend, da es sich bei diesem Buch ja zu weiten Teilen um einen Berlin-Roman handelt. Döblin kehrte im französischen und amerikanischen Exil, wo er das Werk in den Jahren 1937 bis 1943 verfasste, imaginär zu der »Häuserwucherung« zurück, »die sich flach und düster in der sandigen Mark ausbreitete«, durchzogen von einem »armseligen Rinnsal« namens Spree mit »schwarzen und schillernden Farben von den Abwässern, die man hineinleitete«, und dem die Häuser den Rücken zuwandten, während Schuppen und Kohlenlager die Ufer des »trüben, proletarischen Gewässers« bedeckten.[3] In der heutigen postindustriellen Stadt Berlin, in der künstliche Sandstrände und zahllose Cafés oder pseudobayerische Biergärten den Fluss begleiten und Touristen aus aller Welt und junge Leute mit viel Freizeit ihr Leben dort demonstrativ genießen, wirkt das von Döblin evozierte arme, graue, industrielle Berlin fast schon exotisch. In seiner an die historischen Ereignisse eng angelehnten Chronologie vom 10. November 1918, dem Tag nach dem Sturz und der Flucht des Kaisers, bis zum 15. Januar 1919, dem Tag der Ermordung von Karl Liebknecht und Rosa Luxemburg, wird die Topographie Berlins ständig körperlich spürbar, und zwar nicht nur im historischen Zentrum, vom Polizeipräsidium am Alexanderplatz bis zur Reichskanzlei in der Wilhelmstraße, auch nicht nur bis hin zum Landwehrkanal im Tiergarten, wo sich die schaurigen Szenen des Mordes an Karl und Rosa abspielen, sondern vom Friedhof der Märzgefallenen im Friedrichshain bis hinein ins bürgerliche Wilmersdorf, etwa zur Mannheimer Straße, wo man Liebknecht in der Wohnung verhaftete, in der er sich verborgen hielt, oder zum Heidelberger Platz, über den die geschlagenen Fronttruppen in Berlin einzogen, durch Straßen, die schwarz waren von Menschen, von Hochrufen begleitet und sich ihrer Niederlage und der gigantischen Verluste an Kameraden doch bewusst. Vor allem aber handelt es sich bei diesem Werk um ein *Buch der Konversionen.*

Damit meine ich nicht, dass es verfasst wurde, als Döblin, der säkulare Jude, sich immer mehr dem katholischen Christentum annäherte, bis er sich schließlich am 30. November 1941 im kalifornischen Santa Monica taufen ließ. Die Zusammenhänge zwischen Autorenbiographie und innerer Logik des literarischen Werks sind nicht so simpel, als würde ein Autor von Döblins For-

3 Zitate aus dem Roman werden im Text durch Angabe der Band- und Seitennummer belegt. Zitiert wird nach der Ausgabe: Alfred Döblin, November 1918. 4 Bde, München 1978.

mat sein Werk einfach zum Sprachrohr einer vorgefassten missionarischen Intention machen. Ganz unzulänglich und als Vorurteile aus dem Weg zu räumen sind auch die Vorstellungen, Döblin sei aus Schwäche, durch einen Zusammenbruch seiner Persönlichkeit, zum Christen geworden, wie man von Brecht bis Grass lesen kann,[4] ebenso auch die Versuche, Döblin gewissermaßen der Gattung Renegatenliteratur einzugliedern, den Schriften ehemaliger revolutionärer Sozialisten, die an die Stelle ihrer politischen Utopie nun etwas anderes stellen, z. B. ein verklärtes Jenseits.[5] Döblins »November 1918« enthält in einem seiner Stränge tatsächlich eine klassische Konversionserzählung, die des kriegstraumatisierten Offiziers und Berliner Gymnasiallehrers Friedrich Becker. Ich werde aber zu zeigen versuchen, dass Döblin auch den Krieg insgesamt ins Licht der Konversionsfragen rückt, weil er sich außer für alles Militärische, Politische und Ökonomische auch für die »psychiatrischen« Fragen der persönlichkeitsverändernden Wirkungen von Gewalterfahrung öffnet. Auch die Revolution wird neu beleuchtet, weil sie nicht nur als politisches Ereignis im Roman zum Gegenstand wird, sondern als etwas Imaginäres, als mythische Gestalt des Traums von einem neuen Menschen und einer neuen Welt. Nur durch diese Tiefe des Konversionsverständnisses wird auch der Mut nachvollziehbar, mit dem Döblin seine zweite individuelle Konversionsgeschichte in diesem Werk entfaltet, die der Rosa Luxemburg. Erst durch die Verknüpfung all dieser Stränge und weiterer entsteht eine Antwort auf die beiden Fragen, die Döblin in diesem Werk stellt und die ich durch die Doppeldeutigkeit der Präposition »durch« im Titel dieses Kapitels ausdrücken will: Wie kann ein Mensch angesichts des Weltkriegs, dieses

4 Zur Auseinandersetzung damit vgl. Hans Joas, Braucht der Mensch Religion? Über Erfahrungen der Selbsttranszendenz (in diesem Band S. 73–95), v. a. S. 75.

5 So die Tendenz z. B. bei Theodore Ziolkowski, Modes of Faith. Secular Surrogates for Lost Religious Belief, Chicago 2007, S. 132–139.

Bankrotts des christlichen Europa, zum Christen werden, und wie kann ein Christ die Revolutionszeit als Christ durchleben? Wie hätte sich ein Christ zum Krieg und zur Revolution stellen sollen, wenn für ihn Christsein nicht konfessionelle Milieuzugehörigkeit mit entsprechendem Wahlverhalten bedeutet, sondern: das Evangelium?

Das etwa zweitausend Seiten umfassende multiperspektivische Erzählwerk »November 1918« hat eine große Zahl miteinander verknüpfter Handlungsstränge – mehr als fünfzig, wie eine sorgfältige Zählung ergeben hat.[6] Aus diesem packenden, aber auch unübersichtlichen erzählerischen Geflecht löse ich zunächst, wie erwähnt, diejenige Geschichte heraus, die am deutlichsten den Charakter einer Konversionserzählung aufweist; ihrem Umfang nach könnte sie allein einen Roman darstellen. Die Gestalt Friedrich Beckers wird von Döblin in einem autobiographischen Rückblick (»Epilog«) als »Sonde« bezeichnet, die der Autor in seine alte Landschaft, sprich: Berlin, ziehen lassen wollte, »damit er sich (mich) prüfe und erfahre«.[7] Mit der medizinischen Metapher »Sonde« drückt der Arzt Döblin treffend aus, dass diese Figur für ihn ein Untersuchungsgerät darstellte, ihm einen experimentellen biographischen Entwurf erlaubte. Die Handlung beginnt freilich nicht in Berlin, auch nicht in Kiel, wo die Matrosenrevolte ausbrach, sondern im Elsass in den letzten Tagen von dessen Zugehörigkeit zum Deutschen Reich, insbesondere in einem kleinstädtischen Lazarett, vermutlich in Hagenau. In dieses wurde

6 Aus der – teilweise hervorragenden – Sekundärliteratur nenne ich zunächst als für mich besonders wichtig: Helmuth Kiesel, Literarische Trauerarbeit. Das Exil- und Spätwerk Alfred Döblins, Tübingen 1986, S. 271–486; Manfred Auer, Das Exil vor der Vertreibung. Motivkontinuität und Quellenproblematik im späten Werk Alfred Döblins, Bonn 1977, S. 56–102; David B. Dollenmayer, The Berlin Novels of Alfred Döblin, Berkeley 1988, S. 124–178. Einen nützlichen Überblick über die Forschung gibt Wulf Koepke, The Critical Reception of Alfred Döblin's Major Novels, New York 2003, S. 178–203.

7 Alfred Döblin, Epilog. In: Alfred Döblin. Autobiographische Schriften und letzte Aufzeichnungen, Olten/Freiburg 1980, S. 439–451, hier S. 448.

der Berliner Gymnasialprofessor für alte Sprachen und mit dem Eisernen Kreuz dekorierte Oberleutnant Becker eingeliefert, um seine schwere Verwundung am Rücken auszukurieren. Eine deutliche Erinnerung an den Augenblick der Verwundung hat er nicht; er weiß nur, dass sich schlagartig alles in seinem Leben verändert hat: »Ich liege mit meiner Kompanie im Graben. Als es soweit ist und wir rausspringen und rennen, nach knapp zehn Metern, höre ich es in der Nähe einschlagen, und dann ist es aus. Das ist auch so ein merkwürdiger Sprung aus dem Sein ins Nichts oder in was anderes. Ich habe keine Erinnerung von einem Übergang. Plötzlich und einfach war ich nicht da.« (I, 167) Mit diesen Sätzen wird der totale traumatisierende Bruch im Leben angezeigt, der zur vollständigen Entwertung all dessen führt, was vor dem Krieg das Leben lebenswert zu machen schien, der Sturz in eine Lähmung und Depression, in der nur noch eine Frage zählt, nämlich die nach der Verantwortung für das selbsterlittene Leid, vor allem aber für die zahllosen Menschenleben, die der Krieg vernichtet hat.[8] Döblins »Sonde« ist nicht ein abstrakt-metaphysischer Sinnsucher, sondern ein Ursachenforscher im Gestrüpp politischer und militärischer Geschehnisse. Die unpolitische Kunst- und Bildungswelt, in der der Bildungsbürger Becker in der Vorkriegszeit lebte, kann aus dieser Ursachenforschung nicht ausgenommen werden. Auf die Schilderung der Verwundung, die Becker seinem besten Kriegskameraden auf der Zugfahrt vom elsässischen Lazarett, das nach dem Einmarsch der Franzosen geräumt werden musste, nach Berlin gibt, folgt eine Seite später (I, 168) eine lange Reminiszenz an eine der größten ästhetischen Erfahrungen aus Beckers früherem Leben: Wagners Oper »Tristan und Isolde«, vor allem Isoldes Liebestod. Doch während zu Beginn noch

8 Unübersehbar ist hier die Gemeinsamkeit mit dem letzten Roman Döblins (»Hamlet oder Die lange Nacht nimmt ein Ende«). Vgl. dazu meine Interpretation: Hans Joas, Die lange Nacht der Trauer. Erzählen als Weg aus der Gewalt?, Gießen 2014.

der Eindruck entstehen könnte, als versinke Becker in glücklichen Erinnerungen an Kunstgenuss in Friedenszeiten, bricht er mit einer »abschneidenden Handbewegung« (I, 170) jede solche Neigung ab und kontrastiert die romantische Todesverklärung mit seiner realen Erfahrung von Verwundung und Todesnähe: »Keine höchste Lust, kein wogendes Schweben, eine gleichmäßig graue flache Ebene, die kein Ende nimmt, ein starrer Mondkrater, über den einmal Licht, einmal Schatten läuft.« (ebd.) Ein ganz starkes Bild für den Bruch mit Ästhetizismus und Bildungshumanismus findet Döblin, als er Becker bei der Rückkehr in seine Berliner Wohnung und der Wiederbegegnung mit seinem einst heißgeliebten Bücherregal, den Büsten von Sophokles und Kant im Zimmer und den Bildern von Goethe und Kleist an der Wand nicht etwa entspannt aufatmen lässt. Im Gegenteil: Becker erträgt diese ganze Bildungswelt nicht mehr, er nagelt ein großes graues Tuch an den Leisten des Regals fest, um die Bücher nicht mehr zu sehen, Kant und Sophokles werden unter die Chaiselongue gezwungen, Goethe und Kleist »flach auf den Boden gelegt und zwei Lexiken darüber gepackt« (II, 61). Seine liebevolle Mutter billigt zwar, dass er den tragischen Kleist entfernt hat, versteht aber nicht, warum auch die anderen. Doch der Sohn will nicht, dass ihre Stimmen die der getöteten und verstümmelten Kameraden übertönen: »Obwohl sie alle, die Goethe, Kant, Sophokles und auch Kleist auf mich einreden wollen, vergesse ich nicht, was sprachlos nackt und unbeschreiblich da war.« (II, 62)

Viele Interpreten haben erkannt, dass Döblin hier, von Kierkegaard beeinflusst, den Schritt eines Menschen von der bloß ästhetischen zur ethischen Stufe der Existenzführung darstellt. Dieser Schritt dürfte für viele heute auch nicht schwer nachvollziehbar sein. Aber bei Kierkegaard gibt es bekanntlich eine dritte Stufe, einen Schritt über das Ethische hinaus ins Religiöse, und diesen nachzuvollziehen fällt vielen heute schwerer. Auf diese religiöse Stufe leitet Döblin seine Figur hin. Das beginnt schon während der langen Eisenbahnfahrt nach Berlin, als dem träumenden Becker der mittelalterliche elsässische Mystiker Johannes Tauler erscheint und ihn lehrt, im Leid eine mögliche Gnade zu sehen, und setzt sich in Berlin fort, wohin ihm die Krankenschwester Hilde, die ihn im Lazarett pflegte, aus Liebe gefolgt ist. Sie wird als einfache katholische Christin geschildert und als »üppige« Frau, die den Mann, in den sie sich immer stärker verliebt, trösten und aus seiner Verzweiflung herausführen will – mit Worten wie: »Du quälst dich, Friedrich. Wir sind alle Sünder. Lege nicht zu viel auf dich. Wäre ich allein, so hätte ich mir auch nicht helfen können. Aber der Heiland ist erschienen und hat sich meiner angenommen. Durch ihn habe ich Gnade und Hilfe erfahren.« (III, 80) Doch Becker kann, was er da hört, nicht, noch nicht, in seine Welt- und Selbstdeutungsschemata einfügen. Dies mindert zugleich die erotische Spannung zwischen den beiden: »Aber Becker ernüchterte es. Er fixierte Hilde. Machte sie Spaß mit ihm? Was sollten diese abgeschmackten Redensarten? Sie lächelte vor sich und hatte die Augen geschlossen, Gioconda. ›Ich weiß, Friedrich, dass es dir nicht hilft, wenn ich es dir sage. Du musst es selbst finden und wirst es finden. Ich werde dir helfen. Glaube mir, es ist nicht so schwer.‹« (III, 80).

Was Becker finden muss, ist nicht einfach der Glaube an den Heiland, sondern die Einsicht, dass ein Mensch auch bei intensivster ethischer Selbstprüfung und Beurteilung der Welt noch auf das eigene Ich fixiert bleibt, wenn er seine ethischen Maßstäbe auf eigene Wahl oder Vernunft zurückführen will und als Antwort im Prozess der Sinnsuche nur annimmt, was das Ich »noch höher und stolzer macht« (III, 198).[9] Aus der Egozentrizität auch der ethischen Lebensführung heraus führt nur der Weg der Selbstöffnung gegenüber etwas, das uns unbedingt ergreift. Diese

9 Dies klingt wie eine vorwegnehmende Auseinandersetzung mit den Tendenzen zur »Selbstoptimierung« (vgl. dazu Kap. 5 dieses Buches).

Selbstöffnung kann freilich kein bloß gedanklicher Vorgang sein. Döblin schildert deshalb in einer Mischung aus psychiatrischem Wissen und wilder Erzählphantasie zunächst den Weg Beckers in immer tiefere Verzweiflung hinein, eine Verzweiflung als leidender Mensch, aber auch als Denker, dem nicht nur das Sinnangebot des Ästhetizismus, sondern auch das eines amoralischen machtzentrierten Weltbilds und einer psychoanalytisch beeinflussten Reduktion des moralischen Gewissens auf eine »angelernte, eingetrichterte Reizbarkeit« und »Dressur« (III, 248) nicht mehr einleuchten, der aber auch keinen Ausweg finden kann, welcher ihn intellektuell überzeugt *und* seelisch heilt. An diesem Tiefpunkt angelangt, nutzt Becker einen der Nägel, an denen die Bilder oder Büsten in seinem Zimmer befestigt waren, um sich zu erhängen. Der Haken hält, aber der Knoten nicht, und die von einer Ahnung geleitete liebende Krankenschwester findet Becker noch lebend, »bewusstlos von der Strangulierung« (III, 259), immer noch verzweifelt, aber auch seltsam beruhigt, friedlich, geöffnet für ein Verständnis ihres Betens und dessen, was hier der »Königsgedanke der Menschheit« (III, 287) genannt wird, der Gedanke vom leidenden und mitleidenden Gott.

Döblin vereinfacht den weiteren Weg nach diesem Umschlagpunkt keineswegs. Weder wird die aufscheinende Möglichkeit der Konversion zum Christsein gleich zu einem stabilen Glauben, noch lösen sich die psychischen Probleme und intellektuellen Fragen Friedrich Beckers schlagartig wie durch einen Zaubertrank. Vor allem aber stellen sich neue Fragen, insbesondere die, wie einer, der *durch* den Krieg und seine Folgen zum Christen wurde, nun eigentlich seinen Weg weitergehen soll, ohne das Christentum dabei so locker zu nehmen, als besäße man es und könne mit ihm »quasi spazierengehen wie mit einem Buch unter dem Arm« (IV, 557 f.).

Wie ich die Bekehrung Beckers nur ausschnittweise nacherzählen konnte, so kann ich auch den Weg des Neubekehrten *durch* die Zeit der Revolution nur in wenigen Szenen schildern. Als der seelisch neu gefestigte Becker seinen Unterricht am Gymnasium wieder aufnimmt, freut sich die Klasse zunächst auf ihn, weil sie einen fronterfahrenen, für seine Tapferkeit hoch dekorierten Kämpfer als Lehrer erwartet, der trotz der Niederlage des Reiches aufrüttelnd und imponierend über Krieg und Staat und Nation sprechen kann. Unterrichtsstoff ist die »Antigone« des Sophokles, und schnell zeigt sich die Kluft zwischen den Erwartungen der Schüler und der neuen Sichtweise des vom Krieg gewandelten Lehrers. Die Schüler lehnen die Figur der Antigone, die gegen das Verbot des Königs den Leichnam ihres gefallenen Bruders bestattet und zur Strafe lebendig eingemauert wird, ab und machen sich lustig über ihre Rede von einem ungeschriebenen, vom Himmel herunterkommenden »Gesetz über das Beerdigungswesen« (IV, 221). Der Lehrer dagegen, der von der Frage nicht lassen kann, warum keiner, der 1914 ins Feld zog, die Frage »göttliches Recht oder Staatsrecht« (IV, 222) überhaupt aufwarf, den Staat kritisierte oder zögerte, für ihn in den Tod zu gehen – dieser Lehrer sieht auch die nächste Generation auf demselben Irrweg und fühlt sich »zum ersten Mal als Christ unter Heiden und [...] gezwungen zu bekennen, auch wenn es zum Martyrium führte« (IV, 223). Für ihn geht es in der klassischen Tragödie nicht einfach um »Gefühl gegen Pflicht« und auch nicht nur um »Pflicht gegen den Staat gegenüber Pflicht gegen die Himmlischen«, sondern um den Tod: »Wie hat sich die Welt der Lebenden zur Welt der Toten zu verhalten?« (IV, 224) Das aber wischt der Primus, der die Einstellung der Klasse artikuliert, mit den schneidigen Worten vom Tisch, heute komme es auf etwas ganz anderes an, nämlich »darauf, ob man einen klaren Begriff von der Nation hat und was man ihr schuldig ist. Es besteht heute kein Bedarf an Spiritismus. Die Nation braucht einzig Männer, die sich ihrer annehmen.« (IV, 226) Das neue Christsein Friedrich Beckers ist dagegen zutiefst geprägt von Staatsskepsis und Antinationalismus. Seine erste über den Unterricht hinausgehende Bewährungsprobe kommt, als die stramm nationalen und maskulinen Schüler gegen den Schulleiter revoltieren, einen antinationalistischen Schöngeist, dem homoerotische Annäherungen an Schüler vorgeworfen werden. Als die Situation eskaliert, der Vater eines Schülers den Direktor zusammenschlägt und dieser den Verletzungen erliegt, stellt sich bei dessen Beerdigung für Becker die Antigone-Frage: Becker entscheidet sich gegen den Willen des Schulkollegiums, das demonstrativ fernbleibt, zur Teilnahme am Begräbnis. Als Christ setzt er sich gerade nicht an die Spitze derer, die einen Homosexuellen verteufeln, sondern hält an der unbedingten Verpflichtung zur Brüderlichkeit gegenüber dem Toten fest. Zum Ausscheiden aus dem Schuldienst gezwungen, gerät Becker bald erneut in eine dramatische Entscheidungssituation, nun im Zusammenhang der Revolutionsereignisse. Döblin schildert die Revolutionäre als oft führer- und ziellos, eher von Wut getrieben als von strategischen Plänen geleitet: »Der Hass der Revolutionäre auf die bürgerlichen Zeitungen war ungeheuer. Die Verlogenheit und die Giftigkeit dieser stupiden und bezahlten Journalistik reizten sie, und so kam es, dass die ersten Vorstöße sich nicht gegen militärische Objekte, sondern gegen die Hochburgen der Hetze, die Zeitungsgebäude richteten.« (IV, 469) Das Gebäude der SPD-Zeitung »Vorwärts«, aber auch das Mossehaus und das Ullsteinhaus werden ausdrücklich erwähnt, ihre Besetzung und die schweren Verluste durch die Beschießung vonseiten der Regierungstruppen, die auch vom Turm der nahegelegenen Jerusalemer Kirche aus auf die Arbeiter feuern. Der Christ Becker teilt zwar die utopischen Hoffnungen der Revolutionäre nicht und verabscheut alle Gewalt, wird aber bei der Besetzung des Polizeipräsidiums zur Entscheidung gezwungen, ob er es mit den Reichen und Mächtigen halten will oder mit den Armen, die keinen anderen Weg mehr zu kennen scheinen: »Was sie auch tun und ob sie sich irren oder nicht irren, sie sind meine Geschwister, sie sind wie ich, und ich bin nicht besser dran als sie.« (IV, 502)

Ich breche die Nacherzählung der Friedrich-Becker-Geschichte an dieser Stelle ab. Auch bei Döblin wird der weitere Weg dieser Figur nach der Revolutionszeit nur in einer Art Coda summarisch dargestellt. Nach seiner Entlassung aus der Haft und dem Tod seiner Mutter, verlassen auch von der Freundin, zieht Friedrich Becker als christlicher Wanderprediger umher und kommt schließlich durch einen Raubüberfall zu Tode. Dieser Schluss des einen Erzählstrangs hat zwei ganz konträre Interpretationen gefunden, die für meine Fragestellung höchst instruktiv sind. Die einen sehen darin Döblins Vision einer am Evangelium ausgerichteten Lebensführung. Während alle »Berufschristen« im Roman, etwa ein deutscher Militärpfarrer, in ihrer bornierten Sorge um Habe und Wohlstand Gegenstand des Spottes sind, habe Döblin hier ein »kompromisslos gelebtes Christentum jenseits aller konfessionellen Beschränkungen und institutionellen Verhärtungen«[10] entworfen. Andere aber sehen in dieser Deutung eine Unterschätzung der gedanklichen Komplexität des riesigen Erzählwerks. Diesen schließe ich mich an.[11] Wäre die Becker-Figur ein Vorbild und die Konversionsgeschichte der ganze Roman, dann könnte die genannte Deutung zutreffen. Aber Döblin schildert Friedrich Becker in seiner Christlichkeit höchst kritisch. In seiner Haltung erkennt er auch eine Abkehr von realistischer Politik, den Wunsch nach einem Ausstieg aus der wirklichen Geschichte und

10 Werner Stauffacher, Einführung, in: Alfred Döblin. November 1918. Bd. 1, Olten/Freiburg 1991, S. 9–64, hier S. 58.

11 So außer Kiesel auch Günter Niggl, Antwort auf das Inferno der Zeit. Das Spätwerk Alfred Döblins, in: ders., Zeitbilder. Studien und Vorträge zur deutschen Literatur des 19. und 20. Jahrhunderts, Würzburg 2005, S. 115–124, hier S. 121; Roland Dollinger, Totalität und Totalitarismus im Exilwerk Döblins, Würzburg 1994, S. 190; Dollinger stellt allerdings Heilsgeschichte und kritische Geschichtsdarstellung als Alternativen hin (z. B. S. 164), weshalb seine Untersuchung mit dem Vorwurf der »Geschichtsverdrängung« (S. 209) endet; originell sind die Überlegungen zu Döblins Geschichtsverständnis in: Meike Mattick, Komik und Geschichtserfahrung. Alfred Döblins komisierendes Erzählen in »November 1918. Eine deutsche Revolution«, Bielefeld 2003.

damit eine unselige Kontinuität mit der machtgestützten Innerlichkeitskultur der Vorkriegszeit, sowie eine religiöse Selbstüberhebung, die gerade nicht christlich ist. Für diese Dialektik etwa in Christentum und Buddhismus hat sich der Begriff des »Heilsegoismus« eingebürgert, und dieser scheint mir hier zuzutreffen. »Unus Christianus, nullus Christianus« hieß es jedoch schon im antiken Christentum: Keiner kann alleine Christ sein, und keine Kritik an den Institutionen und Sozialformen des Christentums kann sich über diese Angewiesenheit des individuellen Glaubens auf eine Gemeinschaft der Gläubigen hinwegsetzen.[12] Friedrich Becker aber wird im Roman zum fanatischen Gottesdienststörer, der vor dem Kirchenbesuch warnt und die Aushungerung der Pfarrer fordert, was Döblin ausdrücklich als »Fallstrick« seines Christseins bezeichnet.

Ich hätte Döblins Erzählwerk »November 1918« nicht einen Roman der Konversionen nennen dürfen, wenn er nur diese eine Konversionsgeschichte enthielte. Die Konversion als Folge der Gewalterfahrung kann auch in ganz andere Richtungen führen, etwa endgültig weg vom Christentum. In seine Darstellung der Heimkehr der Fronttruppen montiert Döblin fiktive Briefe von Rückkehrern an ihre Frauen. In einem heißt es: »Verkehrt bei Deinen Eltern noch der Pfarrer? Bestell ihm einen schönen Gruß von mir. Ich habe einige Dutzend tote Leichen eigenhändig eingebuddelt, in welchem Zustand, darüber mündlich und ein andermal. Manche haben wir mit der Schippe zusammenholen müssen. Reiner Zufall, dass man nicht selber dabei war. Nach Eurem Pfarrer sagte mal der liebe Gott: ›Es ist alles gut.‹ Liebe Else, wenn das

12 Vgl. dazu Kap. 2 dieses Buches. Am Ende seines zweiten »Religionsgesprächs« (»Der Kampf mit dem Engel«) weist Döblin darauf hin, dass es in dem Gebet, das Jesus selbst seine Jünger gelehrt hat, nicht »mein Vater« heißt, sondern »Vater unser« und von »unserem Brot« und »unserer Schuld« die Rede ist. »Du sollst mit den anderen zusammen sein. Die Nöte der anderen, denen Du helfen musst, rufen Dich auf und befreien Dich von Deinem Ich.« (Döblin, Der unsterbliche Mensch/Der Kampf mit dem Engel, S. 595)

gut ist.« (III, 191) Hier ist vermutlich nur eine letzte Ernüchterung gegenüber den staatstreuen Kirchen eingetreten, eine Konversion eher von etwas weg als zu etwas hin. Viel mehr noch als dafür interessiert sich Döblin für diejenigen, die aus der Gewalterfahrung heraus zu gewohnheitsmäßigen Gewalttätern und ideologischen Gewaltverherrlichern werden. Ein Kapitel heißt »Die neuen Wolfsmenschen« (III, 350); von einer neuen Menschenart ist darin die Rede, »die der Krieg hervorgebracht hat« (ebd.). In einem Gespräch mit Lenins Abgesandten Karl Radek gibt Karl Liebknecht seiner Sorge Ausdruck, dass der Krieg »eine Verrohung, eine fürchterliche Verwahrlosung« (III, 358) verursacht habe und Menschen aus ihm zurückkehrten, die Raubtieren ähneln. Radek meint, in ihnen nur Konterrevolutionäre sehen zu können, aber Liebknecht fürchtet, dass sie sich auch in den Reihen der Revolutionäre breitmachen. Die prägnanteste Verkörperung findet dieser Typus in der Gestalt von Friedrich Beckers Freund Johannes Maus. Eng verwoben mit Beckers Konversionsgeschichte ist nämlich die seines besten Freundes, ebenfalls ein verwundeter Offizier, der aber von der Gewalt nicht mehr lassen kann, der auch der von ihm begehrten Krankenschwester Hilde im Lazarett Gewalt antut, kurze Zeit in Berlin mit einer revolutionären Diktatur sympathisiert, sich dann aber den sich bildenden Freikorps anschließt, seinen Freund sogar denunziert und Beckers Einsatz für den homosexuellen Schulleiter als wesentlichen Grund für den Bruch der Freundschaft empfindet (IV, 556). In den vielfältigen Handlungssträngen finden sich zahlreiche zur Gewalt konvertierte Menschen aus allen Schichten. Das Offizierskorps wird durchgehend so geschildert, als sehe es im Kampf gegen innere Feinde die Chance, der Schmach des verlorenen Krieges zu entgehen. Die »Dolchstoßlegende«, der Mythos des unbesiegten Heeres, dem nur kommunistische Aufständische und jüdische Kriegsgewinnler in den Rücken gefallen seien, kommt nicht spontan auf, sondern wird schon vor der Abdankung des Kaisers bewusst lanciert. Im Roman erzählt Maus seinem Freund Becker davon (III, 69), als er selbst noch zu den Revolutionären hält und sich der Verführung durch die Parole »gegen Bolschewismus und gegen die Juden« entzieht. Eine greisenhafte Gräfin, die den Generalstab verspottet, weil er keinen neuen Wallenstein hervorbringe, also an die Stelle des Kaisers keinen Militärdiktator setze, versinkt in ihrem Zimmer in einer ekstatischen Gewaltphantasie (II, 267). Mit den Geschichten von Konversionen zur Gewalt setzt der Roman einen klaren Kontrapunkt zur Konversionsgeschichte des neuen Christen Friedrich Becker.

Doch erschöpft auch dieser Kontrast noch nicht die Konversionsthematik im Roman Döblins. Über dem ganzen in »November 1918« geschilderten historischen und fiktiven Geschehen steht ein Wort von größtem imaginären Potential: Revolution. Seit dem achtzehnten Jahrhundert, als sich der Sinn dieses Worts wandelte von der bloßen Umdrehung von Himmelskörpern zur Umwälzung, die Neues entstehen lässt, löst dieser Begriff die Vorstellung von radikal neuen politischen und sozialen Verhältnissen aus, aber mehr noch auch die von einem neuen Menschen, einem besseren Menschen, frei von kleinlichem Eigennutz und Machtstreben.[13] Zumindest die Hoffnung auf eine solche neue Welt ist in der mythischen Dimension des Revolutionsbegriffs enthalten; in unserem Zusammenhang könnte man von der Konversion Einzelner sprechen, die sie zu Revolutionären macht, und von der Revolution insgesamt als der Vision einer massenhaften Konversion zu einem neuen Menschentum.

Über die deutsche Novemberrevolution von 1918 schreibt Döblin allerdings nicht, um sie zu verklären und in den Schatz menschheitlicher Erinnerungen an historische Schübe des Freiheitsgewinns aufzunehmen. Er schreibt im Exil, im Wissen um

13 Vgl. Karl Griewank, Der neuzeitliche Revolutionsbegriff. Entstehung und Entwicklung, Weimar 1955; James H. Billington, Fire in the Minds of Men: Origins of the Revolutionary Faith, London 1980.

den Sieg des Nationalsozialismus in Deutschland kaum anderthalb Jahrzehnte nach der Revolution, die er für verpfuscht oder verraten, tragisch versandet oder versiegt erklärt. Er fragt, was in der Revolution schon den späteren Sieg der alten Kräfte in Staat, Wirtschaft und Militär ermöglichte und ob es sich um eine Revolution ohne Revolutionäre handelte. An einer der Stellen, an denen sich im Roman der Erzähler direkt an den Leser wendet – »Der Verfasser geht mit sich zu Rate« betitelt –, heißt es: »Bisher sind wirkliche revolutionäre Massen nicht in unser Gesichtsfeld getreten. Man kann einem, wenn er eine Revolution beschreiben will, dies zum Vorwurf machen. Aber es liegt nicht an uns. Es ist eben eine deutsche Revolution.« (II, 242) Sein Blick auf das Geschehen ist entsprechend ein bitterböser Blick, seine Darstellung ironisch bis satirisch. Keine soziale Schicht, kein gesellschaftliches Milieu wird davon ausgenommen. Schon die Schilderung der ersten Tage nach dem Zusammenbruch der militärischen und politischen Ordnung im Elsass zeigt kaum eine organisierte Bemühung um den Aufbau einer neuen Ordnung, sondern eher – in den Worten des zeitgenössischen Beobachters Ernst Troeltsch im ersten seiner Spectator-Briefe – ein »vergnügtes Feriengefühl«.[14] Die Verhältnisse zwischen Oben und Unten sind karnevalistisch umgekehrt, sexuelle Eskapaden werden möglich, Diebereien bleiben unbestraft. Zur Auflösung des Lazaretts, in dem Becker und Maus gelegen hatten, heißt es: »An Bettwäsche haben sich seit gestern abend in größtem Stil Schwestern und alles was Weib im Lazarett war bedient. Sie besaßen die Großzügigkeit, auch fremde Frauen mitzubringen und so gewaltig zu räubern, dass die Lager gegen Mittag ›ausverkauft‹ waren. Unsere stille Alte, die Portiersfrau des Pfarrers, wo finden wir sie?« (I, 140) Auch sie räubert mit und hilft sogar, »die Marmorplatten der chirurgischen Station auf Kinder-

14 Ernst Troeltsch, Rück- und Umblick (Februar 1919), in: ders., Spectator-Briefe und Berliner Briefe (1919–1922), hg. von Gangolf Hübinger, KGA, Bd. 14, Berlin 2015, S. 53.

wagen aus dem Lazarett« zu fahren (ebd.). »Welche Verwandlung in so hohem Alter, eine Revolution im kleinen«, kommentiert der Erzähler. Ein ganzes Kapitel des Bandes, der die zweite Novemberhälfte 1918 in Berlin schildert, heißt »Private Revolution«. Dort begegnen wir einem jungen Drucker, der den Diebstahl von Brotmarken und ihr Verhökern auf dem Schwarzmarkt als revolutionären Akt verbrämt. Trostlos auch die Darstellung einer Sitzung der Preußischen Akademie der Wissenschaften, die in den Tagen der Revolution unter der Leitung von Max Planck einfach fortsetzt, was sie immer getan hat und das trotzig zur Verteidigung des Reiches gegen seine Feinde erklärt (II, 100 f.). Die Intellektuellen empfinden die Ereignisse entweder als störende Ablenkung oder gerieren sich als tiefblickende Führer, ohne doch irgendeinen konkreten Rat geben zu können. Die Funktionäre der sozialdemokratischen Partei, aber auch die Mitglieder der Soldatenräte werden als erstarrt in Organisations- und Vereinsdenken karikiert: »Und die hier erörtern, was man mit den fünfhundert Kisten Gasmasken machen sollte, die in den Magazinen lagerten, wie hoch war der Herstellungspreis, wie teuer wollte man sie verkaufen, es könnte noch ein schöner Betrag dafür einkommen. O weh, o weh.« (I, 218) Den bittersten Spott gießt Döblin über Friedrich Ebert aus, den neuen Reichskanzler, dessen geheime Zusammenarbeit mit der Obersten Heeresleitung er ebenso geißelt wie die Unfähigkeit, etwas gegen die Bildung der Freikorps zu unternehmen und der Republik zu einer eigenen polizeilichen Absicherung auf der Grundlage der Arbeiterparteien und revoltierenden Soldaten zu verhelfen.[15]

Diese Darstellung der Revolution wird von vielen so gelesen, als habe sich der Christ Döblin von allem Revolutionären, an das er früher vielleicht selbst geglaubt habe, abgewandt, als sei die Botschaft des ganzen Erzählwerks die, dass an die Stelle radikaler

15 Christina Althen, Machtkonstellationen einer deutschen Revolution. Alfred Döblins Geschichtsroman »November 1918«, Frankfurt/M. 1993, S. 153.

gesellschaftlicher Veränderung die individuelle Konversion zum Christentum zu treten habe. Aber in diese verbreitete Deutung passt vieles nicht, etwa wie und wo die Stimme Gottes in Döblins Werk zu hören ist. Gott spricht nach langem Schweigen am Tag des Waffenstillstands: »Ich habe mich nicht gezeigt, so lange ihr Krieg führtet. Ich habe mit Tobsüchtigen und mit Verbissenen nichts zu tun. Dass die Menschen von mir abgefallen sind, weiß ich schon lange. […] Aber weil ihr Dankbarkeit fühlt, höre ich euch an. Ihr fühlt, wie dies wohl tut. Ich traue euch nicht. Ich traue euch nicht. […] Ich traue euch nicht.« (I, 208) Und im letzten Band heißt es: »Krieg und Revolution waren Weckrufe einer überirdischen Stimme. Wer hörte sie, wie vernahm man sie? In diesen Revolutionswochen verklang allmählich die Stimme.« (IV, 351) All diejenigen, die das Schema Christentum *oder* Revolution, Religion *oder* gesellschaftliche Veränderung auf Döblin und sein Werk anwenden wollen, müssen in Verwirrung geraten oder Döblin für einen sich in Widersprüchen verirrenden Autor halten. Ich behaupte dagegen, dass sein Bild von der deutschen Novemberrevolution von intuitiven Einsichten in zwei der wichtigsten Folgen von Krieg und massenhafter Gewalterfahrung geformt wurde, die inzwischen beide von der sozialwissenschaftlichen Forschung breit bestätigt wurden. Kriege stellen die Loyalität von Bevölkerungen zu den politischen Ordnungen, in denen sie leben, auf eine Bewährungsprobe. Siege stützen die Legitimität, Niederlagen erschüttern sie. Und die Freisetzung von Gewalt im Krieg verändert die Beteiligten so, dass das Gewaltniveau auch des zivilen Lebens nach Kriegen deutlich ansteigt.[16] Die tragische Konstellation der Novemberrevolution bestand nun darin, dass durch den Krieg eine Revolution möglich wurde, weil die alte Ordnung ihre Glaubwürdigkeit verloren hatte, gleichzeitig aber die potentiellen Revolutionäre vom

16 Zu beidem mit Angaben zur Forschungsliteratur Hans Joas, Kriege und Werte. Studien zur Gewaltgeschichte des 20. Jahrhunderts, Weilerswist 2000.

Krieg verroht und abgestumpft als Träger einer gesellschaftlichen Neuordnung kaum in Frage kamen.[17] Die Engstirnigkeit und der Opportunismus des neuen Führungspersonals und die bedrängte außenpolitische Lage taten ein Übriges, um eine Revolution zu verunmöglichen. Gewiss teilt Döblin in seinem Erzählwerk, wie gleich noch zu erörtern sein wird, nicht die kommunistische Utopie und Gewaltbereitschaft Lenins und derer, die sich an ihm orientieren. Er glaubt, insofern christlich, nicht an die Herstellbarkeit eines irdischen Paradieses. Aber er kritisiert die deutsche Revolution nicht deshalb, weil sie eine Revolution war, sondern weil sie keine richtige Revolution war. Es ist falsch, Döblin so zu verstehen, als sollten wir im christlichen Wanderprediger Friedrich Becker ein Vorbild und in der Revolution ein Verhängnis sehen. In Döblins Schilderung der Revolution wird die *mangelnde* Konversion der Akteure als ihre Unfähigkeit, die historische Chance zu ergreifen, zum Gegenstand des Spotts und zur Quelle der Trauer.

Erst vor diesem Hintergrund scheint mir auch die Darstellung Rosa Luxemburgs verständlich zu werden, die im letzten Band des Erzählwerks breiten Raum einnimmt und die zweite große individuelle Konversionserzählung, neben der Friedrich Beckers, darstellt. Sie ist äußerst umstritten, weil Döblin die intellektuell und rhetorisch bedeutendste Gestalt unter den Revolutionären nicht nur mit diesen Qualitäten darstellt, sondern auch als liebende Frau, als große Trauernde und (fast) als Mystikerin. Niemand kann bestreiten, dass Rosa Luxemburg in den Briefen aus dem Gefängnis, in das sie wegen ihrer Agitation gegen den Krieg gesteckt wurde, tatsächlich Seiten zeigte, die Döblin zum Ausgangspunkt seiner Darstellung nehmen konnte. Ihr wesentlich jüngerer Geliebter, Hans Diefenbach, war im Krieg gefallen, und Döblin

17 Das erkennt Oliver Jahraus, Subjekte der Geschichte – Geschichten des Subjekts. Döblins Erzählwerk »November 1918«, in: Claude D. Conter u. a. (Hg.), Der Erste Weltkrieg als Katastrophe. Deutungsmuster im literarischen Diskurs, Würzburg 2014, S. 175–192.

stellt dar, wie Rosa in der Haft von sexuellen Phantasien der Vereinigung mit dem toten Geliebten und halluzinatorischen Wahrnehmungen seiner Rückkehr und physischen Präsenz in einen Zustand obsessiver Trauer getrieben wird. Diese Darstellung hat unter radikalen Linken und auf feministischer Seite Missbilligung hervorgerufen, weil man darin eine Verkleinerung der Politikerin zum schwachen Weib gesehen hat. Das scheint mir ungerecht, da Döblin an den politischen Führungsfähigkeiten Rosa Luxemburgs keinen Zweifel aufkommen ließ (wenngleich sie im Roman immer weniger an die Chancen einer Revolution glaubt). Ihre Trauer stellt auch keineswegs ein gewissermaßen privates Phänomen dar, sondern ist eben die Trauer um einen Toten des Weltkriegs, der als geliebter Mensch stellvertretend steht für all die anderen Toten, die von anderen Menschen geliebt und betrauert werden. Döblin legt Rosa selbst die Worte in den Mund: »Wie Antigone bin ich in die Brautkammer gesperrt und lebend eingemauert« (IV, 16); damit schlägt er die Brücke zur ja keineswegs unpolitischen Antigone-Tragödie und zu einem der Knotenpunkte in Friedrich Beckers Konversionsgeschichte. Döblins Rosa konvertiert nicht wie Becker zum Christentum, aber auch nicht wie Johannes Maus und so viele andere, rechts und links, zur Gewalt. In dieser Hinsicht unterscheidet sie sich bei Döblin massiv von Karl Liebknecht, der sich zunächst widerstrebend in eine Lenin-Rolle drängen lässt und diese dann auszufüllen versucht. Rosas Trauer dagegen führt weg von der Gewalt, man könnte sagen: zum Antileninismus. Rosa Luxemburg war bekanntlich tatsächlich eine scharfe Kritikerin Lenins, der schrankenlosen Gewaltförmigkeit seiner revolutionären Praxis und der aus ihr entstehenden Parteidiktatur. Döblin übertreibt allerdings die realen Differenzen[18] und macht so aus

18 So mit sehr präzisen Belegen Anthony W. Riley, The Aftermath of the First World War: Christianity and Revolution in Alfred Döblin's »November 1918«, in: Charles N. Genno/Heinz Wetzel (eds.), The First World War in German Narrative Prose, Toronto 1980, S. 93–117, v. a. Anm. 33 (S. 114 f.).

der Romanfigur Rosa die Symbolfigur für einen »Sozialismus mit menschlichem Antlitz« – wenn dieser Ausdruck Alexander Dubčeks aus dem Prager Frühling von 1968 anachronistischerweise hier gestattet ist. Die Absage an die Gewalt hat weitreichende Konsequenzen für die Vision der herzustellenden Ordnung. Zu diesen ist Rosa – im Roman und in der Wirklichkeit – keineswegs selbstverständlich bereit. Im Roman kommt es zu einem breit dargestellten inneren Kampf, der sich literarisch als »das große Experiment einer Erneuerung des religiösen Epos, das in Deutschland, von Klopstock abgesehen, keine Tradition hat«[19], erweist. Döblin schildert die inneren Kämpfe Rosas nämlich als Kämpfe mit dem Satan sowie zwischen Satan und den Engeln um Rosas Seele. Für Döblin steckte in der Faszination durch Lenin mehr als die Bewunderung für den Organisator einer erfolgreichen Revolution. Nachdem in Berlin, aber nicht nur dort, Lenin »Good-bye« gesagt wurde, ist dies nicht mehr allseits verständlich. Auch Lenin selbst spricht in Döblins Roman, etwa in dem Abschnitt »Eine neue Art Mensch muss geschaffen werden«, und das klingt so: »Der Mensch so, wie er ist, taugt nichts. Die Menschen sind dumm und weich, sentimentale Dummköpfe mit bürgerlicher Bequemlichkeit, Mystiker, Fromme und Faultiere, und darum Verbrecher. Gegen diese Menschen muss man einen Ausrottungskrieg führen. In Stücke schlagen muss man alle Überreste der alten Tyrannei, nicht bloß ihr Heer, ihre Verwaltung, ihre Rechtsprechung, sondern auch, und vor allem, und an erster Stelle, ihre versteckten Bastionen, die in den Köpfen, die alten Denkformen, die Ideen, die Ideale, die Glauben, die Religionen, die Metaphysiken, die Gefühle.« (IV, 63 f.) Dieser Lenin ist für Döblin die Inkarnation

19 Wolfgang Frühwald, Rosa und der Satan. Thesen zum Verhältnis von Christentum und Sozialismus im Schlussband von Alfred Döblins Erzählwerk »November 1918«, in: Werner Stauffacher (Hg.), Internationale Alfred-Döblin-Kolloquien Basel 1980/New York 1981/Freiburg 1983, Bern 1986, S. 239–256, hier S. 248.

eines gewalttätig-rationalen Weltveränderungswillens, sein »neuer Mensch« keine Vision der Befreiung, sondern der Unterwerfung. Die Hoffnungen, die den Mythos der Revolution hervorgebracht haben, verwandeln sich so in einen Alptraum. Aber in der Gestalt Rosa Luxemburgs hält Döblin auch die Vorstellung eines demokratischen Sozialismus ohne Religionsfeindschaft offen, wie sie in einem Teil der Linken durchaus lebendig war.

Dem riesigen Erzählwerk Döblins zur deutschen Novemberrevolution 1918/19 wird nur gerecht, wer nicht einen der zahlreichen Stränge herauszieht, diesen isoliert betrachtet und in ihm die Botschaft des ganzen Werks gefunden zu haben meint. Die verschiedenen Konversionsgeschichten spiegeln sich ineinander auf überraschendste Weise. So nähert sich der Christ Friedrich Becker der Revolution, die revolutionäre Sozialistin Rosa Luxemburg aber entfernt sich von ihr.[20] Friedrich Beckers Geschichte spiegelt sich in der Hinwendung seines Freundes Johannes Maus zu den rechtsextremen, präfaschistischen Freikorps, Rosa Luxemburgs Konversion in der Karl Liebknechts, die in die Nähe des Leninismus führt. Zugleich werden alle Konversionsgeschichten in Geschichten ausbleibender Konversion reflektiert. Am umfangreichsten unter diesen – und hier bisher noch unerwähnt – ist die des Dramatikers Erwin Stauffer. Dieser fast an den Umfang der Becker-Geschichte heranreichende Erzählstrang muss, wenn man nicht diese Spiegelungsabsicht bedenkt, als im Ganzen funktionslos erscheinen. Deshalb bleibt es zwar verwunderlich, wird aber erklärlich, dass der Übersetzer von Döblins Erzählwerk ins Englische diesen Strang schlicht vollständig entfernt hat. Im Stil eines Trivialromans führt Döblin hier vor, was herauskommt, wenn der Bruch mit der ästhetischen Weise der Existenzführung nicht erfolgt und sich einer zum »Dichter« aufspreizt, der sich um Politik nicht kümmern muss und im Genuss seiner selbst aufgeht.

20 Kiesel, Literarische Trauerarbeit, S. 334.

Aber heißt das, dass diesem Roman der Konversionen gar keine Botschaft zu entnehmen ist und er bei aller Bewunderung für die Virtuosität der vielstimmigen Konstruktion letztlich Verwirrung hinterlässt? Blicken wir zurück, dann sehen wir, dass zumindest ex negativo politisch-ethische Botschaften aus dem Erzählwerk hervorgehen. Die Friedrich-Becker-Geschichte lehrt, dass die bloße Selbstveränderung egozentrisch bleibt, wenn aus ihr kein Einsatz für institutionelle Verbesserungen erwächst. Die erzählte Revolutionsgeschichte zeigt auch, dass das Gewalthandeln Lenins oder der Freikorps sowie Noskes und Eberts blutige Unterdrückungsmaßnahmen die alte Unheilsgeschichte nur fortsetzen. Je nach Sympathie neigen die Interpreten dazu, Revolutionsgeschichte und Konversionserzählung voneinander zu trennen oder einander überzuordnen. Dann erscheinen ihnen entweder die Bekehrungsgeschichten als Fremdkörper in einem historischen Roman oder als von Döblin propagierte Alternative zur Revolution. Aber Döblin zielt nicht auf eine solche Alternative. Seine gesellschaftlichen Veränderungsvisionen gehen eher über den Horizont der Akteure des geschilderten Geschehens hinaus. Sowohl Friedrich Becker als auch Rosa Luxemburg brechen im Buch mit der Hybris umfassender Weltbeherrschung; diese aber hatte Döblin in dem Werk, das dem »November 1918« vorausging, der »Amazonas«-Trilogie, als Kern der europäischen globalen Expansion behandelt und nicht etwa als europafremde amerikanische oder sowjetische Ideologie exotisiert. Es gibt auch eine historische Figur im Roman, die uneingeschränkt positiv dargestellt wird, nämlich den amerikanischen Präsidenten der Weltkriegszeit, Woodrow Wilson, den »großen Vernünftigen«, weil er sich für die Gründung eines Völkerbundes eingesetzt habe, d. h. friedliche Formen internationaler Konfliktregelung und einen Ausweg aus der ewigen Konfliktdynamik der europäischen Staaten. Wie weit dieses Bild den realen Wilson trifft, muss hier nicht erörtert werden. Hier geht es nur darum, den Eindruck zu zerstreuen, als sei das Christentum Döblins ein unpolitisches, weil es sich nur schwer einem der existierenden politischen Lager zuordnen lässt und sich die Revolutionsdarstellung kaum in die konventionellen politischen Narrative einfügt. Gewiss überfordern oder verkennen wir einen Roman, wenn wir erwarten, dass wir ihm retrospektiv das überlegene politische Programm für die Revolutionszeit entnehmen könnten. Döblin war auch kein Autor, der mit einer klaren Botschaft und dem feststehenden Ende eines Buches in den Schreibprozess eintrat. Dennoch gibt sein Buch Antworten auf die Fragen, die den Schreibprozess ausgelöst haben. Wer die europäische Kultur vor dem Ersten Weltkrieg als christlich deutet, muss den Krieg in der Tat als völliges Versagen des Christentums empfinden. Die Konsequenz daraus kann der endgültige Bruch mit dem Christentum sein. Ebenso aber kann man die Christlichkeit der Vorkriegszeit infrage stellen und eine Radikalisierung der Orientierung am Evangelium als Ausweg aus der Katastrophe des Weltkriegs betrachten. Wer sich an einem so radikalisierten Verständnis des Christlichen orientiert, wird im brutalen Kampf der Freikorps und Regierungstruppen mit rebellischen Arbeitern und Soldaten und an der Ermordung Karl Liebknechts und Rosa Luxemburgs vor allem die Gewalt beklagen, die Aussichtslosigkeit, die aus der Dynamik der Rache folgt, und nach einem Ausstieg aus dieser Dynamik fragen.

»Tief im Innern und fest«, schreibt Döblin in einem späteren Rückblick auf sein Buch, wisse »jeder Christ, dass man mit Waffengewalt den Zustand dieser Welt nicht ändern soll.«[21] Noch in der Zeit des Kalten Krieges erinnerte er daran, dass der Sozialismus »aus einem reinen, humanen und christlichen Gefühl« entstanden sei und Revolutionen Explosionen eines Kessels seien, bei denen man immer fragen müsse, was den Kessel so sehr er-

21 Alfred Döblin, Christentum und Revolution, in: Alfred Döblin, Schriften zur Literatur, Olten/Freiburg 1963, S. 379–383, hier S. 382.

hitzt habe.[22] In die christdemokratisch geprägte Bundesrepublik der Adenauerzeit passte der Christ Döblin damit schlecht.

In Döblins Werken ist das Christliche nicht in Gestalt einer fertigen Geschichtsdeutung mit eindeutigen politischen Parteinahmen präsent, sondern als enorme Herausforderung zur moralischen Verantwortung im geschichtlichen Leben. Diese Herausforderung aber besteht nicht nur für Christen, sondern für alle moralischen Universalisten. Was Döblins Spätwerk so besonders macht, ist, dass es sich nicht nur konventionellen liberalen, sozialistischen und christlichen Vorstellungen entzieht, sondern auch der von Max Weber auf den Begriff gebrachten Geschichtsdeutung im Sinne einer fortschreitenden »Entzauberung«. Die Konversionen in seinem Erzählwerk lassen sich nicht auf die Formel einer Flucht aus der entzauberten Welt bringen. Döblin hat eine literarische Form gefunden, die es möglich macht, dass dem Leser noch im Rückblick auf die Tragik des Weltkriegs und der Novemberrevolution und das Scheitern der Weimarer Republik die Augen geöffnet werden für neue Werte und neue Wege.

22 Ebd.

7.
Christentum ohne Kirche? Der Denkweg Leszek Kołakowskis

Wohl kein anderer Philosoph hat sich in den letzten Jahrzehnten so intensiv mit der historischen Forschung über ein Christentum ohne Kirche beschäftigt wie der berühmte polnische Denker Leszek Kołakowski (1927–2009). Diese Feststellung wird alle überraschen, denen sein Name und Werk nur aus anderen Zusammenhängen bekannt sind. Berühmt wurde der Verfasser einer umfassenden dreibändigen Geschichte des Marxismus zunächst durch seine Rolle als führender »Revisionist« und Dissident im polnischen Kommunismus der 1960er Jahre, dann – nach seiner erzwungenen Ausreise aus Polen im Jahr 1968 – durch eben jenes große Werk einer Bilanz des Marxismus, durch seine Auseinandersetzungen mit bedeutenden Denkern der Vergangenheit von Pascal über Spinoza bis zu Husserl und Bergson sowie durch eine Vielzahl auch literarisch beeindruckender, manchmal satirischer, gelegentlich aphoristischer Schriften. Vieles davon ist in zahlreiche Sprachen übersetzt worden und machte Kołakowski zu einem weltweit respektierten prominenten Intellektuellen; in Polen wurde er – wie Adam Michnik in einem Nachruf schrieb[1] – für Jahrzehnte zur moralischen Autorität und zu einem Symbol für ein freies und unabhängiges Denken.

Das umfangreichste und ehrgeizigste Buch Kołakowskis aus seiner polnischen Zeit aber ist nur ins Französische übersetzt worden

1 Hier zitiert nach Steven Lukes, Leszek Kołakowski 1927–2009, in: Proceedings of the British Academy 172 (2011), S. 201–211, hier S. 202.

und blieb in der deutschsprachigen und englischsprachigen Welt bis heute fast unbekannt. Selbst dort, wo das große Werk über »Religiöses Bewusstsein und Konfessionsbindung« im siebzehnten Jahrhundert (so der polnische Originaltitel von 1965)[2] überhaupt zur Kenntnis genommen wurde, lag es oft nahe, es nur als eine Art Gleichnis zu lesen, als verschlüsseltes Plädoyer nicht so sehr in Sachen Christentum, sondern für ein marxistisches Denken, das sich frei von Parteikontrolle und staatlicher Diktatur entfalten können solle.[3]

Diese Deutung unterschätzt aber völlig – so meine These in der folgenden Skizze des denkerischen Wegs von Kołakowski – das authentische Interesse an seinem abgelegen wirkenden Forschungsgegenstand, das Kołakowski dazu brachte, nicht nur die vorhandene historische Forschung zu rezipieren, sondern sich selbst über Jahre hinweg in die Quellen und die Primärliteratur zu vertiefen und ein achthundertseitiges Buch zu erarbeiten, das dann in der französischen Übersetzung den packenden Titel »Christen ohne Kirche« erhielt.

Ohne also in diesem Buch nur ein Zeugnis für den Kampf um intellektuelle Freiheit unter den Bedingungen des polnischen Kommunismus zu sehen, reizt es doch, zusätzlich zu der Frage nach den Motiven für ein kirchenunabhängiges Christentum in der Zeit zwischen Reformation und Aufklärung auch nach der Stellung dieser Thematik in der politischen und religiösen Biographie des polnischen Philosophen zu fragen. Gerade weil sein Interesse an einem kirchenunabhängigen Christentum als authentisch anzusehen ist, muss erkundet werden, wie ein zunächst ja überzeugter marxistischer Denker zu diesem Punkt gelangte und welche Rol-

---

2 Ich beziehe mich auf die französische Ausgabe. Leszek Kołakowski, Chrétiens sans Église. La Conscience religieuse et le lien confessionnel au XVIIe siècle, Paris 1969. Im polnischen Titel steht »Kirchen-«, nicht »Konfessionsbindung«.

3 Charakteristisch: François Bondy, Kołakowski: Grundmuster und Exempel. »Christen ohne Kirche« – »Sozialisten ohne Partei«?, in: Europäische Ideen 33 (1977), S. 12–17.

le für seine weitere Entwicklung diesem Werk zukommt. Es wird sich zeigen, dass der Weg Kołakowskis, so ungewöhnlich oder vielleicht einmalig er in vieler Hinsicht war, selbst als lehrreich gelten kann. Da der Philosoph an jedem seiner Schritte ausführliche Begründungen für seine Haltungen und Einschätzungen lieferte, im nächsten Schritt dann aber auch angab, welche neue Einsicht ihn zu deren Veränderung nötigte, wird die Beschäftigung mit seinen zahlreichen Wandlungen zur Herausforderung für seine Leser. Man muss in der denkerischen Biographie Kołakowskis nicht eine zwingende Logik am Werk sehen[4] und ihn nicht zum Vorbild für andere erklären, um seinen Fall für instruktiv und produktiv zu halten. Produktiv ist er, weil die schrittweise Aneignung des Christentums durch einen Denker, der mit einer scharfen Gegenposition zu ihm begann, das Angeeignete als neu erscheinen lässt, sofern diese Aneignung von echter und rational kontrollierter Überzeugung und nicht von einem gewaltsamen Konversionswillen geleitet ist. Es geht hier also durchaus auch um die Erkundung einer neuen Sprache für das Christentum und eines neuen Verständnisses für den Sinn von Kirche. In einer Zeit, in der mit dem Interesse am Marxismus auch das Interesse an Kołakowski abgeflaut zu sein scheint, könnte dieser Blickwinkel sich als fruchtbar erweisen.

Beginnen wir deshalb mit einem kurzen Blick auf die frühe denkerische und politische Biographie des Philosophen.[5]

---

4 Gerade bei ihm gibt es auch in den verschiedenen Entwicklungsphasen jeweils Äußerungen, die sich im Rückblick als Vorgriffe auf spätere Thesen interpretieren lassen.

5 Da ich polnischsprachige Texte nicht lesen kann und vieles aus Kołakowskis Frühwerk nie übersetzt wurde, stütze ich mich bei meinen Bemerkungen über diese erste Phase vor allem auf die vorhandene Sekundärliteratur. Besonders wichtig für mich ist dabei hier und für das ganze Kapitel das bedeutende Buch von: Christian Heidrich, Leszek Kolakowski: Zwischen Skepsis und Mystik, Frankfurt/M. 1995. Außerdem: Gesine Schwan, Leszek Kolakowski. Eine Philosophie der Freiheit nach Marx, Stuttgart 1971; Bogdan Piwowarczyk, Lire Kolakowski: La question de l'homme, de la religion et de l'Église, Paris 1986.

Kołakowski entstammt einer »freidenkerischen«, politisch links stehenden Familie und weigerte sich schon als elfjähriger Gymnasiast in Łódź, am Religionsunterricht teilzunehmen. Im tief katholisch geprägten Polen war für ihn also nicht eine jugendliche Rebellion gegen den in der Familie vermittelten Glauben kennzeichnend, sondern ein mit der Familie geteilter Widerwille gegen einen Glauben, der als Gebräu aus geistiger Borniertheit, Nationalismus, Klerikalismus und Antisemitismus wahrgenommen wurde.[6] Schon während des Krieges und der deutschen Besatzung – deren Opfer sein Vater wurde – beschäftigte er sich mit den Ideen des Kommunismus, für die er sich sofort nach Kriegsende politisch und publizistisch zu engagieren begann. In einem Interview sprach er später zurückblickend davon, dass ihn der Kommunismus als »menschlicher Universalismus« begeisterte, eben als *die* Alternative zu Nationalismus und Faschismus.[7] In seiner *ersten* Phase, d. h. von 1949 ab bis zum ersten Einschnitt Mitte der 1950er Jahre, konzentrierte sich der (extrem) junge und hochbegabte Philosoph auf die Kritik an der christlichen, d. h. für ihn katholischen Philosophie seiner Zeit. »Kritik« bedeutete dabei Polemik und Entlarvung, wie schon eine Auflistung der Titel seiner frühen Publikationen zeigt: »Der Neothomismus im Kampf mit dem Fortschritt der Wissenschaften und den Menschenrechten«, »›Die Rechte der Person‹ gegen die Menschenrechte«, »Der eigentliche Sinn des ›christlichen Personalismus‹«, »Die Wissenschaft vor dem Tribunal des Obskurantismus«.[8] Nicht nur die polnischen katholischen Philosophen waren Gegenstand seiner Angriffe, sondern mehr noch deren ausländische (französische) Inspiratoren wie der Begründer des Personalismus Emmanuel

6 So etwa im Gespräch mit Danny Postel: On exile, philosophy & tottering insecurely on the edge of an unknown abyss, in: Daedalus 134 (2005), S. 82–88, hier S. 86.

7 Zitiert bei Heidrich, Zwischen Skepsis und Mystik, S. 54.

8 Ebd., S. 65.

Mounier, der bedeutende Neothomist Jacques Maritain und der führende Historiker der mittelalterlichen Philosophie Etienne Gilson.[9] Um den Gegner, die katholische Kirche, zu besiegen, eignete Kołakowski sich beträchtliche Kenntnisse all derjenigen Schriften an, auf welchen dieser sich zu stützen behauptete, d. h. der Bibel, der Kirchenväter, der Scholastik, päpstlicher Verlautbarungen und katholischer zeitgenössischer Philosophie.[10] Man hat den Eindruck, dass Kołakowski sich den christlichen Glauben als ein Lehrgebäude analog zum Marxismus zurechtlegte, mit den Schriften der Begründer im Zentrum und späteren quasi parteioffiziellen Beschlüssen und Ausarbeitungen als weiteren Quellen. Deshalb ist ihm die Widerlegung der Lehren und der Angriff auf die Institution Kirche, die dieses Lehrgebäude vertritt und ihre Machtansprüche mit diesem begründet, das eigentliche Ziel. Das Christentum tritt gar nicht erst in Differenz zur Kirche in den Blick; die Kirche wiederum wird vorrangig in Kategorien der Macht betrachtet, der internen Macht der Priesterhierarchie und der Stützung der jeweils herrschenden politischen und wirtschaftlichen Machthaber außerhalb der Kirche. Auf diese Machtinteressen hin würden die Lehren und die Moral der Kirche stets zugeschnitten, und diese dienten vornehmlich dem Zweck, Untertanen heranzubilden, die durch die Vertröstung auf ein Jenseits von der Verbesserung ihrer Lage im Diesseits abgehalten werden sollten. Die Kirche müsse wegen der völligen Irrationalität ihrer Lehren, die schon beim bloß mythologischen Charakter ihres angeblichen Gründers Jesus beginnt, zum Feind jedes freien intellektuellen Lebens und des wissenschaftlichen Fortschritts werden. Kołakowski lieferte damit dem kommunistischen Staat und der Partei die Rechtfertigung für härteste Unterdrückungsmaßnahmen gegenüber der Kirche, und dies tendenziell noch mehr,

9 Ebd., S. 49.
10 Ebd., S. 66.

als Partei und Staat bei aller Brutalität ihres Kampfes zu dieser Zeit aus taktischen Gründen auszuführen bereit waren.

Wäre Kołakowski bei dieser ersten seiner Positionen geblieben, würden wir ihn heute, wenn überhaupt, als einen der schärfsten stalinistischen Ideologen und Kirchenkämpfer seiner Zeit im Gedächtnis haben. In zwei Hinsichten bereitete sich aber schon ab der Mitte der 1950er Jahre eine dramatische Veränderung vor. Die eine spielte sich auf politischer Ebene ab, die andere musste sich aus einer inneren Schwäche seines antireligiösen Kampfes ergeben. Politisch scheint Kołakowski nicht erst in Reaktion auf die Arbeiterunruhen von 1956, den sogenannten Polnischen Oktober, sein Bild von der Sowjetunion und der von ihrem Modell zu erwartenden Folgen revidiert zu haben, sondern schon vorher – so sehr sogar, dass man ihn eher als Vordenker dieser Wende auffassen muss denn als einen, der sich an sie angepasst hätte.[11] Mit seinen Thesen über den Sozialismus und dazu, wie er *nicht* aufzufassen sei, wurde Kołakowski zum Helden der oppositionellen Köpfe in Polen. Der Sozialismus dürfe nicht einen Staat bedeuten, in dem man zum Lügen gezwungen sei, in dem es mehr Spione als Krankenschwestern gebe, der ausgezeichnete Raketen, aber miserable Schuhe produziere.[12] Für ihn hieß dies auch, sich die Aufgabe zu stellen, den Marxismus aus seiner dogmatischen Erstarrung zu erlösen und umfassend neu zu denken, vor allem in Hinsicht auf die Freiheit und Verantwortung des Einzelnen und gegen ein deterministisches Geschichtsverständnis sowie die lächerliche Selbstüberschätzung, die Gesetze der geschichtlichen Entwicklung ein für alle Mal erkannt und zur wissenschaftlichen Anleitung der Politik gemacht zu haben.

In religiöser Hinsicht musste Kołakowskis Kampf sein Ziel aus einem immanenten Grund verfehlen. Selbst die kraftvollste

11 Schwan, Leszek Kolakowski, S. 46 ff.
12 Heidrich, Zwischen Skepsis und Mystik, S. 86 f.

oder überzeugendste Widerlegung theologischer und philosophischer Lehrgebäude verfehlt nämlich den gelebten Glauben, der sich eben nicht einfach aus solchen Lehren ableitet. Diesen Irrtum hat der große katholische Denker und Priester Józef Tischner auf den Punkt gebracht: »Kołakowski lernte die Kirche aus Texten kennen, statt auf das zu blicken, was sich in der Kirche vor seinem Fenster abspielte. […] Er sah das Konkrete nicht – das Konkrete eines Volksglaubens. Er besaß keinen Anteil an den Erlebnissen eines schlichten Bauern und Arbeiters, der am Sonntag vor dem Altar kniete und sich in dieser Hoffnung ganz und gar nicht in seiner Menschlichkeit und seinem Selbstwertgefühl beeinträchtigt fühlte. […] Kołakowski wohnte zwar in Polen, doch er blickte aus großer Höhe, aus weiter Distanz.«[13] Es dauerte allerdings noch einige Zeit, bis Kołakowski selbst die Schwäche seines intellektualistischen Glaubensverständnisses aufging.

Schwerpunkt seiner *zweiten* Phase war es vielmehr, die Abwendung vom Stalinismus zu einer konsequenten Revision des Marxismus weiterzutreiben, insofern der Marxismus die Entwicklung des Stalinismus legitimiert und in bestimmten Formen möglich gemacht hatte. Wie schon erwähnt, machte dies es insbesondere nötig, den Anspruch einer Geschichtsphilosophie zu destruieren, die – das kommunistische Ziel vor Augen – keine Gnade für die Gegner und keinen Spielraum für individuelle Moral und Verantwortung diesseits der Mitwirkung am Projekt der Partei mehr zu kennen schien. Skepsis, Verantwortung, Rationalismus und Engagement wurden zu Stichwörtern für die vorschwebende

13 Józef Tischner, Leszek Kolakowski – Anmerkungen zu seinem Denken, in: ders., Der unmögliche Dialog: Christentum und Marxismus in Polen, Graz 1982, S. 217–232, hier S. 223. Mit der faktischen Entwicklung des »unmöglichen« zum »möglichen« Dialog beschäftigt sich weiterführend: Hella Dietz, Polnischer Protest. Zur pragmatistischen Fundierung von Theorien sozialen Wandels, Frankfurt/M. 2015.

Alternative;[14] nicht ohne Grund hat der junge Jürgen Habermas damals eine Nähe von Kołakowski zu den französischen Existenzphilosophen Sartre und Merleau-Ponty behauptet.[15] Kołakowskis Bindung an den Marxismus wurde dabei aber nicht schwächer. Das große Projekt der Selbsterlösung des Menschen schien durch die radikale Einsicht in den Irrweg des Stalinismus und durch die Revision seiner philosophischen Grundlagen ebenso wie seiner politischen und ökonomischen Konzeptionen eher mehr und jetzt wirklich in Greifweite zu kommen.

Die Details der marxistischen Theorieentwicklung müssen an dieser Stelle nicht interessieren. Was Religion betrifft, blieb Kołakowskis Position zunächst weitgehend unverändert. Schon in der ersten Phase interessierte er sich, wie im Marxismus üblich, auch für mögliche »progressive« Strömungen in der Geschichte des Christentums. Ihnen allen wird aber letztlich immer nur das Scheitern attestiert. Äußerungen des Verständnisses für die Lage des Proletariats von Seiten der katholischen Kirche werden von Kołakowski als »Krokodilstränen« bezeichnet, die katholische Soziallehre als Versuch zur »Versöhnung mit den Fabrikanten« »unter dem barmherzigen Patronat des Papstes« anstelle einer ernsthaften Veränderung und als »Sakralisierung der Unterdrückungsverhältnisse« abgewiesen.[16] Auch in der zweiten Phase seiner Entwicklung blieb Kołakowski dabei, der katholisch-christlichen Freiheitsauffassung Gegnerschaft zur menschlichen Autonomie zu unterstellen, in ihr nur ein Mittel der Unterwerfung unter die »geistige Diktatur« der Kirche zu sehen.[17] Für den jetzt

14 Nachzuvollziehen in den Aufsätzen, die in deutscher Sprache am Anfang der 1960er Jahre publiziert wurden: Leszek Kolakowski, Der Mensch ohne Alternative. Von der Möglichkeit und Unmöglichkeit, Marxist zu sein, München 1960.

15 Jürgen Habermas, Theorie und Praxis. Sozialphilosophische Studien, Frankfurt/M. 1971, S. 448–450. Der Text wurde ursprünglich 1957 veröffentlicht.

16 Heidrich, Zwischen Skepsis und Mystik, S. 74 bzw. S. 76.

17 Ebd., S. 90.

antistalinistischen und weiter antikatholischen Denker rückten die beiden Gegner trotz ihrer Feindschaft zueinander damit nun näher zusammen, als parallele historische Erscheinungen, die mit demselben Vokabular charakterisiert und attackiert werden können.[18] Kirche und Partei erscheinen so als Organisationen, die sich selbst zum Zweck geworden sind und gnadenlos »ihre Häretiker, Dissidenten, Apostaten und Renegaten«[19] verfolgen. Beiden gegenüber, der Religion und der totalitären »politischen Religion«, steht in dieser Sicht der Mensch, der auf seiner Freiheit im Sinne autonomer Selbstbestimmung besteht und an der Veränderung der gesellschaftlichen Verhältnisse arbeitet, um die eigene Selbstbestimmung zu erhöhen und um den Selbstbestimmungsmöglichkeiten anderer den Boden zu bereiten. Anders als in einer Geschichtsphilosophie, welche die Endlichkeit des einzelnen Menschen zugunsten des kollektiven Fortschritts ignoriert, wird in dieser Sicht der notwendig tragische Charakter des einzelnen Lebens, das nie ohne unwiederbringliche Verluste abläuft und unausweichlich im Tod endet, hervorgehoben. Aber mit großem Pathos blieb der sonst eher sarkastische Kołakowski dabei, dass der autonomiefähige Mensch sich gerade nicht den angebotenen Tröstungen hingeben dürfe – weder denen einer Sakralisierung der Geschichte noch irgendwelchen Jenseitshoffnungen. Der revisionistische Marxist Kołakowski blieb damit in dieser Phase und über sie hinaus ein prononciert atheistischer »Humanist«, der für sich »authentische Areligiosität« in Anspruch nahm – im vollen Bewusstsein, dass es auch »falsche«, »unauthentische« Areligiosität geben könne. So konnte er schreiben: »Authentische Areligiosität erwächst immer aus dem Bewusstsein der Bedürfnisse, worauf religiöse Symbole eine Antwort sind, und aus bewusster Weigerung angesichts religiöser Befriedigungen dieser Bedürf-

18 Ebd., S. 100.
19 Ebd., Anm. 66.

nisse, sie ist demnach die Affirmation der menschlichen Situation in der Welt, der Situation, in der die Reintegration in die animalische Welt unmöglich und jede andere illusorisch ist – bewusster Verzicht auf Selbsttäuschungen bei gleichzeitigem Wissen um die Situation, die diese Selbsttäuschungen hervorbringt. Diese Art von Eigenbewusstsein ist nur durch die humanistische Kultur möglich: sie kann das Bedürfnis nach religiösen Symbolen, ihrem Sinn und ihrem Wert erhellen und zugleich die Überzeugung vermitteln, dass die im menschlichen Leben erhaltenen Werte größer sind als die Werte dieser Symbole und dabei nicht mit jenen anderen zusammen bestehen können.«[20]

Es überrascht nicht, dass das Bekenntnis zur »authentischen Areligiosität« bei Kołakowski einhergeht mit stolzen Bekundungen, dass ihm der Zugang zu religiösen Erfahrungen verschlossen sei; insofern spreche er über Religion wie ein Mensch ohne Ohren über Musik.[21] Solche Erfahrungen erscheinen aus seiner Perspektive als etwas, was in sich schon einen Irrweg darstellt, ein Ausweichen vor dem existentiellen Ernst, eine Niederlage im Kampf um Autonomie. Dabei ist die Vorstellung von einem separaten Reich der Religion, von der Seite der Gläubigen aus gesehen, gerade schon der fundamentale Irrtum, der zur Exotisierung, wenn nicht Pathologisierung der Gläubigen durch diejenigen führen muss, die für sich selbst ein klareres und vernünftigeres Bewusstsein von der »condition humaine« behaupten. Die Frage ist ja, ob wir nicht vielmehr von einer allen Menschen gemeinsamen Art von Erfahrungen der Überschreitung der Grenzen

---

20 Leszek Kolakowski: Religiöse Symbole und humanistische Kultur (1967), in: ders., Geist und Ungeist christlicher Traditionen, Stuttgart 1971, S. 90–112, hier S. 111.

21 Vgl. unter Bezug auf eine polnische Publikation Kołakowskis von 1962: Marcin Król, Leszek Kołakowski: Le philosophe et la religion, in: Esprit 106 (10), 1985, S. 63–81, hier S. 66. Kołakowski scheint sich dabei nicht auf die berühmte Formel Max Webers von seiner religiösen Unmusikalität bezogen zu haben.

des eigenen Selbst reden sollten, wie sie entsprechend allen Menschen etwa in der Liebe oder im Einssein mit der Natur zuteilwerden – Erfahrungen allerdings, die zwar als bloß psychologisch oder gar physiologisch interpretiert, aber auch in ihrem weitergebenden Sinngehalt ernst genommen werden können.[22] Im Tod und in der Todesangst treten die Erfahrungen mit und an den Grenzen des Selbst allerdings nicht in euphorisierender, sondern in schockierender Gestalt auf, und Kołakowski durchstreifte in dieser zweiten Phase seiner Entwicklung die Geschichte der Philosophie auch unter dem Gesichtspunkt, welcher Rat und welche Lebenshilfe dem heutigen Menschen etwa die antike Stoa zu bieten habe, was der »authentisch areligiöse« Mensch von ihr zur Bewältigung seiner existentiellen Situation lernen könne. Wichtiger als dieser letztlich aporetische Versuch[23] wird für Kołakowskis weitere Entwicklung aber etwas anderes. Es verbinden sich bei ihm die beschriebene Abspaltung der Dimension der Erfahrungen von Selbsttranszendenz und die Einsicht in die Grenzen eines intellektualistischen Verständnisses des religiösen Glaubens zu einem intellektuellen Interesse an denjenigen Denkern, die in der Religion die Erfahrung betonen – und das heißt an den Mystikern und vor allem an denjenigen unter ihnen, die ihre mystischen Praktiken zum Gegenstand der Reflexion gemacht haben und damit in ein Spannungsfeld gerieten zwischen religiöser Institution und Doktrin einerseits und ihrer Praxis sowie der Artikulation der dabei gemachten Erfahrungen andererseits.

22 Um die Ausarbeitung dieser Sichtweise bemühte ich mich in meinem Buch »Die Entstehung der Werte« von 1997.

23 Aporetisch muss dieser Versuch bleiben, wenn die Vorstellung herrscht, philosophische Lehren könnten als solche die Praxis und Erfahrung der Menschen fundamental verändern. Anders ist es, wenn gerade auch bei der Stoa die praktische Seite, etwa die spirituellen Übungen, zusätzlich in den Blick genommen wird. In dieser Hinsicht wegweisend: Pierre Hadot, Qu'est-ce que la philosophie antique?, Paris 1995, v. a. S. 265–352.

Die Beschäftigung mit der Geschichte der Mystik in diesem näher bestimmten Sinn scheint mir nun die *dritte* Phase in Kołakowskis Entwicklung auszumachen.[24] Diese ist es, in der er sich den Forschungen hingab, die zum großen Buch über das Christentum ohne Kirche geführt haben. Es ist ohne Zweifel ein marxistisches Buch über Religionsgeschichte, allerdings eines, das sich von jeder Intention freihält, die Religion zum bloßen Epiphänomen zu erklären, zu etwas also, das geringeren Wirklichkeitscharakter habe als die Kämpfe sozialer Klassen und deshalb völlig auf diese zurückgeführt und durch sie erklärt werden müsse. Am ähnlichsten ist es in dieser Hinsicht der ungleich berühmteren Studie von Lucien Goldmann aus den 1950er Jahren zur Geschichte des Jansenismus, der Philosophie Pascals und den Tragödien Racines.[25] Aber Kołakowski grenzte sich auch von diesem Werk explizit ab, und zwar mit einem in unserem Zusammenhang hochinteressanten Argument. Goldmann habe versucht, die religiöse Vorstellungswelt der Jansenisten ohne weitere Vermittlungen aus einer spezifischen Klassenlage abzuleiten, nämlich der des Amtsadels im Absolutismus Ludwigs XIV. Eine solche Ableitung scheitere aber daran, dass religiöse Vorstellungen nie ein direkter Ausdruck von Interesselagen seien, sondern über Kollektive und kirchliche Organisationen (»collectivité ecclésiastique«) und konfessionelle Kämpfe artikuliert und verfochten werden müssten.[26] Kołakowski selbst interessierte sich nun genau für die Spannungsfelder zwischen verschiedenen Organisationen und Organisationsformen des Christentums und zwischen den proklamierten Idealen einer Religion und den institutionellen

24 Damit weiche ich etwas von den in Anm. 4 genannten Darstellungen ab, weil ich diesem Buch eine bedeutendere Stellung auf dem Denkweg Kołakowskis zuspreche.

25 Lucien Goldmann, Der verborgene Gott. Studien über die tragische Weltanschauung in den Pensées Pascals und im Theater Racines, Frankfurt/M. 1985.

26 Kołakowski, Chrétiens sans Église, S. 352. Alle folgenden Seitenangaben aus diesem Buch finden sich im Text selbst.

Wirklichkeiten. Er bemühte sich um eine reichhaltige Typologie der Varianten, die im Christentum einer spezifischen Epoche und eines bestimmten Landes zur Austragung dieser Spannung entstehen, sich voneinander abgrenzen, Individuen zum Übertritt motivieren und wieder untergehen. In seinem Willen zur Typisierung scheint er sich dabei an Max Webers Verwendung von »Idealtypen« anzulehnen, den er in diesem Zusammenhang allerdings nicht nennt, obwohl er zur Kennzeichnung seines eigenen Vorgehens sogar von »Idealmodellen« spricht.

Die genaueren methodischen Fragen müssen, so spannend sie grundsätzlich sind, mit einer Ausnahme an dieser Stelle nicht weiter verfolgt werden. Die Ausnahme betrifft die Abgrenzung Kołakowskis von der Religionsphänomenologie in Gestalt von Max Scheler und Rudolf Otto. Diese scheint für ihn einen Fehler zu begehen, der spiegelverkehrt zur marxistischen Reduktion der Religion auf materielle Bedürfnisse liegt. Bei den genannten Denkern werde ein anthropologisch universales religiöses Bedürfnis oder eine Erfahrung des Heiligen, das aus sich heraus substantiell heilig sei, unterstellt – und dies kann ein Marxist selbstverständlich nicht zugeben (S. 47 bzw. 68). Durch diese Abgrenzung erscheint es Kołakowski auch plausibel, nicht wie Otto, Scheler und der kurz genannte William James (S. 32) auf religiöse Erfahrung in der Geschichte zu zielen, sondern auf die Geschichte der religiösen Lehren über Erfahrung, die »histoire doctrinale«, wie es schon im ersten Satz des Buches heißt (S. 8). Das Buch bietet also ein Panorama der Entwicklungsmöglichkeiten eines institutionslosen Christentums; jedes Kapitel ist auf eine historische Gestalt konzentriert, die als modellhafte Verkörperung einer theoretisch aufweisbaren Lösungsmöglichkeit der genannten Spannungen betrachtet werden soll. So geht es im ersten substantiellen Kapitel um den Niederländer Dirk Camphuysen (1586–1627), der als »Idealmodell« eines radikal nichtkonfessionellen Christentums dargestellt wird, danach u. a. um den Kardinal Pierre de Bérulle (1575–1629) als Mystiker innerhalb der katholischen Kirche oder um Angelus Silesius (1624–1677) und seinen von der Mystik bestimmten Weg vom Luthertum zur katholischen Kirche. Die genannten Gestalten sind durchaus auch heute bekannt, während andere von Kołakowski der Vergessenheit entrissen werden mussten. Es störte den Philosophen nicht, dass die Zahl der Vertreter eines nichtkonfessionellen Christentums und radikaler Konzentration auf Mystik immer gering war und sie fast alle auch in ihrer Zeit nur eine marginale Rolle gespielt haben. Es ging ihm nicht um Repräsentativität in einem quantitativen Sinn, sondern um die Idee, Religiosität finde in der Distanz zu ihren institutionellen Formen ihre reinste Ausdrucksform und müsse deshalb vornehmlich in dieser studiert werden. Gerade wenn die Geschichte nicht als schrittweise Verwirklichung von Idealen gedacht werden darf, muss die Geschichtsschreibung eben diejenigen ins Zentrum rücken, die am intensivsten von den Idealen ergriffen wurden und am konsequentesten ihre Lebensführung an ihnen orientiert haben – und das sind unter Kołakowskis Prämissen gewiss nicht die Inhaber institutioneller Machtpositionen in den Kirchen, sondern institutionsskeptische religiöse Sucher und Sucherinnen. Eine wichtige Rolle spielt in seiner Darstellung die Enttäuschung von (niederländischen) Protestanten über die Entwicklung der reformierten Kirchen. Er interessierte sich deshalb für deren Versuche zur Reform der Reformation, eine »zweite Reformation«; ebenso beschäftigten ihn die als Gegenreformation nur unzulänglich bezeichneten Versuche zur Reform der katholischen Kirche in der Folge von Reformation und Kirchenspaltung. Da er in der Mystik die Reinform des Religiösen zu erfassen meinte, wird ihm auch die Unterscheidung von deren vielfältigen Formen wichtig. Er unterteilte sie in theozentrische, egozentrische und pantheistische, exemplifiziert an Jean de Labadie (1610–1674), Antoinette Bourignon (1616–1680) und Angelus Silesius. Dabei erstarren unter seinen Händen die Typen nie zu bloßen Typen, vielmehr gelingen ihm lebendige Porträts von historischen Persönlichkeiten in der Widersprüchlichkeit ihrer Lagen und Vorstellungen.[27] Neben diesen Porträts und durch sie entsteht auch ein Bild der institutionellen Reaktionen auf antiinstitutionelle Bestrebungen, von der Bekämpfung des in ihnen steckenden religiösen »Subjektivismus« zu den Versuchen, ihnen ehrlich oder nur taktisch einen Platz in der Institution einzuräumen. Kołakowski kam zu dem Schluss, dass es einer kirchlichen Organisation desto leichter falle, in sich auch mystisch-antiinstitutionellen Bestrebungen Raum zu geben, je hierarchisierter und disziplinierter sie sei (S. 620 f.), während schwächer ausgebildete organisatorische Strukturen unter dem Druck antiinstitutioneller Bestrebungen ihre Beweglichkeit und Handlungsfähigkeit leicht ganz verlören. In dieser Schlussfolgerung verarbeitet Kołakowski die Tatsache, die auf den ersten Blick paradox erscheint, dass es nicht die reformierten Kirchen waren, sondern die katholische Kirche, in der die Mystik in der Zeit vor der Aufklärung einen günstigen Ort fand (S. 556 f.). Dies klingt paradox wegen der selbst ja auch ursprünglich mystischen Impulse der Reformation. Aber Kołakowski sprach sogar (ebd.) vom »génie incomparable«, mit dem die katholische Kirche in dieser Hinsicht geglänzt habe. Sie habe sich mit Ideen, deren anfänglicher Impuls gegen ihre Strukturen gerichtet gewesen sei, angereichert und ihren eigenen Ruhm durch sie geradezu vermehrt.

Selbstverständlich stellen sich eine Fülle von empirischen Fragen gegenüber den Darstellungen und Interpretationen Kołakowskis. Es wurden von den Fachhistorikern wichtige Korrekturen etwa an der Interpretation des Kardinals Bérulle[28] oder des Angelus Silesius vorgetragen; die geographische Beschränkt-

27 Eine detaillierte Darstellung ist hier nicht möglich. Als kurze Zusammenfassung ist exzellent: Henry Mottu, »Chrétiens sans Église« de Kołakowski, in: Revue de Théologie et de Philosophie 23 (1973), S. 308–331.

28 Michel de Certeau, Mystische Fabel. 16. bis 17. Jahrhundert, Berlin 2010, S. 40, Anm. 34.

heit seiner Studie wurde kritisiert und die Einbeziehung von »Christen ohne Kirche« in Russland, England und Nordamerika gefordert.[29] Entscheidend wäre aber natürlich, ob eine veränderte Forschungslage die These Kołakowskis prinzipiell infrage stellen würde, dass alle diese Bestrebungen letztlich gescheitert seien. Mit diesem tief ernüchternden Ergebnis endete nämlich diese imponierende Untersuchung. Alle Wege wurden abgeschritten, und keiner führte ins Ziel. In den Versuch, ein institutionsloses Christentum, ein Christentum ohne die Kompromisse und Halbheiten der Institutionsbildung, zustande zu bringen, ist, so Kołakowski, ein innerer Widerspruch eingebaut, der in ihrer Entwicklung notwendig zutage trete. Wer auf Institutionsbildung verzichtet, geht unter; wer aber den Weg zur Institution geht, muss Kompromisse schließen. Der Verzicht auf Institutionsbildung mag zwar für den Augenblick das Ideal in reinerer Gestalt erhalten; er wird aber hilflos bleiben, wenn es um die Weitergabe und gemeinsame Verwirklichung jenseits von Gegenwart und kleinen Zirkeln geht. Die Einsicht in die Selbstwidersprüchlichkeit und Tragik dieser Versuche gilt dann gewiss nicht nur für die Christen des siebzehnten Jahrhunderts oder bloß das Christentum, sondern für alle Religionen und säkularen Bewegungen, die von Idealen jenseits der schon existierenden Sozialformen geleitet sind. Kołakowski stellte dieses Scheitern, das in einem bestimmten Sinn ja auch ein Scheitern seiner eigenen gelehrten Bemühungen signali-

29 Pierre Chaunu, Deuxième ou troisième Réforme? Le XVIIe siècle des hétérodoxes, in: Annales 25 (1970), S. 1574–1590. Weitere Angaben zu Rezensionen bei Heidrich, Zwischen Skepsis und Mystik, S. 249 f. Im Jahr 2014 widmete die Zeitschrift »Archives de sciences sociales des religions« Kołakowskis Buch ein ganzes Sonderheft (166/2014). Lohnend könnte auch ein Vergleich zwischen Kołakowskis Darstellungen und denen von Ernst Troeltsch in seinen »Soziallehren« sein; dieser geht ja ebenfalls etwa auf Jean de Labadie und auf die Entstehung pietistischer Hauskreise sowie »separatistische« Ansätze ausführlicher ein. Es wäre dann auch genauer zu fragen, wie sich die im Titelaufsatz dieses Bandes dargelegte Typologie christlicher Gemeinschaftsformen zu Kołakowskis Befunden verhält.

siert, ohne jeden Hohn und jede Überlegenheitsgeste fest, eher mit Respekt vor denjenigen, die gleichwohl heroische Versuche unternommen hatten, sich dann aber notwendig in Widersprüche verwickeln mussten. Ebenso aber fehlt das enthusiastische Pathos einer Freilegung der utopischen Dimension religiöser und politischer Bewegungen, wie Ernst Bloch es verkörperte.[30]

Weiter führt an diesem Punkt nur eine radikale Revision der Prämissen. Diese scheint mir, gleich nach Abschluss der großen historischen Studie über die Versuche zu einem konfessionslosen Christentum, in der *vierten* Phase von Kołakowskis Entwicklung zu geschehen. Ich würde sie als die Anerkennung des Eigenrechts des Mythischen bezeichnen.[31] Während in allen bisherigen Phasen trotz der Beschäftigung mit Religion intellektualistische und rationalistische Verengungen unverkennbar waren, es auch bei der Mystik weniger um Zeugnisse von Mystikern als um theologische Stellungnahmen zur Mystik ging, ist Kołakowski jetzt bereit, die Legitimität von Fragen anzuerkennen, für die es keine wissenschaftliche Antwort geben kann. Er spricht von »einer untilgbaren mythogenen Situation«, »wobei sowohl die bindungsstiftende Rolle des Mythos im sozialen Leben wie seine Integrationsfunktion im Organisierungsprozess des Einzelbewusstseins unersetzbar scheinen, insbesondere aber nicht austauschbar gegen Überzeugungen, die von den Kriterien der wissenschaftlichen Erkenntnis geregelt werden«.[32] Kołakowski beschäftigte sich, ohne diese detailliert zu dokumentieren, in dieser Zeit offensichtlich mit einigen der Schlüsselgestalten der Religionstheorie des zwanzigsten Jahrhunderts »nach Hegel und Nietzsche«.[33] Der Einfluss von Mircea Eliade, Paul Tillich, Karl Jaspers u. a. ist unverkennbar. Es ging ihm dabei

30 Ebd., S. 328.

31 Leszek Kolakowski, Die Gegenwärtigkeit des Mythos, München 1973. Das Buch wurde bereits 1966 in polnischer Sprache verfasst.

32 Ebd., S. 148.

33 In Anlehnung an den Untertitel meines Buches »Im Bannkreis der Freiheit«.

nicht darum, nun plötzlich doch eine anthropologische Notwendigkeit von Religion zu behaupten; dies wäre ja eine völlige Kehrtwende in seinem Denken gewesen. Er sah aber ein, dass die Absage an eine teleologische oder deterministische Geschichtsphilosophie uns nicht von dem Bedürfnis befreit, in der Geschichte sinnvolle Kontinuitäten zu identifizieren. Er erkannte, dass wir nicht ein aktives Leben führen können, wenn wir nicht Sinn in unseren Bemühungen sehen und die Welt nicht als eine erleben, in der dieser Sinn in irgendeiner Weise jenseits einer willkürlichen Sinnsetzung durch uns selbst begründet ist. Nicht über die Religion, sondern über den Begriff des Wertes tastete er sich zu einem Verständnis des Eigenrechts des Mythos vor. Das mythische Bewusstsein erwies sich für ihn als gegenwärtig, wo immer von wertegeleitetem Handeln und der Geschichte als einem sinnvollen Zusammenhang die Rede ist. Wer sich an einen Wert gebunden fühlt, so ließe sich hinzufügen, wird Geschichten erzählen wollen über die Entdeckung dieses Werts und über das historische Schicksal seiner Verwirklichung.

Es ist nur konsequent, dass Kołakowski deshalb jeder radikalen »Entmythologisierung« – sei es des Christentums, sei es der Kultur insgesamt – von dieser Phase seines Denkwegs ab energisch entgegentritt. Dennoch kann sich auch dieses Plädoyer für die Unverzichtbarkeit des Mythisch-Narrativen in der persönlichen Lebensführung und im Geschichts- und Gegenwartsverständnis einer Kultur der Frage nach der Berechtigung einer einzelnen bestimmten Erzählung nicht entziehen. Für Kołakowski stand aber an diesem Punkt seiner Entwicklung die Abgrenzung von einer rationalistischen Abwehr des Mythischen als solchem so im Vordergrund seines Interesses, dass er keine wirklich befriedigende Antwort auf die Frage nach der Wahrheit des Mythos finden konnte. Er trat – gegen allen Irrationalismus – dafür ein, den »permanenten Verdacht« gegen den Mythos ebenso abzusichern wie die Weitergabe des Mythos. Kulturen bedürften der »Mythos-Wärter« ebenso wie der »Mythos-Kritiker«; die Unterscheidung erinnert an die von Priestern und Propheten in der Religionsgeschichte und an die von Priestern und Narren im Werk dieses Autors selbst.[34] Was bei Kołakowski an dieser Stelle fehlte, aber für die Lösung des Problems nötig wäre, ist eine Reflexion auf die historische Ablösung der Wahrheitsfrage vom Mythos in der (von Karl Jaspers so bezeichneten) »Achsenzeit«. Einer auf dieser Ablösung beruhenden Religion wie dem Christentum wird nicht gerecht, wer es nur als Mythos bezeichnet; ein Wahrheitsanspruch wird von diesem ja sehr wohl erhoben, wenngleich nicht in einer Weise, die Wahrheit auf rational-argumentative Wahrheit hin verengt.[35]

Wie schon einleitend erwähnt, verlor Kołakowski in der zweiten Hälfte der 1960er Jahre nicht nur seine Mitgliedschaft in der polnischen kommunistischen Partei (PVAP) und dann seinen Lehrstuhl an der Warschauer Universität, sondern wurde auch zur dauerhaften Ausreise – also nicht förmlich zur Emigration – gezwungen. Nach einigen unruhigen Jahren des Übergangs fand er hervorragende akademische Arbeitsbedingungen an der Universität Oxford und im Committee on Social Thought der University of Chicago. Als Theodor Adorno im Jahr 1969 überraschend verstarb, schlug ihn Jürgen Habermas für dessen Nachfolge an der Universität Frankfurt vor; dies scheiterte aber am Widerstand linksradikaler Studenten der Philosophie an dieser Universität.[36] Ein Jahr in Berkeley auf dem Höhepunkt der dortigen Studentenbewegung führte zu Kołakowskis dauerhafter Abneigung gegen deren Bestrebungen.[37] Diese Erfahrungen und Erlebnisse beweg-

34 Leszek Kołakowski, Der Priester und der Narr. Vom theologischen Erbe im zeitgenössischen Denken, in: ders., Der Mensch ohne Alternative, S. 224–252.

35 Diese Fragen können hier nicht angemessen behandelt werden. Vgl. zum Thema Hans Joas, Was ist die Achsenzeit?, Basel 2015. Nötig wäre ein Vergleich v. a. mit der Mythos-Konzeption bei Bellah, Der Ursprung der Religion. Dort endet übrigens das Vorwort mit einem Verweis auf Kołakowski.

36 Heidrich, Zwischen Skepsis und Mystik, S. 20.

37 Martin Jay, A Missed Opportunity: Leszek Kolakowski in Berkeley, in: Salmagundi 166/167 (2010), S. 3–9.

ten ihn zum endgültigen Abschied vom Marxismus in allen seinen Varianten, auch den westlichen. Damit aber begann eine weitere, die *fünfte* Phase seiner Entwicklung auf dem Gebiet der Religion. Sie ist von einem komplizierten Dilemma gekennzeichnet. Schon das Mythos-Buch ließ sich wie ein Plädoyer für die funktionale Notwendigkeit von Religion in einem anthropologischen Sinne lesen. Immer stärker wurde bei Kołakowski nach der dauerhaften Ausreise aus Polen die Betonung des hohen Werts europäischer kultureller Traditionen und des unverzichtbaren Beitrags, den das Christentum und gerade die katholische Kirche zu dieser Kultur geleistet habe. Nicht nur Jesus und nicht nur »Christen ohne Kirche« werden jetzt von ihm anerkannt, sondern die Kirche selbst. Aus dem Munde gläubiger Christen klingt eine solche Feststellung freilich anders als aus dem »authentisch Areligiöser«. Während es eine ganze Reihe wichtiger Denker des neunzehnten und zwanzigsten Jahrhunderts gibt, die sich nicht scheuten, ohne persönlichen christlichen Glauben für das Christentum als kulturelle Kraft auch in der Gegenwart zu werben, war Kołakowski dafür zu klug und wahrhaftig. Er kritisierte alle Intellektuellen, die – ohne selbst gläubig zu sein – den Glauben wegen seiner erzieherischen und moralischen Rolle verteidigen; selbstverständlich tat er das nicht, um sie dafür zu kritisieren, dass sie nicht religiös seien; wohl aber hielt er ihnen entgegen, dass sie doch nicht annehmen dürften, sie könnten selbst zu dem Wandel beitragen, den sie propagierten, »weil zur Verbreitung des Glaubens Glaube nötig ist und nicht eine intellektuelle Geltendmachung der sozialen Nützlichkeit des Glaubens«.[38]

Doch befreit einen auch die klare Erkenntnis, in welchem Dilemma man sich befindet, nicht von diesem Dilemma. In dieser Phase sind Kołakowskis Texte von tiefer Zweideutigkeit. Häu-

38 Leszek Kolakowski, Modernity on Endless Trial, Chicago 1990, S. 9 (Übersetzung H. J.).

fig klingt er wie ein konservativer, ja reaktionärer Kulturkritiker; oft löst er im selben Text aber spielerisch und ungreifbar diesen Eindruck auch wieder auf. Vor allem aus den Kreisen polnischer katholischer Intellektueller schlug ihm in den bewegten Zeiten der Solidarność-Bewegung und des Zusammenbruchs des Kommunismus nicht nur, aber doch immer mehr Kritik an dieser Uneindeutigkeit entgegen; aber auch diejenigen, die Kołakowskis authentische Areligiosität weiterhin lebten und verfochten, konnten mit ihm nicht mehr glücklich sein.[39]

Vor allem auf zwei Gebieten wuchs aber auch im Westen die Irritation durch Kołakowski. Das eine betrifft die Selbstreform der katholischen Kirche, das andere die Rolle Europas in der Welt. Merkwürdig berührte viele, dass sich der alte Kirchengegner Kołakowski nicht etwa erleichtert zeigte über das von Papst Johannes XXIII. angestoßene »aggiornamento« der Kirche und die folgenden Reformen des II. Vatikanischen Konzils, sondern diese – in einem Text von 1973[40] – polemisch als bloße Anpassung an den Zeitgeist abtat, als Verzicht der Kirche auf ihre wichtige Rolle als Bastion des Heiligen in einer immer flacheren, bloß profanen Kultur. Hier trat Kołakowski mehr für die »real existierende« Kirche ein als viele kirchentreue Christen. Ebenso wie diese Parteinahme konnte bei einem ehemaligen Kommunisten nur überraschen, dass er die lauter werdenden Stimmen einer Kritik an der europäischen »Unterwerfung der Welt« (Wolfgang Reinhard) in der Geschichte des Kolonialismus und Imperialismus immer wieder polemisch zurückwies und in bewusster Entgegensetzung ein »Lob des Eurozentrismus« schrieb, ein Lob freilich, das auf die Fähigkeit zur Selbstkritik in Europa zentriert war.[41]

39 Heidrich, Zwischen Skepsis und Mystik, S. 351–357 in seiner Darstellung der Kritik durch die polnische Philosophin Helena Eilstein.

40 Kolakowski, Modernity on Endless Trial, S. 63–74.

41 Kołakowski, Europa und die Illusion des kulturellen Universalismus, in: Hans Rössner (Hg.), Rückblick in die Zukunft, Berlin 1981, S. 29–48.

In beiden Fällen scheinen mir die eingenommenen Positionen nicht einfach, wie es scheinen könnte, die eines »Renegaten« zu sein, der nun in der Zurückweisung seiner früheren Überzeugungen ähnlich übers Ziel hinausschießt wie vorher bei deren Verteidigung. In beiden Fällen deuten die Parteinahmen Kołakowskis auf tiefer liegende Probleme hin. Was die Kirchen betrifft, wird niemand bestreiten, dass es Phänomene der »Selbstsäkularisierung« (Wolfgang Huber), der Veroberflächlichung und Anpassung an den Zeitgeist tatsächlich gibt. Aber es ist zu einfach, diese Phänomene für das Ganze zu nehmen. Die Emanzipation der Frauen und die homosexueller Menschen sind epochale Phänomene und nicht kurzfristige Moden, die man ignorieren oder überstehen kann. Sie sind nicht Folge einer schwächeren Wertbindung und eines um sich greifenden Relativismus, sondern einer verstärkten Orientierung an der »Sakralität der Person« und damit einem Kern des Christentums. Niemand hat dies so präzise auf den Punkt gebracht wie der polnische katholische Intellektuelle und Politiker Tadeusz Mazowiecki: »Denn das, was im Christentum passiert ist, ist doch mehr als nur […] der Wunsch, nicht zurückzubleiben, gleichermaßen aufgeklärt zu sein und nicht weniger modern zu sein. Zwar was das so. Aber vor unseren Augen geschah doch noch etwas anderes. Es vollzog sich ein Akt der Wahrheit, der Anerkennung von einst negierten Werten, der Anerkennung einer säkularen Herkunft von Werten, die außerhalb der Kirche und des Christentums entstanden waren. Die Geschichte des Verhältnisses der Kirche zu den Menschenrechten kann dafür als Beispiel dienen.«[42]

Auch auf dem Gebiet einer gerechten Einschätzung der historischen Rolle Europas in der Welt ist zwar vielleicht die Abwen-

42 Tadeusz Mazowiecki, Un-Vollendetes. Leszek Kołakowski und die Religion, in: ders., Partei nehmen für die Hoffnung. Über Moral in der Politik, Freiburg 1990, S. 66–86, hier S. 83 f. Mein Buch »Die Sakralität der Person« aus dem Jahr 2011 hat versucht, diesen Gedanken auszuarbeiten.

dung von der antiimperialistischen Propaganda der Kommunisten und deren Neuaufnahme in der Studentenbewegung verständlich. Aber mit jedem Schritt der Überwindung einer bloßen Gleichsetzung von »Europa« und »Christentum« steigt die Notwendigkeit, Europa an christlichen Maßstäben zu messen, nicht einfach das christliche Europa zu feiern, sondern aus dem Christentum Motive einer tatsächlichen Selbstkritik Europas zu gewinnen.[43] Aus seiner Totalitarismuserfahrung leitete Kołakowski zwar seine Skepsis gegen einen künftigen europäischen Superstaat und eine Ablehnung der in den Jahren 2004/05 geplanten europäischen Verfassung ab. Doch sollte auch die Legitimität einer Kritik an Europa oder dem Westen, welche die Erfahrung etwa der kolonialisierten Länder und aller Opfer der europäischen Expansion ernst nimmt, nicht leichtfertig zurückgewiesen werden.

Ich kann nicht sehen, dass Kołakowski in dieser oder einer späteren Phase seiner Entwicklung aus dem beschriebenen Dilemma wirklich herausgefunden hätte. Gemeint ist damit selbstverständlich die philosophische oder religionstheoretische Lösung der von ihm aufgeworfenen Probleme. Sie setzt meines Erachtens eine stärkere Differenzierung von »Moral« und »Religion« oder, besser gesagt, der »Restriktivität« von Normen im Unterschied zur »Attraktivität« von Werten voraus. Nur dann wird verständlich, dass Säkularisierung im Sinne einer Schwächung von Religion nicht zu moralischem Relativismus oder Moralverfall führt oder gar führen muss.[44] Nur dann wird der Sinn für neue Impulse einer universalistischen Sakralisierung der Person gestärkt. Die Elemente dieser Lösung finden sich in Schriften Kołakowskis durchaus. So hat er schon früh den inneren Zusammenhang von pragmatistischer Erkenntnistheorie und Mystik erkannt. In einem seiner berühmtesten Texte »Der Priester und der Narr« heißt es:

43 Vgl. dazu meine Bücher »Sind die Menschenrechte westlich?« und »Friedensprojekt Europa?«, München 2015 bzw. 2020.

44 Ausführlicher in Joas, Die Entstehung der Werte, v. a. S. 252–293.

»Der Pragmatismus ist eine Opposition gegen die realistischen Epistemologien so wie die mystische Theologie eine Opposition gegen die spekulative Theologie war.«[45] Aber diese Elemente bleiben am Ende bei Kołakowski eher unverbunden. Das kann auf seine oft erklärte Abneigung gegen ein stark systematisches Denken zurückgehen. Auf jeden Fall blitzen in seinem Spätwerk, verstreut über Miszellen, auch wenn diese zu Büchern kombiniert werden,[46] tiefe Einsichten auf, deren Verbindung aber absichtlich oder unabsichtlich nicht wirklich geklärt wird. Kołakowski erklärt sein Denken nicht wie Jürgen Habermas zu einem »post-metaphysischen«, sondern weicht der Konfrontation mit den metaphysischen Fragen nicht aus, beantwortet sie aber nur in Splittern.

Die Frage, ob er in seiner Entwicklung nun letztlich zum christlichen Glauben selbst gefunden habe, wurde Kołakowski in zahllosen Interviews gestellt. Er hat sie immer wieder zurückgewiesen und selbst auf die Rückfrage hin, warum er sie denn so abwehre, mit der Bekundung reagiert, dass jede Antwort von ihm auf diese Frage enthüllen würde, wie er die »Gretchenfrage« selbst beantworten würde. Schon 1989 aber sagte er in einem polnischen Interview, dass Gott die Antwort bereits kenne.[47] Bei jedem anderen Denker wäre daraus ein zwingender logischer Schluss auf die persönliche Gläubigkeit möglich; bei Kołakowski und seiner Freude an der Rolle des »Narren« aber nicht.[48]

45 Kolakowski, Der Mensch ohne Alternative, S. 241.

46 Leszek Kolakowski, Horror metaphysicus. Das Sein und das Nichts, München 1988.

47 Heidrich, Zwischen Skepsis und Mystik, S. 352 unter Bezug auf ein Interview in Tygodnik Powszechny (7) 1989, S. 1 f., hier S. 2.

48 Für Hinweise zu meinem Text und zur polnischen Diskussion danke ich Christian Heidrich und Michał Kaczmarczyk (Danzig).

8.
Der Glaube an die Menschenwürde als Religion der Moderne?

Am Beginn dieser Überlegungen steht eine Schlüsselszene der intellektuellen und politischen Geschichte Europas kurz vor Beginn des zwanzigsten Jahrhunderts; sie spielt im Jahr 1898 in Frankreich. In dieses Jahr fällt die Geburtsstunde sowohl der französischen Liga für Menschen- und Bürgerrechte wie der ultranationalistischen, protofaschistischen und antisemitischen »Action française«. Beide Bewegungen entspringen derselben Auseinandersetzung, die Frankreich tief aufwühlte und das Land in zwei Lager zerriss, der sogenannten Affäre Dreyfus. Im Dezember 1894 war der jüdisch-elsässische Artilleriehauptmann und Generalstabsoffizier Alfred Dreyfus unter dem Vorwurf des Landesverrats, sprich: der Spionage für Deutschland, aus dem Heer ausgestoßen und zu lebenslänglicher Deportation auf die Teufelsinsel verurteilt worden. Nach dem Urteil wurden langsam immer mehr Zweifel an der Berechtigung des Schuldspruchs und an den Beweisstücken der Anklage laut. Das Urteil wurde deshalb 1897 angefochten; die Justizaffäre verwandelte sich ab da, spätestens aber durch den berühmten offenen Brief Émile Zolas an den Präsidenten der Republik vom 13. Januar 1898 mit der schmetternden Überschrift »J'accuse« in eine staatspolitische Angelegenheit. Am 20. Februar 1898 gründet sich die Menschenrechtsliga, zunächst nur mit dem Ziel, die Wiederaufnahme des

Prozesses zu erreichen und zu verhindern, dass die »Ehre der Armee« oder ein latenter Antisemitismus den Ausschlag geben könnten zuungunsten des möglicherweise zu Unrecht verurteilten Hauptmanns. Anfang September 1898 erreichen diese Vorgänge ihren dramatischen Höhepunkt, als bekannt wird, dass Ende August der Chef des Nachrichtendienstes verhaftet worden sei und gestanden habe, ein entscheidendes Dokument des Verfahrens gegen Dreyfus eigenhändig gefälscht zu haben. Am Tag nach diesem Geständnis habe er sich in seiner Zelle das Leben genommen. Nach dieser Sensation ist das Urteil gegen Dreyfus selbstverständlich nicht mehr zu halten; es wird zunächst kassiert, dann in eine Gefängnisstrafe umgewandelt, die Dreyfus aber durch sofortige Begnadigung erspart bleibt. Jahre später – erst 1906 – wird Dreyfus endlich freigesprochen, allerdings so, dass ein Teil der Bevölkerung trotz aller Unschuldsbeweise sich nicht überzeugen lässt.

In unzähligen Dokumenten, auch solchen der großen Literatur wie bei Marcel Proust und Roger Martin du Gard, spiegelt sich die enorme Erregung und Polarisierung, die von dieser Geschichte ausgelöst wurde. In ihrem Totalitarismus-Buch hat Hannah Arendt behauptet, dass sich im Frankreich des späten neunzehnten Jahrhunderts alle politischen Frontenverläufe des zwanzigsten Jahrhunderts ähnlich präfiguriert fänden, wie die Französische Revolution die Geschichte des neunzehnten Jahrhunderts in nuce enthalten habe.[1] Die Affäre Dreyfus hat in der Tat diesen Charakter – und das gilt auch für die intellektuelle Durchdringung des Glaubens an die Menschenrechte oder für die radikale Zurückweisung dieses Glaubens.

Es war nämlich dieser Kontext, in dem die bisher intellektuell konsistenteste Argumentation vorgelegt wurde, warum wir den

1 Hannah Arendt, Elemente und Ursprünge totaler Herrschaft (1951), München 1986, S. 163.

Glauben an die Menschenrechte und die universale Menschenwürde als die »Religion der Moderne« aufzufassen hätten. Der Autor dieses Textes war der größte französische Soziologe, einer der Klassiker der in dieser Zeit entstehenden neuen wissenschaftlichen Disziplin, Émile Durkheim. Er war selbst Gründungsmitglied der Menschenrechtsliga und Sekretär ihrer Sektion von Bordeaux.[2] Demselben Kontext entspringen aber auch Artikel wie der von Charles Maurras im Jahr 1898 »Das erste Blut«,[3] in dem zur Bekämpfung der »Dreyfusards« aufgerufen wird, selbst wenn Dreyfus unschuldig sein sollte. Für Maurras sind die Rechte des Individuums oder die Würde des Menschen schlicht kein beachtenswerter Bezugspunkt, wenn es um eine Institution wie die Armee oder um das Wohl der Nation als solcher geht. Ein Verstoß gegen diese Rechte, selbst eine Lüge oder Fälschung, ist dann in höherem Sinn gerechtfertigt – oder bedarf vielmehr keiner Rechtfertigung. Ähnlich wie später Mussolini die Gewalt durch seine faschistischen Kampfgruppen fördert, ohne auch nur den Schein einer instrumentellen oder moralischen Rechtfertigung zu suchen, wird hier eine prinzipielle Grenze überschritten, die von den faschistischen Bewegungen des zwanzigsten Jahrhunderts fürderhin systematisch und höhnisch ignoriert werden sollte. Die Betonung dieser Doppelheit möglicher Reaktionen in der Dreyfus-Affäre ist wichtig, weil uns nur ein Bewusstsein von ihr davor bewahren kann, aus Wahlverwandtschaften zwischen dem Glauben an die Menschenwürde und den Strukturen moderner Gesellschaften, wie ich sie zunächst beschreiben will, leichtfertig geschichtsoptimistische Folgerungen zu ziehen.

Émile Durkheim beginnt seine Argumentation, die dem Nachweis der »Sakralität« des Individuums in der Moderne dient, mit

---

2 Steven Lukes, Emile Durkheim. His Life and Work, Harmondsworth 1977, S. 347–349.

3 Vgl. Charles Maurras, Au signe de Flore, Paris 1933, S. 81, hier nach Ernst Nolte, Der Faschismus in seiner Epoche, München 1984, S. 92.

der Feststellung einer tiefen Zweideutigkeit im Begriff des »Individualismus«. Dies erscheint ihm deshalb als nötig, weil die »Anti-Dreyfusards« all diejenigen, die wegen der Rechte eines Individuums eine Schwächung der Autorität der Armee in Kauf zu nehmen bereit sind und »sich verbissen weigern, ihre Logik dem Wort eines Armeegenerals zu beugen«,[4] des Individualismus bezichtigen und dabei diesen Individualismus als Auflösung aller sozialen Ordnung und Gemeinsamkeit, damit als »große Krankheit unserer Zeit« bezeichnen. Für Durkheim gibt es tatsächlich einen destruktiven, anarchistischen Individualismus, der für ihn dort zu finden ist, wo die Individuen von keinem höheren Ziel geleitet werden als von ihrem egoistischen Lustgewinn oder ihrem wirtschaftlichen Nutzen. Er lässt sich von niemand in der Kritik daran übertreffen. Aber es ist zugleich für ihn völlig unannehmbar, diesen Individualismus in irgendeiner Weise gleichzusetzen mit der Moralphilosophie Kants oder Rousseaus oder dem Individualismus, wie er »mehr oder weniger glücklich in der Erklärung der Menschenrechte formuliert worden ist« (S. 55). Dieser zweite Individualismus sei in vieler Hinsicht geradezu das Gegenteil des ersten, insofern hier das bloß persönliche Interesse mit großer Skepsis und – etwa bei Kant – tendenziell eher als Quelle des Bösen betrachtet wird. Mit einem »egoistischen Kult des Ichs«, einer »Apotheose des privaten Wohls und Interesses« (S. 56) habe dieser wohlverstandene Individualismus keinerlei Ähnlichkeit. Individualisten in diesem zweiten Sinn überlassen sich nicht den Anwandlungen ihrer vorgefundenen Natur, sondern sind an einem anspruchsvollen Ideal orientiert – nämlich dem, so zu handeln, dass alle Menschen ihrer Handlung zustimmen könnten bzw. die Maxime ihres Handelns universalisierbar ist. »Dieses

4 Émile Durkheim, Der Individualismus und die Intellektuellen (1898), in: Hans Bertram (Hg.), Gesellschaftlicher Zwang und moralische Autonomie, Frankfurt/M. 1986, S. 54–70, hier S. 54. (Zitate aus diesem Aufsatz werden im Folgenden durch Seitenzahlen im Text kenntlich gemacht.)

Ideal«, schreibt Durkheim, »geht sogar so weit über die Ebene der utilitaristischen Ziele hinaus, dass es den gewissenhaften Menschen, die es erreichen wollen, vorkommt, als sei es völlig von Religiosität geprägt. Diese menschliche Person, deren Definition gleichsam der Prüfstein ist, an dem sich das Gute vom Schlechten unterscheiden muss, wird als heilig betrachtet, sozusagen in der rituellen Bedeutung des Wortes. Sie hat etwas von der transzendenten Majestät, welche die Kirchen zu allen Zeiten ihren Göttern verleihen; man betrachtet sie so, als wäre sie mit dieser mysteriösen Eigenschaft ausgestattet, die um die heiligen Dinge herum eine Leere schafft, die sie dem gewöhnlichen Kontakt und dem allgemeinen Umgang entzieht. Und genau daher kommt der Respekt, der der menschlichen Person entgegengebracht wird. Wer auch immer einen Menschen oder seine Ehre angreift, erfüllt uns mit einem Gefühl der Abscheu, in jedem Punkt analog zu demjenigen Gefühl, das der Gläubige zeigt, der sein Idol profanisiert sieht. Eine solche Moral [...] ist eine Religion, in der der Mensch zugleich Gläubiger und Gott ist.« (S. 56 f.)

Halten wir nach diesem langen Zitat für einige begriffliche Klärungen inne. Die Unterscheidung verschiedener Formen von Individualismus ist überzeugend, wenngleich sich die Aufgabe stellen würde, genauer zu bezeichnen, wer denn eigentlich wirklich die Position eines rein egoistischen Individualismus verficht. Selbst das utilitaristische Paradigma, an das Durkheim ja spürbar dachte, ist nicht ganz so einfach zu kritisieren. Es ist zudem nötig, der kantischen Form des Individualismus noch eine weitere – Herder'sche – hinzuzufügen, die nicht moralische Pflicht, sondern Selbstverwirklichung zur Orientierung macht. An diese expressivistisch-romantische Alternative scheint Durkheim gar nicht zu denken.[5] Die Aktualität dieser Unterscheidungen auch heute ist aber nicht zu leugnen. In Durkheims Werk stellen sie zudem eine

5 Vgl. Hans Joas, Die Kreativität des Handelns, Frankfurt/M. 1992.

Klärung gegenüber seinen eigenen früheren Attacken auf die gemeinschaftszerstörerischen Wirkungen des Individualismus dar.

Dann: Durkheim spricht von der Heiligkeit, der Sakralität der Person. Er bezieht sich zur Rechtfertigung dieses Sprachgebrauchs zwar nicht auf Kant, hätte dies freilich tun können, da Kant in der »Grundlegung zur Metaphysik der Sitten« eben dort, wo er den Begriff der »Würde« entwickelt, auch von »Heiligkeit« spricht. »Würde« ist für Kant all das, was keinen Preis hat und haben kann, sondern »über allen Preis erhaben ist, mithin kein Äquivalent verstattet«.[6] Die Denkungsart der Würde kann danach mit einem Preis »gar nicht in Anschlag und Vergleichung gebracht werden [...], ohne sich gleichsam an der *Heiligkeit* derselben zu vergreifen«.[7] Was aber bei Kant an dieser Stelle nur momenthaft als begriffliche Intuition aufblitzt, wird bei Durkheim zum Anknüpfungspunkt für seine immer weiter entfaltete Theorie der Religion und für die Idee, in der Person selbst ein sakrales Objekt moderner Gesellschaften zu sehen. Was dies genau bedeutet, darauf komme ich gleich zurück.

Begrifflich sind zwei weitere Klärungen nötig. Durkheim selbst spricht abwechselnd von der Sakralität des Individuums und der Person, als wären diese beiden Begriffe austauschbar. Wenn der Begriff des Individuums tatsächlich gesichert ist gegen das utilitaristisch-egoistische Missverständnis, ist dies unproblematisch. Ein Kult des Individuums um des Individuums willen kann von Durkheim dann als abergläubische Verfallsform des wahren Individualismus gedeutet werden. Ich selbst ziehe es vor, von der Sakralität der *Person* und nicht des *Individuums* zu sprechen, um ganz sicher zu gehen, dass der damit umschriebene Glaube an die irreduzible Würde jedes Menschen nicht verwechselt wird mit einer gewissenlos egozentrischen Selbstsakralisierung des Indi-

6 Immanuel Kant, Grundlegung zur Metaphysik der Sitten (1785) in: Werke (hg. von Wilhelm Weischedel), Bd. VII, Frankfurt/M. 1982, S. 7–102, hier S. 68.

7 Ebd., S. 69.

viduums und damit einer narzisstischen Unfähigkeit, sich aus der Selbstbezüglichkeit zu lösen.[8]

Durkheim artikuliert also den Glauben an Menschenrechte und Menschenwürde als Ausdruck eines Prozesses der Sakralisierung der Person. In diesem Sinne ist es verständlich und zutreffend, wenn er der Person dieselbe Aura zuspricht, die heiligen Dingen eigen ist. Aber er überzieht zugleich in charakteristischer Weise sein Blatt, wenn er die Moral der Menschenrechte eine Religion nennt, »in der der Mensch zugleich Gläubiger und Gott ist«. Mit dem Nachweis der Fruchtbarkeit des Gedankens der Sakralität der Person hat er ja keineswegs gezeigt, dass der Mensch auch der Quell seiner eigenen Heiligkeit sei. Hier fließt der programmatische Atheismus des Rabbinersohns Durkheim unkontrolliert in seine Argumentationsführung ein. Sein Atheismus ist, wenn wir diese Lücke als symptomatisch auffassen wollen, dogmatisch. Durkheim öffnet hier nicht die Möglichkeit konkurrierender Ursprünge des Glaubens an die Sakralität der Person, sondern verschließt sich gerade gegen den möglichen Weiterbestand religiöser Stützungen der Menschenrechte. Dies wird im weiteren Verlauf seiner Argumentation noch deutlicher werden.

Im nächsten Schritt versucht Durkheim zu zeigen, dass es sich bei diesem Glauben, den er im Anschluss an Auguste Comte die »religion de l'humanité«, also die Religion der Menschheit oder der Humanität nennt, sehr wohl um einen Glauben handelt, der ganze Gesellschaften integrieren kann. Er selbst hatte in einem früheren Buch noch unterstellt, dass der »Kult des Individuums« eine Anomalität unter den in der Geschichte vorfindbaren Glaubens- und Wertvorstellungen darstelle, da er zwar »den Willen aller auf ein gleiches Ziel richtet«, dieses Ziel aber eben kein soziales sei und dadurch die Entstehung eines echten sozialen Ban-

8 Alle diese Überlegungen finden sich breiter ausgearbeitet in Hans Joas, Die Sakralität der Person. Eine neue Genealogie der Menschenrechte, Berlin 2011.

des auf diesem Wege nicht gelingen könne.[9] Von dieser Skepsis ist jetzt keine Rede mehr, da Durkheim inzwischen erkannt hat, dass es bei diesem wohlverstandenen Individualismus nicht um die egozentrische Glorifizierung des eigenen Ichs geht, sondern um die menschliche Personalität als solche. Die Triebfeder dieses Glaubens ist dementsprechend »nicht der Egoismus, sondern die Sympathie für alles, was Mensch ist, ein größeres Mitleid für alle Schmerzen, für alle menschlichen Tragödien, ein heftigeres Verlangen, sie zu bekämpfen und sie zu mildem, ein größerer Durst nach Gerechtigkeit« (S. 60). Nachdem Durkheim kurz den Einwand abgefertigt hat, aus der Freiheit der Meinungen könne nur Anarchie hervorgehen, indem er am Beispiel der Wissenschaften vorführt, wie bei absoluter Gedankenfreiheit Konsens und rationale Autorität sehr wohl möglich sind, geht er noch einen wesentlichen Schritt weiter. Für ihn liegt in der Sakralität der Person nicht nur *ein* mögliches Glaubenssystem mit sozialintegrativen Wirkungen vor, sondern das *einzige* Glaubenssystem, das fortan »die moralische Einheit des Landes sicherstellen kann« (S. 62). Mit dieser ja viel weitergehenden These übernimmt Durkheim eine doppelte Beweislast. Er muss einerseits zeigen, dass es strukturelle Züge moderner Gesellschaften gibt, die es als funktional geboten erscheinen lassen, die soziale Integration gerade über den moralischen Individualismus herzustellen. Er muss andererseits darlegen, wie sich dieser moralische Individualismus zu den traditionellen Religionen verhält. In seinem Beitrag zur Dreyfus-Debatte findet sich beides naturgemäß nur angedeutet.

Aber wir können die Grundrichtung der Argumentation dennoch sehr klar ausmachen. Spürbar ist sofort die Abneigung des angeblichen Funktionalisten Durkheim gegen alle die, die nur aus dem Bedürfnis nach sozialer Harmonie heraus zur Stärkung der

9 Émile Durkheim, Über soziale Arbeitsteilung (1893), Frankfurt/M. 1988, S. 227 f.

Religion auffordern. In der Tat kann ja niemand religiös glauben, nur weil es sozial nützlich wäre, wenn er oder sie oder die anderen glauben würden.[10] So sehr es eine soziologische Binsenwahrheit ist, »dass eine Gesellschaft keinen Zusammenhalt besitzen kann, wenn nicht eine gewisse intellektuelle und moralische Gemeinsamkeit bei ihren Mitgliedern bestehe« (S. 62), so wenig hilft es bei der Herausbildung solcher Gemeinsamkeit weiter, einfach die Forderung nach Gemeinsamkeit zu erheben. Außerdem kann es sein, dass alte Gemeinsamkeiten unter neuen Bedingungen schlicht nicht mehr die gewünschten Wirkungen haben können, so dass eine Forderung nach Rückkehr zu einem alten Zusammenhalt meist nur die Artikulation eines Problems, aber keineswegs eine Lösung darstellt. Die Lösung kann für Durkheim nur in der Sakralisierung der Person liegen, weil nur hier das Mittel zur Konstitution des sozialen Zusammenhalts nicht im Widerspruch steht zu den sozialstrukturellen Tendenzen, die den bisherigen Zusammenhalt unmöglich machten. Zwei solche sozialstrukturellen Tendenzen werden benannt: ein größerer territorialer Umfang der Gesellschaften und eine fortschreitende Arbeitsteilung. Je größer eine Gesellschaft im räumlichen Sinne sei, desto schwieriger sei es für sie, Gleichförmigkeit der Traditionen und Praktiken herzustellen. Dies bleibt folgenlos, kann man ergänzen, wenn ohnehin kaum ein Verkehr zwischen den Bewohnern verschiedener Landesteile stattfindet. Wenn dieser Verkehr und Austausch aber zunehmen, dann müssten die Verschiedenheiten schon systematisch unterdrückt werden, wenn man sie nicht zulassen will. Sind sie aber zulässig, dann finden sich vielerlei Varianten und nicht eine Einheitskultur. Die fortschreitende Arbeitsteilung verstärkt diese Tendenz selbst auf engem Raum. Durch berufliche Spezialisierung etwa entstehen unterschiedliche Kenntnisse, Einstellungen, Perspektiven auf die Welt. Aus Arbeitsteilung und territorialer

10 Dazu ausführlich Kap. 4 dieses Buches.

Ausdehnung erwachsen so Verhältnisse, unter denen die Menschen sich immer weniger durch partikulare Gemeinsamkeiten miteinander identifizieren könnten. Immer mehr sei deshalb die einzige Ressource für Gemeinsamkeit die »Idee der menschlichen Person« selbst, eine Idee, »die in der wechselnden Flut der einzelnen Meinungen unabänderlich und unpersönlich erhalten bleibt« (S. 63).

Und wie verhält diese Idee sich zum Christentum? Durkheim denkt, dass es sich bei ihr um eine zeitgemäße Artikulation von Impulsen handele, die ursprünglich eben das Christentum hervorgebracht hätten. Gegenüber den Religionen der antiken Stadtstaaten habe gerade »das Christentum den inneren Glauben und die persönliche Überzeugung des Individuums als wesentliche Voraussetzung für die Frömmigkeit aufgezeigt [...]. Das Zentrum des moralischen Lebens selbst ist so von außen nach innen verlegt und das Individuum zum souveränen Richter seines eigenen Verhaltens erhoben worden, ohne anderen außer sich selbst und seinem Gott Rechenschaft ablegen zu müssen.« (S. 64) Die Bedeutung des Christentums für die kulturellen Voraussetzungen der Entstehung des modernen Individualismus ist damit gar nicht hoch genug einzuschätzen. In seinen Werken interessierte sich Durkheim für diese kulturellen Prozesse in vielfältigen Aspekten, etwa in Hinsicht auf den Begriff der Seele im Christentum und die Frage seiner Kontinuität mit den Seelenvorstellungen der sogenannten primitiven Religionen,[11] in Hinsicht auf die Rolle des Christentums für die Geschichte der abendländischen Bildungsinstitutionen und in Hinsicht auf die Rechtsgeschichte. In seinem politisch-moralisch zugespitzten Bekenntnis von 1898 weist er entsprechend jede Unterstellung zurück, er breche mit der christ-

11 Émile Durkheim, Die elementaren Formen des religiösen Lebens (1912), Frankfurt/M. 1981, S. 327–369; ders., L'évolution pédagogique en France, Paris 1938; ders., Physik der Sitten und des Rechts. Vorlesungen zur Soziologie der Moral (hg. von Hans-Peter Müller), Frankfurt/M. 1991.

lichen Tradition. Ganz im Gegenteil stellt er sein Plädoyer für die Menschenrechte als Fortsetzung der christlichen Tradition dar. Fortsetzung heißt aber hier zugleich Überwindung. Das Christentum ist in dieser Betrachtung ein »beschränkter Individualismus«, der heute durch »einen höher entwickelten Individualismus« (S. 65) ersetzt werden müsse. Der Glaube an die Menschenrechte wird so nicht in das Christentum eingebettet; er soll vielmehr an die Stelle derjenigen Religion treten, der nur zugestanden wird, diesen Glauben vorbereitet zu haben.

Die Soziologie hat nach den Vorgaben ihres Klassikers Émile Durkheim eine Fülle von Überlegungen und Untersuchungen zur Funktionalität des Glaubens an Menschenrechte und Menschenwürde unter modernen Bedingungen und zu alltäglichen Ausdrucksformen der Sakralität der Person vorgelegt. Die entscheidende der von Durkheim genannten sozialstrukturellen Bedingungen war die der Arbeitsteilung oder der funktionalen Differenzierung zwischen Personen oder gesellschaftlichen Teilsystemen. Der Verweis auf territoriale Ausdehnung hatte mehr dienenden Charakter, insofern Größe und Dichte vor allem als Bedingungen für die Auslösung solcher Differenzierungsprozesse aufgefasst wurden. In der Forschungsliteratur seither ist einerseits stärker als bei Durkheim der Gedanke herausgearbeitet worden, dass die Menschenrechte sich generell zur sozialen Integration unter Bedingungen des kulturellen Pluralismus eignen. Dieser Pluralismus muss dabei keineswegs Resultat der funktionalen Differenzierung selbst sein, sondern kann auch auf ganz anderem Wege – wie durch Migration, Wertewandel und kulturelle Diffusion – zustande kommen. Aber zweifellos erhöht funktionale Differenzierung den Druck auf überwölbende integrative Ressourcen – was Talcott Parsons »societal community« nannte, ein auf dem deutschen begriffsgeschichtlichen Hintergrund von »Gemeinschaft« und »Gesellschaft« paradox klingender Ausdruck. In unserer Zeit hat vor allem Niklas Luhmann (etwa in seinem Buch

»Das Recht der Gesellschaft«) diese Durkheim'schen Gedanken radikalisiert. Für ihn gibt es einen strikten Zusammenhang zwischen zunehmender funktionaler Differenzierung, die zu einer wachsenden Autonomie der einzelnen Funktionssysteme führe und Personen immer mehr zur Umwelt statt zum konstitutiven Bestandteil dieser Funktionssysteme werden lasse, und der Kodifizierung subjektiver Rechte. Das Individuum wird nach Luhmann gleichsam »zur Entschädigung für den Verlust aller festen Positionen mit subjektiven Rechten ausgestattet«, wodurch das Rechtssystem eine Art »Auffangsystem« für die Folgen geworden sei, »die die Umstrukturierung der Gesellschaft in Richtung auf funktionale Differenzierung für das Individuum hat«.[12] Dieser funktionale Zusammenhang lässt es dann für Luhmann als völlig erwartbar und plausibel erscheinen, dass die ersten Kodifizierungen der Menschenrechte gerade in eine Zeit fallen, in der sich ein Schub an fortschreitender Arbeitsteilung oder funktionaler Differenzierung abspielte, nämlich in der sogenannten »Sattelzeit« am Ende des achtzehnten Jahrhunderts. Ebenso ist es dann für ihn einleuchtend, dass in unserer Zeit der »Globalisierung«, die ja ebenfalls einen Schub fortschreitender, den Globus umspannender Arbeitsteilung darstellt, die Menschenrechte erneut verstärkt und nun weltweit institutionalisiert werden.

In einer rein funktionalen Betrachtungsweise aber – so ließe sich einwenden – werden die konkreten historischen Prozesse, die zur Entstehung und Verbreitung der Menschenrechte führten und führen, nur aus einer Art »Vogelperspektive« sichtbar. Die behaupteten funktionalen Zusammenhänge müssen ja, wie plausibel sie auch immer sein mögen, den historischen Akteuren in keiner Weise bewusst gewesen sein. Es wäre deshalb schrecklich reduktiv, etwa die Frage, ob die Positivierung der Menschenrechte aus religiösen oder aufklärerischen Wurzeln hervorging,

12 Niklas Luhmann, Das Recht der Gesellschaft, Frankfurt/M. 1993, S. 487.

mit solchen Thesen schon für beantwortet oder für irrelevant zu erklären. Durkheim selbst hatte einen zusätzlichen, anderen Weg der Betrachtung gebahnt. Der Individualismus, von dem er sprach, war in seinen Augen keineswegs vornehmlich ein philosophisches System. »Er ist praktischer und nicht theoretischer Natur. Wenn der Individualismus er selbst sein soll, muss er in die Sitten und die gesellschaftlichen Organe Eingang finden.«[13] Wie jede Religion verstehen wir auch die der »Humanität« nicht am besten von ihren Dogmen aus, sondern von ihren Praktiken, den Riten. Auf zwei Gebieten hat Durkheim selbst die entscheidenden Pionierleistungen dabei erbracht. Er interessierte sich schon früh für den Wandel der Bedeutung des Strafrechts auf dem Weg zur modernen Gesellschaft.[14] Die Zentralstellung des Tötungsverbots, die es uns Heutigen selbstverständlich erscheinen lässt, insbesondere die willkürliche oder grausame Tötung eines Menschen als scheußlichstes aller Verbrechen aufzufassen, darf ja keineswegs historisch zurückprojiziert werden; in vormodernen Gesellschaften, deren sakraler Kern eben nicht die menschliche Person im Allgemeinen war, finden wir sie nicht. Dort sind vielmehr Vergehen gegen transzendente oder irdische Verkörperungen des Sakralen, also etwa Gotteslästerung oder Monarchenmord, die schlimmsten vorstellbaren Untaten. Aber nicht nur die Empfindung der Schwere eines Delikts verschiebt sich in diesem Prozess, auch die Vorstellungen über die richtige Art des Strafens wandeln sich dramatisch im Zeitalter der Menschenrechte. Folter zur Erpressung von Geständnissen und öffentlich zelebrierte Marter als Strafe werden immer mehr als unvereinbar mit der Würde des Menschen, auch der des Verbrechers, empfunden. Der Strafvollzug wandelt sich in Richtung von Freiheitsentzug und Resozialisierung; er unterliegt auch als solcher zunehmend der

13 Émile Durkheim, Physik der Sitten und des Rechts, a. a. O., S. 88.
14 Émile Durkheim, Deux lois de l'évolution penale (1901), in: ders., Journal sociologique. Paris 1969, S. 244–273.

Vorstellung einer notwendigen Humanisierung. Dies ist gewiss kein einfacher und linearer Prozess. Es gibt Einschränkungen, wie etwa das Fortdauern des »lynching« im rassistischen Milieu der amerikanischen Südstaaten bis weit in das zwanzigste Jahrhundert hinein. Sicher ist, dass grausame Strafen zu unterbleiben haben, aber ob die Todesstrafe als solche eine grausame Strafe ist oder nur bestimmte Arten der Exekution, darüber gehen die Meinungen zwischen Europäern und Amerikanern, aber auch innerhalb der USA weit auseinander. Die amerikanische katholische Kirche gehörte zumindest zeitweise zu den führenden Kräften des Kampfes gegen die Todesstrafe, weil nach ihrem Verständnis das menschliche Leben nicht vom Staat beendet werden dürfe, so dass die Todesstrafe als solche einen Verstoß gegen die Sakralität der Person darstelle. Viele Leser kennen die Geschichte des Wandels der Strafjustiz heute aus Michel Foucaults einflussreichem Buch »Überwachen und Strafen«, in dem die Schattenseiten auch der moderneren Formen eindrucksvoll beleuchtet werden, allerdings so, dass der zivilisatorische Fortschritt, der darin doch gleichwohl liegt, praktisch negiert wird.[15]

Der andere Bereich dieser Entwicklungen, zu dem Durkheim sich immer wieder geäußert hat, ist der des Wandels einer Kultur der rationalen Argumentation. Speziell die Wissenschaften stellen für ihn eine Seite der Entwicklung hin zum moralischen Individualismus dar – nicht die wesentliche oder konstitutive Seite übrigens, aber eine wichtige neben anderen. Auch in den Wissenschaften spielt nach dieser Auffassung ein Glaube an den unverzichtbaren Wert jedes Individuums eine zentrale Rolle. (S. 60 f.) »Dogma« dieses Glaubens sei die Autonomie der Vernunft, »Ritus« die freie Prüfung aller Geltungsansprüche. Von den pragmatistischen Zeitgenossen Durkheims in den USA wurde dieser

15 Michel Foucault, Überwachen und Strafen. Die Geburt des Gefängnisses, Frankfurt/M. 1976.

Gedanke noch viel breiter entfaltet. Ihnen zufolge kann niemand vorweg wissen, woher die nächste kognitive Innovation kommen wird, so dass eben deshalb nicht der Status der sich äußernden Person ausschlaggebend sein darf, sondern jede Äußerung als solche gemäß ihrem Geltungsanspruch auf Wahrheit prüfenswert ist.

Methodisch haftete Durkheim in seinen Forschungen sehr stark auf der Ebene gesatzten Rechts oder der Institutionen der Wissenschaft. Für eine eher mikroskopische Untersuchung etwa des Rechtswissens der Bevölkerung, der Diskurse vor Gericht oder der Dynamik wissenschaftlicher Argumentationsprozesse hatte er noch keinen Sinn. Das hat sich im Fach Soziologie seither stark geändert, ebenso wie die Geschichtswissenschaft eine alltagskulturorientierte Perspektive etwa in der »Rechtskulturforschung« (Wolfgang Schmale) entwickelt hat. Beim Thema der »Sakralität der Person« ist eine solche Perspektive besonders wichtig, denn: »Die Hochschätzung, die man in der Moderne dem Individuum entgegenbringt, ist in keinem greifbaren Gegenstand verkörpert und doch im Verhalten der Menschen, ihren Erwartungen, ihren Ansprüchen und Enttäuschungen, ihren Freiheiten und Bindungssehnsüchten überall greifbar.«[16] Es bleibt deshalb wichtig, die zunehmende Sakralisierung der Person auf rechtlicher Ebene zu untersuchen, etwa in der sich verändernden Semantik von körperlicher Unversehrtheit und von sexueller Belästigung, von Gewalt gegen Frauen und Kinder, aber auch im Erbrecht oder über den Menschen hinaus ausstrahlend etwa im Tierschutz. Aber solche Forschungen bedürfen der Ergänzung durch mikroskopische Studien etwa zum Grußverhalten, zu Interaktionsritualen, zur wechselseitigen Gesichtswahrung in Konflikten, zur Höflichkeit. Die populär gewordenen Schriften Erving Goffmans zu solchen Themen, die häufig als machiavellistische Ratgeber für strate-

16 Karl-Siegbert Rehberg/ Stephan Moebius, Kultur, in: Hans Joas/ Steffen Mau (Hg.), Lehrbuch der Soziologie, Frankfurt/M. 2020 (4. vollständig überarbeitete und erweiterte Auflage), S. 133–169, hier S. 144.

gisches »impression management« gelesen wurden, lassen sich entsprechend auch als Studien zur alltäglichen Sakralisierung der Person lesen.[17] An weiteren Beispielen ist kein Mangel. Die Arzt-Patient-Interaktion wandelt sich unter unseren Augen durch die gestiegenen Ansprüche der Patienten auf Respekt. Wenn es noch vor einer Generation verbreiteten ärztlichen Paternalismus gab, der es zuließ oder gar gebot, den Patienten etwa über seine Erkrankung (Krebs!) oder über Behandlungsmethoden im Unklaren zu lassen, gilt heute ein Eingriff ohne informierte Zustimmung des Patienten grundsätzlich als Körperverletzung. Die gestiegene öffentliche Aufmerksamkeit auf sexuelle Belästigung im Allgemeinen und heute insbesondere auf Kinderpornographie und auf den sexuellen Missbrauch von Kindern und Jugendlichen durch pädophile Priester ist keine Folge einer Zunahme der Delikte, sondern einer gestiegenen Sensibilität für den destruktiven Charakter dieser Taten. Alles öffentliche Gerede vom »Werteverlust« bedarf entsprechend der Balancierung durch die Wahrnehmung solcher gegenwärtigen Prozesse moralischer Sensibilisierung.

Gerade auf dem Gebiet der Sexualität lässt sich anschaulich machen, wie die Sakralisierung der Person mit intensiven Erfahrungen korrespondiert. In einem fast unbekannten Text, besser: dem Protokoll einer Diskussionsveranstaltung von 1911, hat Émile Durkheim sich zu Fragen der Sexualerziehung geäußert.[18] Er war dabei mit Medizinern konfrontiert, die in der Sexualität nichts als einen körperlichen Vorgang sahen und dazu aufriefen, endlich das Gespinst von Vorurteilen, Normen und Phantasien, das sich auf diese Vorgänge gelegt habe, radikal abzuräumen. Obwohl Durkheim ganz ausdrücklich für Sexualerziehung eintrat, wies er eine solche reduktive Vorstellung zurück. Gerade als Soziologe

17 Für eine solche Deutung hat sich v. a. Randall Collins immer wieder eingesetzt.

18 Émile Durkheim, Débat sur l'éducation sexuelle (1911), in: ders., Textes, Bd. 2, Paris 1975, S. 241–251.

könne er nicht davon absehen, dass in allen Kulturen sexuelles Handeln auch von einer Aura des »Mysteriösen« umgeben sei; gerade eine rationale Betrachtung dürfe nicht eine solche Aura als bloßes Vorurteil behandeln. Der Sexualität sei eine Doppelheit eigen, insofern sie notwendig antimoralische und zugleich moralkonstitutive Züge habe. Die Gefahr, missverstanden zu werden, ist an dieser Stelle besonders groß; jede Rede von »antimoralischen« Zügen der Sexualität klingt heute schnell nach Prüderie. Aber wenn wir davon ausgehen, was heute – gegen Norbert Elias – weitgehend Konsens ist, dass Scham ein kulturuniverselles Phänomen ist und sexuelle Handlungen selbst bei unbekleidet lebenden Völkern nicht öffentlich stattfinden, dann hat Durkheim recht, wenn er die Überschreitung der Schamgrenzen zum Merkmal der Sexualität macht. Weil Scham zugleich in allen Kulturen, wenngleich mit unterschiedlichem Bedeutungsumfang, nicht nur ein empirisch feststellbares psychologisches Phänomen ist, sondern eine Tugend darstellt, kann man insofern davon sprechen, dass die Anbahnung sexueller Beziehungen immer etwas von einer Negation dieser Tugend an sich hat. Aber zugleich ist Sexualität, so hieß es, moralkonstitutiv, der Geschlechtsakt in Durkheims Sprache »foncièrement moralisateur«, »durch und durch moralbildend«.[19] Vielleicht ist dieser Gedanke heute noch fremder als der vom amoralischen Charakter des Sexuellen. Moralkonstitutiv ist die sexuelle Erfahrung, weil sie eine der stärksten Quellen für affektiv tief sitzende menschliche Bindungen ist. Von dieser bindungsproduzierenden Wirkung geteilter sexueller Erfahrung aber sieht eine bloß biologische Sichtweise ab und verfehlt damit die spezifisch menschliche Form der Sexualität.

Alle Kulturen sorgen deshalb für spezifische ideelle und institutionelle Einhegungen der Sexualität. Unter den Bedingungen einer fortschreitenden Sakralisierung der Person nimmt die Not-

19 Ebd., S. 248.

wendigkeit dieser Einhegung in einem bestimmten Sinne zu. Dies mag zunächst unplausibel erscheinen, da wir alle heute von einer »Liberalisierung« des sexuellen Lebens ausgehen. Aber schon der Hinweis auf die gestiegene Sensibilität für sexuelle Belästigung und sexuellen Missbrauch zeigt, dass »Liberalisierung« hier nicht einfach das richtige Wort ist. Wenn wir die Analogie zwischen der Aura sakraler Objekte und der Aura der Person unter der Bedingung ihrer Sakralisierung ernst nehmen, dann wird plausibel, warum die physische Annäherung an den anderen ohne die Einhaltung bestimmter ritueller Vorschriften als dessen Profanisierung und als Sakrileg erlebt wird. Beim Respekt vor der Sakralität der Person ist gerade der Respekt vor dem Willen des anderen zentral, was in der Zustimmung durch die andere Person seinen Ausdruck findet. Physische Distanz und Vermeidung von Indiskretion sind Ausdruck des Respekts. Die Sexualität zielt aber auf die Beseitigung dieser Distanz und die Aufhebung der Diskretion. Sie kann dafür die Erfahrung einer Kommunion bieten, einer Verschmelzung mit einer anderen Person so, dass die Grenzen, welche die Identitäten voneinander scheiden, momenthaft ekstatisch aufgehoben werden können. Dies ist nichts anderes als eine Erfahrung der Selbsttranszendenz, aus der Bindung hervorgeht. Gerade die sexuellen Beziehungen wandeln sich deshalb im Zeichen der »Sakralität der Person«; aus sexuellen Erfahrungen kann aber auch eine moralische Kraft der Bindung an andere Menschen und an den Wert der Person als solcher hervorgehen.

Mit diesem Beispiel ist schon die komplizierte Frage ausgesprochen, wie sich eigentlich die verschiedenen Ebenen der Sakralisierung der Person zueinander verhalten. Die Rede war ja vom Glauben an die Menschenwürde als »Religion« der Moderne, aber auch vom Niederschlag dieses Ideals im Recht und anderen Institutionen sowie in alltäglichen Praktiken des öffentlichen und des intimen Umgangs miteinander. Wir interessieren uns zudem für die Entstehung dieses »Glaubens« – und zwar im doppelten Sinn historischer wie existentieller Ursprünge. Nun ist durchaus umstritten, ob die Rede von der »Religion« der Moderne überhaupt angebracht ist. Zwar handelt es sich bei der Menschenwürde nicht einfach um ein moralisches Postulat, eine normative Forderung, sondern um ein affektiv intensiv besetztes Ideal. Aber einen eigentlichen Kult im Sinne außeralltäglicher Rituale oder eine eigentliche Kirche als Gemeinschaft der Gläubigen hat diese »Religion« nicht. Das liegt nicht daran, dass das Ideal keiner solchen praktischen und institutionellen Stützen bedürfte. Durkheim selbst hatte keine rechte Antwort auf die Frage nach der institutionellen Stützung des individualistischen Ideals. Er wurde zur Beschäftigung mit dieser Frage eben deswegen gezwungen, weil sein ursprünglicher Fortschrittsoptimismus auch für ihn selbst schleichend an Plausibilität verlor. Auf einem langen Umweg über das Studium der »elementaren Formen des religiösen Lebens« beschäftigte er sich mit dem Totemismus, um die Entstehung von dessen religiösen Praktiken und Vorstellungen exemplarisch zu verstehen. Aber er kam in einem bestimmten Sinn von diesem langen Umweg, den imaginären Reisen zu den australischen Ureinwohnern und nordamerikanischen Indianern, nie zurück. Wir können sehr wohl erkennen, dass er dem demokratischen Staat und – das ist charakteristisch für ihn – Berufsgruppen, die nach dem Modell der Zünfte wiederbelebt werden sollten, eine bedeutende Rolle bei der Verkörperung und Aufrechterhaltung dieses Ideals zusprach. Das kann allerdings nicht das letzte Wort sein, nicht nur, weil seine Programmatik hinsichtlich der Berufsgruppen weitgehend aporetisch blieb. Die Lösung blieb auf jeden Fall viel zu abstrakt. Wir bräuchten stattdessen eine Anknüpfung an konkrete religiöse und nationale historische Traditionen, an zeitgenössische und frühere Erfahrungen, um dem Wechselspiel von Staat, Zivilgesellschaft und Werten eine prägnante Gestalt zu geben.

In nationaler Hinsicht hatte Durkheim am französischen Fall sich sehr wohl um historische Konkretion bemüht. Er sah eine

Kontinuität zwischen den Prinzipien von 1789 und dem Kampf um die Menschenrechte zu seiner Zeit in Frankreich: »Wenn es ein Land unter all den anderen gibt, in dem die Sache des Individuums wirklich Sache der Nation ist, dann ist es das unsere; denn es gibt kein anderes, das sein Schicksal so eng mit dem Schicksal dieser Ideen verknüpft hat. Wir sind es, die ihnen die neueste Formel dafür gegeben haben, und von uns haben die anderen Völker sie erhalten; und deshalb galten wir bis heute als ihre autorisiertesten Vertreter. Wir können diese Ideen also heute nicht verleugnen, ohne uns in den Augen der Welt herabzusetzen, ohne echten moralischen Selbstmord zu begehen.« (S. 65 f.) So imponierend dieses Plädoyer im innerfranzösischen Gebrauch sicher war, so sehr löst die Fusion von Universalismus und französischem Nationalismus in den Ohren der Nicht-Franzosen auch ein Gefühl der Skepsis aus. Ähnliches spielt sich bei der anderen Nation mit dem Selbstverständnis einer universalistischen Mission, bei den USA, ständig ab; auch dort sind Universalismus und nationale Identität so verschmolzen, dass manchmal das nationale Interesse zu schnell als universalistisch gerechtfertigt vertreten wird. Aber in beiden Ländern gibt es tatsächlich eine Tradition öffentlicher Riten, Symbole, Mythen und Institutionen, die den moralischen Individualismus in Durkheims Sinn in konkreter Weise zu stützen und weiterzugeben geeignet sind. Selbstverständlich können diese auch dort in Krisen geraten und ihre Kraft verlieren.

Ganz anders verhält es sich mit konkreten religiösen Traditionen. Hier führte Durkheims Hybris, im Zeichen der Menschenrechte die jüdisch-christliche Tradition nicht fortsetzen, sondern ersetzen zu wollen, zur unnötigen Schwächung eines wesentlichen Potentials für die Herausbildung und Weitergabe des Glaubens an die Menschenwürde. Richtig an Durkheims Gedanken einer kreativen Fortführung der religiösen Traditionen Europas war gewiss, dass die neuen Formen eines moralischen Individualismus diese religiösen Traditionen unter Druck setzen, sich neu zu reflektieren und zu artikulieren. Es ist bei diesem Thema heute üblich, vor allem an den Islam in der Vielfalt seiner Ausprägungen zu denken und an die Frage, ob es dieser großen Religion gelingt, sich heute im Zeichen von Menschenrechten, Religionsfreiheit, Demokratie, Marktwirtschaft und Weltfrieden neu zu definieren. Damit die Sorgen über das Gelingen aber keinen heuchlerischen Charakter annehmen, ist es heilsam, sich daran zu erinnern, wie schwer es auch andere religiöse Traditionen einschließlich gerade auch der katholisch-christlichen in dieser Hinsicht hatten. Im Zusammenhang mit Émile Durkheim wären hier das Verhältnis zwischen seiner Religionstheorie und den Reformdebatten des Judentums sowie das zwischen seinen Arbeiten und dem sogenannten Modernismus in der katholischen Kirche um 1900 darzustellen. Schon ab 1791 hatte sich die offizielle Lehre der katholischen Kirche gegen die Menschenrechte gewandt, weil sie eben als Teil des kirchen- und religionsfeindlichen Charakters der Französischen Revolution wahrgenommen wurden; auch im Dreyfus-Skandal stand die Kirche entsprechend auf der Seite der Anti-Dreyfusards. Es sollte bis über die Mitte des zwanzigsten Jahrhunderts hinaus dauern, bis sich dies fundamental änderte. Der Versuch, das Christentum als obsolet zugunsten einer säkularen Religion der Moderne zu überwinden, stellt insofern die Kehrseite eines antimodernistischen Selbstverständnisses des Papsttums und großer Teile der katholischen Kirche in Frankreich dar.

Aber wir müssen ja nicht zwischen diesen beiden Seiten wählen. Es gibt auch den Weg einer Individualisierung der Religiosität, wenn sich die Kirchen den gestiegenen Ansprüchen der Individuen auf moralische Selbstbestimmung und auf Selbstverwirklichung nicht entgegenstellen. Dann kann die Kraft der Botschaft des Evangeliums in den Kampf um Menschenrechte und universale Menschenwürde einfließen. Und diese Kraft wird benötigt, da dieser Kampf keineswegs ein für alle Mal entschieden ist. Die These eines komplexen Zusammenspiels von Werten,

Institutionen und Praktiken besagt ja zugleich, dass eine einmal erreichte Verwirklichung der Ideale nicht von sich aus gesichert bleibt. Durkheim meinte noch in einer Weise, die nach dem Ende des zwanzigsten Jahrhunderts nicht mehr verteidigt werden kann, dass die sozialstrukturellen Tendenzen wie die fortschreitende Arbeitsteilung so sehr zugunsten der Menschenrechte wirkten, dass nur durch einen aussichtslosen Kampf gegen diese die Fortgeltung der Menschenrechte vereitelt werden könnte: »Man müsste infolgedessen die Tendenz der Gesellschaft, immer ausgedehnter und zentralistischer zu werden, aufhalten und die nicht endenden Fortschritte der Arbeitsteilung verhindern. Ein solches Unterfangen geht aber, ob wünschenswert oder nicht, unendlich weit über die menschlichen Kräfte hinaus.« (S. 64) Nach dem Ende des zwanzigsten Jahrhunderts muss man wohl sagen, dass Durkheim hier zu optimistisch war. Zwar war die faschistoide »Action française«, die aus den Anti-Dreyfusards erwuchs, nicht schöpferisch und nicht erfolgreich, aber der italienische Faschismus und der deutsche Nationalsozialismus lassen sich durchaus nicht als platte Versuche abfertigen, Modernisierung zurückzunehmen. Teils gegen ihren Willen, teils gerade durch ihre Absichten waren diese Regime auch Wege zu anderen Modernitäten – ohne die Wertgehalte von Menschenrechten und universaler Menschenwürde. Was in ihnen entstand, ging zwar mit ihnen unter, aber das heißt noch lange nicht, dass das einundzwanzigste Jahrhundert nicht erneut solche Versuche mit sich bringen könnte. Die Institutionalisierung der Menschenrechte bleibt in diesem Sinne brüchig und auf aktive Unterstützung durch die jeweils neuen Generationen angewiesen.

9. Ist die Menschenwürde noch unser oberster Wert?

Sind die Menschenrechte und der Respekt vor der Menschenwürde heute gesichert oder neuen Gefahren ausgesetzt? Ganz direkt wurde mir diese Frage bei einem Dinner gestellt, zu dem mich der finanzkräftige Sponsor einer amerikanischen Universität im Anschluss an einen Vortrag in sein Haus geladen hatte. »Ohne Zweifel gibt es Gefahren«, war meine Antwort. Nichts ist historisch auf Dauer gesichert, und ich als Deutscher, dem die Geschichte des Nationalsozialismus und des Holocaust in den Knochen steckt, könne nicht nur anders nicht denken, sondern dürfe es auch nicht. Ja, aber gibt es diese Gefahren denn auch in den alten Demokratien des Westens? – lautete die Rückfrage. Vorsichtig, um die Essensatmosphäre nicht zu belasten, redete ich recht abstrakt von den Spannungen zwischen Werten, etwa zwischen der nationalen Sicherheit und der Menschenwürde, auch in den USA. Erst auf weiteres Insistieren hin ließ ich den Namen »Guantanamo« fallen. »In Guantanamo verteidigen wir die Menschenrechte unserer Bürger«, entgegnete darauf mit erhobener Stimme der Gastgeber.

Dieser Satz klingt in mir seit längerem nach. Was wäre die richtige Antwort auf ihn? Ist er in sich widersinnig, da wir – sobald wir von den Menschenrechten reden – nicht mehr nur an »unsere Bürger« denken dürfen? Ist er berechtigt, wenn Leben und Rechte der eigenen Mitbürger tatsächlich durch Terrorismus oder Krieg bedroht sind? Zeigt er, dass die Verwendung der Begriffe beliebig geworden ist oder es immer schon war?

Viele können die Rede von der Menschenwürde heute nicht mehr hören. Was den einen als Inbegriff einer keimenden globalen Ethik erscheint, als vielleicht einzige Möglichkeit, sich in kulturell pluralen Gesellschaften auf eine Vorstellung vom Guten zu einigen, wird von anderen als politische Heuchelei denunziert, als unverbindliche Leerformel beiseitegeschoben oder (so Horst Dreier in seinem Grundgesetz-Kommentar) als »Einfallstor für bestimmte Partikularethiken oder politische Anschauungen« in die rationale Systematik des Verfassungsrechts beargwöhnt. Keine dieser Befürchtungen ist völlig grundlos. Aber ein Blick in die Geschichte des Begriffs »Menschenwürde« zeigt doch auch ein anderes Bild.

Während der Begriff »Würde« meist dazu diente, bestimmten Individuen oder sozialen Gruppen einen spezifischen Rang zuzusprechen und sie somit in eine Rangordnung zu bringen, zielt der Begriff »Menschenwürde« auf eine allen Menschen und der Menschheit insgesamt zukommende Qualität, nämlich die Person als Träger subjektiver unveräußerlicher Rechte. »Menschenwürde« kommt ausnahmslos allen Menschen zu. Sie wird nicht durch Leistungen erworben und kann nicht durch den Verlust der entsprechenden Leistungsfähigkeit oder durch Verstöße gegen die Menschenwürde anderer verwirkt werden.

Wegen der zentralen Stellung des Menschenwürde-Postulats im deutschen Verfassungsdiskurs ist über die Geschichte dieses Begriffs sehr gründlich geforscht worden. Im Einzelnen mag es hier Kontroversen geben, aber es zeichnet sich doch im Ganzen ein Konsens ab. Nach Anfängen in der römischen Antike (Stoa) haben insbesondere christliche Vorstellungen über die Gottebenbildlichkeit und Gotteskindschaft des Menschen, Ideen des italienischen Humanismus über das selbstschöpferische Potential des Menschen, kolonialethische Debatten nach der »Entdeckung« der Neuen Welt und dann zunehmend ein philosophisches Verständnis der Vernunft eine wesentliche Rolle gespielt. Die Schlüsselstellung schlechthin hat dabei das Denken Immanuel Kants. Für ihn ist die Würde der Menschheit in der moralischen Natur des Menschen begründet. Er macht einen scharfen Unterschied zwischen »Würde« und »Preis«, weil er aller Relativierbarkeit die unbedingte Geltung entgegensetzen will.

Schon bei Kant ist dabei gelegentlich auch von der »Heiligkeit« die Rede, da ihm zufolge eben die Denkungsart der Würde mit einem Preis »gar nicht in Anschlag und Vergleichung gebracht werden [könne], ohne sich gleichsam an der Heiligkeit derselben zu vergreifen«. Dieser Begriff, der auch im Ausdruck »Unantastbarkeit« mitschwingt, wurde Ende des neunzehnten Jahrhunderts – bei Émile Durkheim, dem Begründer der französischen Soziologie – zum Ausgangspunkt einer neuen Betrachtungsweise. Philosophische Begründung ist ihr zufolge das eine; Aufmerksamkeit auf die vielfältigen Prozesse, in denen Menschen überhaupt Höchstgeltung zuschreiben: der Nation, der Kirche, der Wissenschaft, ein anderes. Die Geschichte der Menschenwürde ist so betrachtet die Geschichte der sozialen und kulturellen Prozesse, in denen der Person schlechthin, jedem Menschen und allen, solche Höchstgeltung zugeschrieben wird. Man kann von einer Sakralisierung der Person sprechen.

Folter und Sklaverei etwa, die auch von vielen Christen lange Zeit gerechtfertigt wurden, werden damit als unerträglicher Verstoß gegen die Menschenwürde erkennbar. Die Bedeutung der einzelnen Begrifflichkeit nimmt damit ab. Die einen mögen von der Menschenwürde reden, aber nicht wirklich angetrieben sein von dieser Sakralität der Person. Die anderen sind von ihr angetrieben, werden aber andere Begriffe zur Artikulation ihres Wertempfindens verwenden. Keine religiöse oder säkulare Tradition hat dann ein Monopol auf die Menschenwürde; viele Traditionen, religiöse und säkulare, können an etwas anknüpfen, was in unserer Tradition als Menschenwürde gefasst wurde.[1]

1 Zu Kant und vor allem Durkheim vgl. ausführlicher Kap. 8 dieses Buches.

Mehr als im größten Teil der philosophischen Literatur wurden die sozialen Bedingungen für eine Erfüllung des Postulats universaler Menschenwürde zum Thema, wo die Arbeiterbewegung des neunzehnten und zwanzigsten Jahrhunderts den Kampf gegen menschenunwürdige Zustände und für ein »menschenwürdiges Dasein« (Ferdinand Lassalle) aufnahm. Erfahrungen der Entrechtung und Entwürdigung des Menschen – durch Nationalsozialismus und Faschismus, Kommunismus, Kolonialismus und Imperialismus – haben die Idee, die mit Menschenwürde bezeichnet wird, immer mehr zum Hoffnungszeichen gemacht. Warnungen vor inflationärem Gebrauch oder juristischer Unschärfe werden den Versuchen nicht gerecht, die Sakralität der Person zu artikulieren.

In solche Artikulationsversuche ist eine Expansionstendenz eingebaut. Sie sensibilisieren uns für Missstände und Unrecht, die wir sonst nicht oder nur ungenügend wahrnehmen würden. Wenn homosexuelle Menschen ihre durchgehende Gleichstellung fordern und dies in Begriffen von Menschenrechten und Menschenwürde tun, dann handeln sie gewiss in einer Weise, die die Verfasser mancher Dokumente der Menschenrechtsgeschichte nicht vorhergesehen haben. Aber das nimmt ihrer Forderung nicht die Legitimität. Wenn heute in Bangladesch Menschen an den Arbeitsplätzen ums Leben kommen, an denen sie unsere Kleidungsstücke produzieren, dann weckt uns das aus der Selbstzufriedenheit, mit der wir von der Erreichung menschenwürdiger Arbeitsbedingungen sprechen. Im Diskurs über die Menschenwürde steckt ein prophetisches Potential, das immer auch über das bestehende Recht hinausweist. Es darf nicht durch westlichen Triumphalismus zum Schweigen gebracht werden[2] – ebenso wenig wie durch einen abgeklärten realpolitischen Zynismus, der meint, dass ohnehin nichts die Geschichte beeinflusst als der un-

2 Vgl. Hans Joas, Sind die Menschenrechte westlich?, München 2015.

erbittliche Kampf um Macht und Vorteile. Gewiss ist auch die Rede von der Menschenwürde nicht dagegen gefeit, heuchlerisch verwendet zu werden. Doch gilt dies für alle Werte und Rechte.

Und Guantanamo, ein politisches Gefängnis außerhalb der eigenen Landesgrenzen, wo Menschen ohne Gerichtsurteil weit mehr als ein Jahrzehnt festgehalten werden, ohne Aussicht auf ein Verfahren, zwangsernährt, wenn sie durch Hungerstreik ihre Verzweiflung ausdrücken? Ich hätte dem freundlichen und großzügigen amerikanischen Gastgeber antworten müssen, dass, wer so redet wie er, den Sinn dessen verfehlt, worauf der Westen seinen Stolz begründet.

10. Kirche als Moralagentur?[1]

Die Kirchen in Deutschland können sich gegenwärtig nicht über einen Mangel an öffentlicher Aufmerksamkeit beklagen. In der sogenannten Flüchtlingskrise seit Sommer 2015 sind sie durch spektakuläre Aktionen und Appelle aufgefallen, die ein breites Echo in der Öffentlichkeit gefunden haben. Nicht alle Aufmerksamkeit, die sich auf sie richtet, ist freilich von wohlwollenden Motiven geleitet. Obwohl etwa die Reaktionen der Medien und vieler Menschen in Deutschland auf den persönlichen Stil und die ersten Handlungen und Äußerungen von Papst Franziskus äußerst positiv ausfielen, wissen wir alle, wie rasch die Popularität öffentlicher Figuren auch wieder verlorengehen kann. Anzeichen eines Wandels sind entsprechend nicht zu übersehen. Auf protestantischer Seite war es Wolfgang Huber jahrelang gelungen, in erstaunlicher Weise die Wahrnehmung höchster kirchlicher Ämter mit scharfsinnigen Einlassungen zu vielfältigen Themen der öffentlichen politischen und moralischen Debatten zu verknüpfen. Er wurde so – neben dem prononciert kirchenkritischen Theologen Friedrich Wilhelm Graf – zum profiliertesten öffentlichen Intellektuellen des deutschen Protestantismus in unserer Zeit. Heinrich Bedford-Strohm, Hubers späterer Nachfolger im Amt des EKD-Ratsvorsitzenden, trat sehr bewusst in die Fußstapfen seines akademischen Lehrers und Vorbilds, während Margot Käßmann andere Bedürfnisse der Menschen anspricht als die des

1 Dieses Kapitel beruht auf Überlegungen, die ich in meinem Buch Hans Joas, Kirche als Moralagentur?, München 2016, ausführlicher veröffentlicht habe.

intellektuellen Disputs und damit andere Teile der Öffentlichkeit für sich einnimmt.

Neben dieser aufnahmebereiten, stark personenzentrierten Aufmerksamkeit lässt sich allerdings auch eine skeptische Haltung vor allem gegenüber der Institution Kirche feststellen, die sich in einer Bereitschaft zu Skandalisierungen äußert. Vor allem die katholische Kirche hat dies in den letzten Jahren – teils verdient, teils unverdient – stark erlebt. Die Aufdeckung zahlreicher Fälle sexuellen Missbrauchs und ihrer gewohnheitsmäßigen Vertuschung hat viele Menschen, gläubig oder nicht, tief erschüttert. Das ganze Ausmaß dieser Vorfälle und des Umgangs mit ihnen wird erst langsam bekannt und erschüttert auch die Treuesten der Treuen. Das 2013 offenbar gewordene Finanzgebaren des Limburger Bischofs Franz-Peter Tebartz-van Elst und die institutionelle Ermöglichung dieses Verhaltens haben viele von der Institution Kirche abgestoßen. Weitere Enthüllungen etwa über das Innenleben des Vatikans erscheinen als jederzeit möglich. Manche Kommentatoren gingen während des Pontifikats von Benedikt XVI. so weit, von der größten Krise der katholischen Kirche seit der Zeit der Reformation zu sprechen. Das erscheint allerdings als weit übertrieben und erstaunlich wenig geschichtsbewusst, d. h. vergesslich gegenüber existenzbedrohenden Krisen in der Zeit der Französischen Revolution, der Säkularisation, während Bismarcks »Kulturkampf« und vor allem während der Herrschaft von Nationalsozialismus und Kommunismus. Aber das Gefühl, dass die gesellschaftliche Verankerung der Kirchen durch Milieuerosion, Überalterung und Schrumpfung unsicherer geworden sei und deshalb jede Änderung der Windrichtung in der allgemeinen Öffentlichkeit beträchtliche Auswirkungen auf die Kirchenmitglieder und ihre Bereitschaft zur Zugehörigkeit hat, ist weitverbreitet und nicht unbegründet. Es besteht die Gefahr, dass sich die öffentliche Rolle der beiden großen Kirchen in Deutschland zunehmend in einem Missverhältnis zu ihrer tatsächlichen Stärke befindet. Ich glaube deshalb, dass wir uns in einer Lage befinden, in der eine neue sowohl sozialwissenschaftliche wie theologische Reflexion auf das angebracht ist, was Kirche bedeutet. Diese Reflexion muss alle interessieren, für die der religiöse Glaube mehr ist als ein individuelles Stärkungs- und Trostmittel. So wird er zwar von denjenigen vorwiegend empfunden, die sich heute als »unkirchlich, aber nicht unreligiös« definieren. Wenn aus dem Glauben aber etwas für das Handeln gegenüber anderen Menschen folgen soll und wenn der Glaube vielleicht ohne andere Menschen, die ihn teilen, gar nicht dauerhaft gelebt werden kann, dann stellt sich unweigerlich die Frage nach der richtigen sozialen Organisationsform der Gläubigen. Mit kritischer Distanz zur Kirche, wie sie ist, ist es dann nicht getan. Vielleicht gibt es ja überlegene soziale Organisationsformen, die erörtert werden müssten. Weil weiterhin biblisch gestützte lehramtliche oder theologische Bestimmungen dessen, was Kirche sei, oft nur ein Ideal aufrichten und sich zu wenig um das Maß der gelungenen Verwirklichung dieses Ideals kümmern, müssen auch die Sozialwissenschaften notwendig korrigierend mit ins Spiel kommen.

Leitend für die folgenden Überlegungen ist die Frage nach der Stellung der Kirchen zur Moral der Gesellschaften, in denen sie sich befinden, und zur Rolle der Moral in ihrer Verkündigung und öffentlichen Präsenz – ob Kirche eine Moralagentur der Gesellschaft sei, ihr diese Aufgabe angetragen werde und sie sich selbst als solche verstehen solle. Meine Antwort auf diese Fragen fällt eher skeptisch aus. Das mag manche überraschen, da der Weg meiner Argumentation ja mit einer starken Betonung des moralischen Universalismus im Christentum und damit einem normativen Bezugsrahmen begann. Dieser wurde zwar auch auf die wichtigsten Kennzeichen der religiösen Situation der Gegenwart, nämlich wachsende »Optionalität« durch Individualisierung und Globalisierung, bezogen und auf die im vorliegenden Zusammenhang zentrale Reflexion auf die Sozialgestalt Kirche. Das Ergebnis meiner Überlegungen aber ist, dass eine Moralisierung oder Politisierung der christlichen Botschaft und der Aufgabenstellung der Kirchen nicht als die angemessene Antwort auf die Herausforderungen der Gegenwart anzusehen ist.

Die Kirche, die ich in meinem Buch »Kirche als Moralagentur?« zu beschreiben versuchte, ist kurz gefasst eine missionarische Kirche, begeistert von dem Glauben, der in ihr lebt, global orientiert, sich nicht in ihren Strukturen selbst sakralisierend, zu Kompromissen fähig, weil in ihrem Glauben über einen Kompass verfügend, lernend von anderen Christen, anderen religiösen Traditionen und von säkularen Universalisten.

Eine solche Kirche kann sich deshalb nicht als Moralagentur definieren, weil ihre Botschaft nicht vorrangig eine moralische ist und weil sie sich niemandem als Agentur anbietet. Mit Moral kann man schlecht missionieren, Mission muss von Begeisterung getragen sein und mit dieser Begeisterung anstecken. Moral kann als restriktiv verstanden werden; sie schränkt uns in unseren Handlungsmöglichkeiten ein, verbietet uns bestimmte Ziele und Mittel; Ideale dagegen sind attraktiv, »enabling«, sie vergrößern unsere Handlungsmöglichkeiten, indem sie uns überhaupt erst Wege und Erfahrungen eröffnen, die nicht schon immer gangbar waren.[2] Während wir uns den moralgeleiteten Menschen als einen Hochleistungsathleten vorstellen müssen – so frei nach William James –, der sich auf seinen Willen konzentriert, wird der religiöse oder überhaupt ein von Idealen geleiteter Mensch von einer Leidenschaft getragen. Natürlich kann solche Leidenschaft dann auch zur freudigen Erfüllung moralischer Pflichten motivieren,

2 Die Terminologie ist hier in der Geistesgeschichte schwankend. Während bei William James Moral nur als restriktiv und Religion als attraktiv erscheint, unterscheidet Émile Durkheim verschiedene Arten der Moral. Mir kommt es nicht auf die Terminologie an, sondern auf die Unterscheidung von »restriktiv« und »attraktiv«. Breit entwickelt finden sich diese Gedankengänge in: Hans Joas, Die Entstehung der Werte, Frankfurt/M. 1997.

aber das macht sie nicht selbst zur Moral. Und die Formulierung »Agentur« verweist ja auf eine Bereitschaft, Aufträge anzunehmen und tätig zu werden für einen anderen, weil dieser es so will. Wessen Agentur aber könnten die Kirchen sein, wenn sie sich als Moralagenturen verstünden? Naheliegend wäre es, von Agenturen des Staates zu sprechen, aber seit dem Dritten Reich wollen beide Kirchen in Deutschland trotz aller Abhängigkeit von diesem nicht in den Verdacht zu großer Staatsnähe geraten. Obwohl sie deshalb von der »Gesellschaft« reden oder, wie Wolfgang Huber in seinem wegweisenden Buch »Kirche in der Zeitenwende«,[3] von der »Zivilgesellschaft«, habe ich den Verdacht, dass jede Selbstdeutung der Kirchen als zentral für den moralischen Zusammenhalt der Gesellschaft eine Rechtfertigungsformel für ihre Daseinsberechtigung und für staatliche Subventionierung sein soll. Ich denke, dass nur die spezifischen Bedingungen der Bundesrepublik Deutschland und ihres unverwechselbaren Staat-Kirchen-Arrangements eine solche Formel überhaupt nahelegen. Weder bei scharfer laizistischer Scheidung von Kirche und Staat (wie in Frankreich) noch bei vielfältigem und »echtem« religiösen Pluralismus (wie in den USA) läge diese Bestimmung nahe. In ihr liegt die Formel für einen Deal, der institutionelle Anerkennung im Austausch gegen Selbstbeschränkung aufs Moralische bietet.

Mit dieser Konzentration auf Moral wird aber nicht nur der Eigencharakter des Religiösen verfehlt, sondern auch der des Politischen. Man könnte das die Falle der Gesinnungsethik nennen. Wer ausschließlich mit moralischen Argumenten in politische Debatten eingreift, wird hilflos oder arrogant erscheinen. Hilflos erscheint der, der Stellung nimmt, ohne der Komplexität eines politischen Problems Rechnung zu tragen und ohne sich um

3 Wolfgang Huber, Kirche in der Zeitenwende. Gesellschaftlicher Wandel und Erneuerung der Kirche, Gütersloh 1998.

die absehbaren Wirkungen einer aus moralischen Gründen befürworteten Politik zu kümmern. Arrogant wirkt, wer für die eigene politische Stellungnahme pauschal moralische Höherwertigkeit in Anspruch nimmt und nicht anerkennt, dass andere aus nicht weniger moralischen Impulsen heraus zu einer ganz anderen politischen Schlussfolgerung gelangen können. Dies ist ein wichtiger Angriffspunkt der kirchenkritischen Polemik Friedrich Wilhelm Grafs; er spricht in seiner Aufzählung der sieben Untugenden der Kirchen in Deutschland von der Untugend des Moralismus und geißelt darin die »billige Trivialmoral« von Weihnachtspredigten, den (angeblichen) »Paternalismus« derer, die ethische Bedenken gegen eine Verfügung des Menschen über die Beendigung seines Lebens äußern, und den (angeblichen) Ausschließlichkeitsanspruch eines gesinnungsethischen Pazifismus als christlich rechtfertigbarer Haltung.[4]

Christen ist ein großes Spektrum legitimer politischer Urteile möglich. Das ist im Prinzip unstrittig und lässt sich an Fragen der Haltung zu sozialer Ungleichheit, zu Krieg und Frieden und zur Einwanderungspolitik leicht illustrieren. Obwohl ich persönlich ein Freund der Option für die Armen bin, ein Verteidiger gewaltfreier Konfliktlösung und ein Verfechter der Menschenrechte, weiß ich, dass deshalb nicht alle soziale Ungleichheit, jeder Militäreinsatz und alle Grenzkontrollen und Zuwanderungsbeschränkungen unchristlich sind. Dennoch besteht auf allen Seiten immer die Gefahr, in der politischen Auseinandersetzung unter Christen dem Kontrahenten die Christlichkeit abzusprechen.

Im deutschen Protestantismus gibt es immer wieder intensive Debatten zu diesen Fragen, die ja tatsächlich von großer grundsätzlicher Bedeutung sind. In der katholischen Kirche und außerhalb Deutschlands verlaufen die Fronten oft aber ganz anders als

4 Friedrich Wilhelm Graf, Kirchendämmerung. Wie die Kirchen unser Vertrauen verspielen, München 2011.

im deutschen Protestantismus.[5] Amerikanische katholische Bischöfe etwa haben in der Regierungszeit von Präsident Obama teils schärfste Kritik geübt, vor der heraufziehenden Gefahr einer »säkularistischen Tyrannei« gewarnt oder den philosophischen Säkularismus zur »stärksten Gefahr für die demokratische Freiheit« erklärt. Der Kampf gegen Abtreibung und die Gleichstellung homosexueller Paare bestimmten die Agenda. Auch der Tonfall der amerikanischen katholischen Bischöfe ist hochmoralisch, obwohl ihre politische Botschaft konträr zu der des deutschen Protestantismus ist. In der gegenwärtigen Debatte stellen sich aber nicht nur die traditionellen Fragen nach der Legitimation so starker moralischer Interventionen der Kirchen in den politischen Willensbildungsprozess demokratischer Gesellschaften. Sondern es geht auch um das richtige Verständnis des moralischen Universalismus des Christentums. Wenn sich Kirchen als Moralagenturen einer Gesellschaft verstehen oder doch zumindest, auch wenn sie eine solche Definition zurückweisen würden, faktisch als solche gebärden, dann wird ihr Verständnis dessen, was die christliche Moral ausmacht, für eine Einschätzung ihrer Rolle von zentraler Bedeutung.

»Schaut auf den Einzelnen, es gibt gar nicht die Flüchtlingskrise, -massen, -schwemme, sondern immer nur Aishe und Ahmed.«[6] Das sagte Irmgard Schwaetzer, Präses der Synode der EKD, in ihrer Rede vor dem Zentralkomitee der deutschen Katholiken

5 Für meine Auseinandersetzung mit dem Denken und Wirken des verstorbenen Chicagoer Kardinals Francis George vgl. Hans Joas, Public Religion, Secularism, and the Ethos of Love, in: Gary J. Adler, Jr.(Hg.), Secularism, Catholicism, and the Future of Public Life, Oxford 2015, S. 155–164. Die im Folgenden zitierten Ausdrücke im Text stammen von Francis Cardinal George und sind seinem Buch God in Action. How Faith in God can address the Challenges of the World, New York 2011 entnommen. Einen der wichtigsten Beiträge zur Kritik einer übermäßigen Politisierung der christlichen Kirchen in den USA und eine alternative Vision der »faithful presence« hat James Davison Hunter vorgelegt: To Change the World. The Irony, Tragedy, and Possibility of Christianity in the Late Modern World, Oxford 2010.

6 Irmgard Schwaetzer, Grußwort auf der Vollversammlung des Zentralkomitees der deutschen Katholiken 25. Mai 2016 in Leipzig.

(ZdK), die sie als konfessionsübergreifenden Appell an alle Christen verstand, »stets gegen Hartherzigkeit und Egoismus in der Öffentlichkeit vorzugehen«. Hier wird in seltener Unzweideutigkeit eine moralische Aufforderung zu individuellem caritativen Handeln derart gesteigert, dass es eine politische Problemlage gar nicht mehr zu geben scheint oder jeder Verweis auf eine solche als Minderung der Bereitschaft zu moralischem Handeln erscheinen muss. Das radikale Ethos des Evangeliums scheint wie selbstverständlich die Richtschnur für das politische Handeln von Christen und ihrer Kirchen zu sein. Es ist dann aber unumgänglich, auf die Selektivität aufmerksam zu machen, mit der dieses Ethos für politische Zwecke mobilisiert wird. Würde ein echter Glaube daran, dass es immer nur Einzelne gibt, nur »Aishe und Ahmed«, nicht auch bedeuten, jedes organisierte militärische Handeln abzulehnen? Lässt sich eine Kirche nach dieser Maßgabe überhaupt organisieren? Die Frage, die sich hier stellt, ist die, ob der Universalismus des christlichen Liebesgebots wirklich zu solch unpolitischen Folgerungen zwingt. Mir scheint das keineswegs der Fall zu sein.

In einer der bedeutendsten Schriften zur Spannung zwischen christlichem Ethos und konkreten sozialen Ordnungen und zu den Möglichkeiten, dieser Spannung in der individuellen und kollektiven Lebensführung gerecht zu werden, dem Buch »Christ and Culture«[7], hat der amerikanische protestantische Theologe H. Richard Niebuhr darauf hingewiesen, dass zwar für den christlichen Glauben alle Menschen dieselbe Würde und denselben Wert *vor Gott* haben, dass die Menschen aber in Beziehungen leben, »relationale« Wesen sind, so dass sie für andere Menschen selbstverständlich unterschiedlichen Wert haben. »In Christ there is neither Jew nor Greek, bond nor free, male nor female; but in

---

7 H. Richard Niebuhr, Christ and Culture (1951), New York 2001. Das erste Zitat auf S. 237. Zu diesem Denker vgl. auch Kap. 2 dieses Buches und Hans Joas, Im Bannkreis der Freiheit. Religionstheorie nach Hegel und Nietzsche, Berlin 2020, S. 428–462.

relation to other men a multitude of relative value considerations arise.« Er beruft sich auch auf Luthers Argument, dass ein Einzelner zwar auf den Widerstand gegen Gewalttäter verzichten könne, aber nicht, wenn er zugleich Beschützer anderer sei. Die größere Sünde sei es dann, aus dem individuellen Wunsch nach Heiligkeit heraus seiner Verantwortung für diese anderen nicht gerecht zu werden.[8] Hier stellen sich gewiss komplexe moralische Fragen, zu denen an dieser Stelle nichts Genaueres gesagt werden kann. Klar soll nur werden, dass ein relationales oder auch ein gemeinschaftsbezogenes, d. h. kommunitaristisches Verständnis des Individuums andere moralische Konsequenzen haben kann als ein pur individualistisches, das von den sozialen Beziehungen, Gemeinschaftsbindungen und Institutionen der Menschen absieht.

Denkt man sich die Menschen als notwendig in partikulare Beziehungen und Gemeinschaften eingebettet, dann folgt daraus, dass ihnen aus dieser Einbettung moralische Verpflichtungen erwachsen, die neben den Verpflichtungen bestehen, die sie gegenüber allen Menschen, auch den Fernstehenden, haben. Wir fühlen uns mit guten Gründen etwa unseren Kindern in besonderer Weise verpflichtet. Es wäre nicht moralisch besser von uns, dieses Verpflichtungsgefühl abzustreifen und – wie Mrs. Jellyby in Charles Dickens' Roman »Bleak House« als Verkörperung »teleskopischer Philanthropie« – unsere eigenen Kinder wegen unseres Engagements für die Kinder in Afrika zu vernachlässigen. Auch moralische Universalisten leben mit höchst partikularen Verpflichtungen, die nicht von geringerer moralischer Qualität sind als die Verpflichtungen, die unmittelbar aus dem moralischen Universalismus folgen. Eine Formel zur Verrechnung dieser Verpflichtungen oder zu einer Rangordnung von ihnen gibt es nicht und kann es nicht geben. Partikulare und universalistische Verpflichtungen bestehen in inkommensurabler Weise nebeneinander. Sie müssen

8 Ebd., S. 178.

gegeneinander ausbalanciert werden – sowohl in konkreten Lebensführungsentscheidungen von Individuen wie in den demokratischen politischen Willensbildungsprozessen von Kollektiven.

Bezogen auf die Fragen der Einwanderungspolitik hat der amerikanische politische Philosoph Michael Walzer dargelegt, um die Auflösung welcher Dilemmata in konkreter Überlegung und Entscheidung es dabei geht.[9] Für ihn besteht kein Zweifel daran, dass Kollektive mit Mitgliedschaftsregelungen und so auch Staaten mit Staatsangehörigkeitsrecht prinzipiell darüber bestimmen dürfen, wer von ihnen als Mitglied neu aufgenommen wird. Das heißt aber keineswegs, dass sie bei ihren Entscheidungen oder bei der Festlegung von Kriterien für die Neuaufnahme oder von quantitativen Regelungen völlig frei wären und keinen normativen Vorgaben unterlägen, die sich aus einer universalistischen Moral, aber eben auch aus partikularen Verpflichtungen ergeben. Aus der universalistischen Moral kann sich eine Verpflichtung zur Aufnahme von Menschen ergeben, die in besonders hohem Maße des Schutzes bedürfen; aus den partikularen Verpflichtungen können Regelungen zugunsten von Angehörigen der eigenen Ethnie (z. B. den Russlanddeutschen) oder den Vertretern von Werten, die für besonders verwandt gehalten werden (verfolgte Christen oder demokratische Aktivisten), folgen.

Im Anschluss an das Buch Walzers hat sich eine intensive Diskussion über weitere solcher normativen Verpflichtungen entwickelt. In seinem Vorschlag einer Theorie der »konstitutiven Gerechtigkeit«, d. h. einer Klärung, was Gerechtigkeit bei der Konstitution von Kollektiven bedeutet, zählt der amerikanische katholische Theologe William Barbieri,[10] die Ergebnisse dieser Debatte zusammenfassend, zehn solche Kriterien auf. Eingegangene internationale Verpflichtungen gehören ebenso dazu wie

9 Michael Walzer, Sphären der Gerechtigkeit. Ein Plädoyer für Pluralität und Gleichheit (1983), Frankfurt/M. 1992, S. 65–107.

10 William A. Barbieri Jr., Constitutive Justice, New York 2015, hier S. 100.

wechselseitige Hilfsversprechen. Erneut kommt es an dieser Stelle nicht auf die Details der normativen Überlegungen an, sondern nur auf das Grundsätzliche. Dieses liegt darin, dass das großartige universalistische Liebesethos des Evangeliums, wenn es über seinen grundsätzlich unpolitischen Charakter hinaus zum Maßstab politischen Handelns gemacht werden soll, keineswegs zu einer Negation spezifischer partikularer Verpflichtungen zwingt.

Es ist ein Missverständnis des christlichen Liebesgebots, wenn es so aufgefasst wird, als setze es die Forderungen der Gerechtigkeit und politischen Klugheit außer Kraft. Selbst im Neuen Testament wird das Prinzip der Gerechtigkeit nicht durch das der Liebe *ersetzt.* Im Lukasevangelium (Lk 6,20–49) wird in Jesu »Feldrede« bekanntlich die Goldene Regel neben das Gebot der Feindesliebe gestellt. Gewiss geht die neue Botschaft über die Goldene Regel als den moralischen Ausdruck des Reziprozitätsprinzips hinaus. Wir dürfen aber dieses Neue am Liebesgebot nicht einfach im Sinne eines alternativen moralischen Prinzips auffassen. Tun wir das, dann verstricken wir uns in die seit Kant erörterten Schwierigkeiten und Paradoxien, wie Liebe denn überhaupt geboten werden könne. Der Ausweg liegt darin,[11] der Liebe eine »supramoralische« Dimension zuzusprechen; auch hier ist wieder die Unterscheidung zwischen dem Attraktiven und dem Restriktiven der entscheidende Schlüssel. Christen stehen danach nicht unter einem unerfüllbaren Gebot, das ihnen Gehorsam abfordert und Liebesgefühle, die sie nicht haben, welche sie sich aber gegen ihre spontanen Neigungen einreden müssen. Christen sind vielmehr Menschen, deren Lebensgefühl von der Erfahrung durch-

11 Um eine Klärung dieses Zusammenhangs habe ich mich in früheren Schriften bemüht, wobei die Auseinandersetzung mit Max Scheler und Paul Ricœur für mich besonders lehrreich war. Vgl. Joas, Die Entstehung der Werte, Kapitel 6 und 10; ders., Liebe, Gabe, Gerechtigkeit, in: Hans Joas (Hg.), Die Zehn Gebote. Ein widersprüchliches Erbe?, Köln/Weimar 2006, S. 175–183; ders., Die Sakralität der Person. Eine neue Genealogie der Menschenrechte, Berlin 2011, S. 147 ff.

drungen ist, dass Gott die Menschen und seine ganze Schöpfung liebt, Jesus Christus diese göttliche Liebe in Menschengestalt verkörpert und sein Vorbild uns einlädt, ihm nachzufolgen und ihn im Rahmen unserer menschlichen Möglichkeiten nachzuahmen. Da aber die Liebe in eine in diesem Sinne »supramoralische« Dimension fällt, kann sie die Prinzipien der Organisation des sozialen Lebens wie das Prinzip der Gerechtigkeit in der Gestaltung eines Gemeinwesens, aber eben auch schon in seiner Konstitution, nie ersetzen. Sie kann nur die Regeln der Moral jeweils neu interpretieren, uns dazu befähigen, moralisch zu handeln, unsere Bindung an die Moral stabilisieren, Gnade, Großzügigkeit, Demut ermöglichen, eine Reduktion auf bloß kalkulatorische Reziprozität verhindern. Nur in sektenhaften Randerscheinungen war das Christentum das, was Max Weber in seinen vergleichenden Studien zur Wirtschaftsethik der Weltreligionen einen »Liebesakosmismus« genannt hat, d. h. eine radikale »weltlose« Hingabe an das Ethos der Brüderlichkeit ohne Rücksicht auf die Eigenlogik politischen und wirtschaftlichen Lebens.[12] Die Kirchen waren nie so orientiert. Es hat nicht zu ihrer Glaubwürdigkeit beigetragen, als sie plötzlich in einer einzelnen national und international hoch umstrittenen Frage wie der eines Verzichts auf die Schließung der deutschen Grenzen so taten, als sei gar kein Zweifel möglich, dass dies für sie ebenso wie für den einzelnen Christen die offensichtliche Orientierung sei.

Am Ausgangspunkt all dieser Überlegungen steht die Frage nach einem angemessenen Verständnis von Kirche in unserer Zeit. Was Kirche ist, sein kann und sein soll, erscheint neu klärungsbedürftig in einer Zeit, in der immer mehr Menschen keinen Sinn darin sehen, einer anzugehören, gleichwohl aber die Kirchen eine beträchtliche und selbstbewusste Rolle in den moralischen und

12 Max Weber, Gesammelte Aufsätze zur Religionssoziologie, Bd. 1 (1920), Tübingen 1988, z. B. S. 546.

politischen Auseinandersetzungen der Öffentlichkeit spielen. Ich versuche, ausgetretene Wege zu verlassen und weder eine innerkirchlich-theologische Selbstverständigung über Kirche einfach fortzusetzen noch die Sozialwissenschaften als Mittel der Kirchen- und Religionskritik einzusetzen. Dringend für die Klärung des normativen Bezugsrahmens erscheint dabei ein Rückgang auf die grundlegende Formel zur Bestimmung von Kirche, die ein wichtiges Konzil der Spätantike hervorgebracht hat und die seither im Glaubensbekenntnis der Christen wiederholt wird und sie über die konfessionellen Differenzen hinweg verbindet. Es zeigt sich, dass die Formel des Konzils von Nicäa (325), die Kirche sei »una, sancta, catholica et apostolica«, sich so auf die gegenwärtige Begriffssprache beziehen und in sie übersetzen lässt, dass sie eine geradezu aufregende Aktualität entwickelt.[13] In ihr drückt sich die Begeisterung über einen Weg aus, ein universalistisches Ideal auf Dauer stellen zu können und für es eine institutionelle Gestalt gefunden zu haben. Gerade in einer Zeit, in der der christliche Glaube in mehrfacher Hinsicht seine kulturelle Selbstverständlichkeit verloren hat, wird diese Aktualität spürbar. Der Glaube ist heute in zweifacher Hinsicht zu einer Sache der Option geworden: zum einen durch die unvermeidlich gewordene Begegnung der Gläubigen mit anderen, die ihre Konfession oder ihren christlichen Glauben nicht mit ihnen teilen, wobei Wert darauf gelegt wurde, zwischen bloßer Koexistenz und echter Optionalität oder »echtem Pluralismus« zu unterscheiden, zum anderen aber auch durch die Globalisierung des Christentums, durch seine neue Inkulturation etwa in Ostasien und die Rückwirkungen dieser Entwicklungen auf traditionell christlich geprägte Kulturen. In einer Zeit mithin, in der der Glaube zur Option geworden ist und in Europa weithin der Nichtglaube zur Normalität, kann die Botschaft des christli-

13 Karl Kardinal Lehmann, Das katholische Christentum, in: Hans Joas/Klaus Wiegandt (Hg.), Sälularisierung und die Weltreligionen, Frankfurt/M. 2007, S. 44–77.

chen Glaubens nur durch eine neue Sprache und eine mutige Elementarisierung seiner Botschaft neu artikuliert werden.

Was aber bedeutet dies für die Kirchen? Ich versuche – gewiss nicht als Erster oder Einziger – unter zeitgenössischen Bedingungen den Blick auf das staunenswerte Phänomen zu richten, dass das Christentum mit der Institution »Kirche« etwas hervorgebracht und über zwei Jahrtausende bewahrt hat, was sich über die schlichte Zusammenfassung der geteilten Heiligkeitssymbole und Weltanschauung eines Stammes, Volkes oder Staats erhebt und ein universalistisches Ideal auf Dauer stellt. Dabei ist dieser Gedanke in keiner Weise schönfärberisch gemeint. Ohne Zweifel hat sich in dieser Kirche oder in den Kirchen immer wieder eine faktische Fusion mit Volk oder Staat abgespielt, sind eigene Korruptionserscheinungen der Institution Kirche zutage getreten oder hat sich die Institution von den von ihr verkündeten Idealen weit entfernt. Wer heute das Staunenswerte, um nicht zu sagen Wunderbare, an der enormen historischen Kontinuität der Kirche hervorhebt, tut dies nur dann nicht in kitschiger oder triumphalistischer Weise, wenn Kirche in zwei Hinsichten relativiert wird. Zum einen ist Kirche eben nie die einzige soziale Organisationsform der Christen gewesen; es hat immer auch Christen gegeben, die etwa ihr radikales Verständnis der christlichen Botschaft in den kompromissorientierten Kirchen nicht befriedigt fanden und durch eigene Gründungen von dem, was ohne Abwertung eine »Sekte« genannt werden kann, oder durch lockere Zusammenschlüsse mit anderen, mit denen intensive religiöse Erfahrungen geteilt werden, alternative Formen des Glaubenslebens erfanden. Zum anderen haben auch andere Formen universalistischer Idealbildung etwa in Ost- und Südasien zu institutionellen Erfindungen geführt, um die Unabhängigkeit von Völkern und Staaten zu ermöglichen, mit ähnlichen Formen des Rückfalls wie im Fall der Kirchen freilich. Ein historisch-sozialwissenschaftliches Verständnis von Kirche muss heute den Pluralismus der sozialen

Organisationsformen des Christentums als Reichtum des Christentums darstellen und die Besonderheiten aller dieser Formen durch den Vergleich mit anderen Religionen herausarbeiten. Damit werden neue Formen institutioneller Synthesebildung innerhalb des Christentums denkbar, aber sogar über dieses hinaus im Dialog aller universalistisch orientierten Religionen miteinander. Welche Lernprozesse dieser Art schon in der Vergangenheit stattfanden, etwa zwischen Judentum, Christentum und Islam[14] oder sogar darüber hinaus mit den großen asiatischen Religionstraditionen, wird dadurch von höchstem Interesse.

Vor einer solchen Folie des Kirchenverständnisses nehmen sich manche Erscheinungsformen der Gegenwart anders aus, als es geläufig ist. Alle Konzentration des Christentums und der Kirchen auf Moral erscheint dann als höchst problematisch, alle Spezialisierung auf moralisch gezielte Interventionen in der Öffentlichkeit erst recht. Das gilt ganz offensichtlich für die Konzentration auf Fragen der Sexualmoral, die das Bild der katholischen Kirche in der Öffentlichkeit bis zu Papst Franziskus so unglücklich bestimmt hat, zumal dabei nur selten der Eindruck ernster moralischer Sensibilität aufkommen konnte und es eher um ewige Nachhutgefechte einer Institution zu gehen schien, die den epochalen Charakter der Frauenemanzipation und der Ausdehnung des Menschenrechtsverständnisses auf die sexuelle Selbstbestimmung nicht in ihr Welt- und Geschichtsbild aufnehmen konnte. Weniger offensichtlich aber findet sich diese Problematik auch dort, wo aus den Fehlern übergroßer Nähe zum vordemokratischen Staat – wie im Fall des deutschen Protestantismus, der noch der Weimarer Republik als erster deutscher Demokratie überwiegend mit größter Reserve gegenüberstand – der Schluss gezogen wird, es sei jetzt angebracht, die Öffentlichkeit über das

14 Vorzüglich dazu: Michael Borgolte, Christen, Juden, Muselmanen. Die Erben der Antike und der Aufstieg des Abendlandes 300 bis 1400 n. Chr., Berlin 2006.

zu belehren, was sie unter Demokratie zu verstehen habe. Einem ausschließlich im Sinn des Liebesethos verstandenen Christentum wurde hier wenigstens in Andeutungen ein komplexeres Verständnis von Liebe und Gerechtigkeitsmoral und des Verhältnisses von universalistischen und partikularen moralischen Verpflichtungen entgegengehalten. Gerade der supramoralische Charakter der Liebe spricht gegen eine Verengung des Glaubens und der Kirche auf Moral. Gerade die Eigenständigkeit des christlichen Glaubens auch gegenüber den Ideologien des demokratischen Staats und die zumindest potentielle Unabhängigkeit der Kirchen vom Staat sollten die Rolle der Kirchen als Moralagentur als gefährliche Versuchung erkennen lassen. Dieser Versuchung erliegen die Kirchen viel häufiger, als es ihre ausdrückliche Zustimmung zu einer solchen Rolle erscheinen lässt.

Wichtiger als eine ausdrückliche oder stillschweigende Akzeptanz der Rolle als Moralagentur wäre es, wenn in den Kirchen ein anderer, brüderlicher oder geschwisterlicher Umgang auch und gerade mit den unvermeidbaren Differenzen in den politischen Einschätzungen herrschen würde. Die caritativen und diakonischen Leistungen der Kirchen können ebenso wie die Arbeit ihrer Bildungseinrichtungen und Schulen stärkere Wirkung haben als demonstrative politische Präsenz. Doch kann von einer anderen Art des Umgangs miteinander in den Kirchen leider oft keine Rede sein. In der katholischen Kirche entscheidet traditionell meist letztlich klerikale Macht, und in der protestantischen entgleisen leicht die Kontroversen so, dass ein Unterschied zum Parteienstreit nicht mehr erkennbar wird. Ein anderer Umgang miteinander, wenn er als Vorschein dessen, was die Kirchen verkünden, erlebbar wäre, hätte selbst, da bin ich sicher, missionarische Wirkung. Deshalb soll am Ende dieses Kapitels das ein wenig hilflose, aber doch Hoffnung spendende Wort stehen, das dem Apostel Paulus im Brief an die Epheser (4,2) zugeschrieben wird: »Habt Geduld und sucht in Liebe miteinander auszukommen.«

11. Globale Verantwortung und partikulare Verpflichtung der Kirche

Es gehört zu den befriedigendsten Erfahrungen im Leben eines Autors, wenn seine Schriften nicht nur gelesen, sondern zum Gegenstand gründlicher Auseinandersetzung genommen werden. Unvergesslich ist mir der Stimmungswandel bei meinem ersten Besuch auf der Frankfurter Buchmesse in den frühen 1970er Jahren, als mein Hochgefühl, mein erstes Werk ausgestellt zu sehen, schlagartig von der Sorge verdrängt wurde, im Ozean der Neuerscheinungen schlicht unbemerkt unterzugehen. Die Aufmerksamkeit, die nun meinem kleinen Buch von 2016 »Kirche als Moralagentur?«[15] zuteilwurde, überraschte mich in dreifacher Hinsicht besonders positiv: zum einen, weil das Buch eben nur ein kleines Nebenprodukt meines Schaffens darstellt; dann deshalb, weil der Kreis der Diskutanten ein besonders feiner ist und einige der führenden deutschen Theologen der beiden großen christlichen Konfessionen sowie eine der profiliertesten christlichen Politikerinnen unseres Landes sich ausführlich zu meinem Buch geäußert haben; schließlich auch deshalb, weil die ersten Reaktio-

15 Hans Joas, Kirche als Moralagentur?, München 2016. Vgl. auch das vorhergehende Kapitel im vorliegenden Band. Das vorliegende Kapitel bezieht sich auf den Diskussionsband: Jochen Sauermeister (Hg.), Kirche – nur eine Moralagentur?, Freiburg 2019. Soweit nicht anders angegeben, sind die Beiträge zu diesem Band hier Gegenstand meiner Erwiderung. Alle Seitenzahlen im Text beziehen sich ebenfalls darauf.

nen wichtiger Führungspersönlichkeiten der deutschen Kirchen auf meine Kritik an ihrer einschränkungslosen Unterstützung der migrationspolitischen Entscheidungen von Bundeskanzlerin Merkel darauf hinausliefen, meine Vorbehalte für gegenstandslos zu erklären. Niemand vertrete doch die Vorstellung, Kirchen sollten Moralagentur sein, und niemand unterstütze die Bundesregierung undifferenziert. Salopp gesagt, es wurde mir signalisiert, ich renne schlicht offene Türen ein.

Das konnte ich wegen der Vielzahl anderer Reaktionen, die ich erhielt, nicht recht glauben. Schließlich legte sogar die »Kammer für öffentliche Verantwortung« der EKD im Sommer 2017 ein bemerkenswert selbstkritisches »Impulspapier« vor und lud mich zu dessen öffentlicher Erörterung ein.[16] In den Beiträgen zur Diskussion scheint mir die beschriebene Haltung kaum – am ehesten bei Annette Schavan – vorzukommen. Ulrich Körtner teilt meine kritische Haltung in dieser Hinsicht ohnehin und hat dies in der Öffentlichkeit sehr deutlich gemacht;[17] Magnus Striet behandelt den kritisierten Sachverhalt als Tatsache und wirft den politischen Stellungnahmen der Kirchenleitungen in diesem Zusammenhang eine Neigung zur »unlauteren Komplexitätsreduktion« vor; der mittlerweile verstorbene Eberhard Schockenhoff schrieb (61), dass »sich die Gefahr, dass moralische Appelle an die Politik mit dem Pathos einer gesinnungsethischen Überlegenheit vorgetragen werden, kaum leugnen« lasse. Und Peter Dabrock meint wohlwollend, dass meine Bedenken vielleicht nicht berechtigt seien, die bei mir »und anderen durchbrechende Hermeneutik des

16 Konsens und Konflikt: Politik braucht Auseinandersetzung. Zehn Impulse der Kammer für öffentliche Verantwortung der EKD zu aktuellen Herausforderungen der Demokratie in Deutschland. (Französische Friedrichstadtkirche, Berlin, 21.8.2017) in: epd-Dokumentation Nr. 44 (1.11.2017). Darin auch mein Kommentar: Hans Joas, Um die »konstitutive Gerechtigkeit« streiten, S. 16–17.

17 Ulrich H. J. Körtner, Für die Vernunft. Wider Moralisierung und Emotionalisierung in Politik und Kirche, Leipzig 2017.

Verdachts gegen die Kirchen aber als wichtiges Signal zu werten sei, dass im Einzelnen die Differenz (nicht Dichotomie) zwischen Religion und Moral/Politik« (52) von den Vertretern der Religionen selbst unterminiert werde. Mit diesen Bekundungen, dass ich vielleicht mit meiner Problembeschreibung nicht ganz an der Wirklichkeit vorbeigehe, scheint mir der Boden für ein gutes Gespräch bereitet.

So erfreulich die Aufmerksamkeit für den Autor ist, so irritierend sind manchmal aber die Wiedergaben der Argumentation und die kurz aufscheinenden Motivunterstellungen. Es wäre kleinlich und für die Leser ermüdend, wenn ich jedes Detail zu korrigieren versuchte. Ich beschränke mich deshalb auf einige wenige Themen und gehe zunächst darauf ein, warum ich dieses Buch überhaupt verfasst habe (1). Dann konzentriere ich mich auf zwei Themenkomplexe, die in allen Beiträgen berührt werden, nämlich die Rolle der Unterscheidung von Gesinnungs- und Verantwortungsethik (2) und das Verhältnis von Moral und Religion (3). Zum Abschluss frage ich kurz, was das alles für unser Verständnis von Kirche heute bedeutet.

1.

Annette Schavan mutmaßt in ihrem Beitrag,[18] dass mein »Ausgangspunkt und wohl auch das für den Text auslösende Ärgernis [...] das Verhalten der Kirchen angesichts der Flüchtlinge, die seit Sommer 2015 nach Deutschland kommen« (82), gewesen sei. Gegenstand meiner Kritik, meint sie weiter, sei »eine Haltung der Gesinnungsethik und politischen Präsenz, die den Zweifel verachtet«. Beides ist zu einfach und trifft so nicht zu; es scheint mir notwendig, dies deutlich zu machen. Mein Text hat einen eindeu-

18 Annette Schavan, Gewissen bilden, nicht Gewissen ersetzen wollen (S. 81–96).

tig identifizierbaren und leicht dokumentierbaren Ursprung in der Konferenz »Renewing the Church in a Secular Age«, die im März 2015 an der Päpstlichen Universität Gregoriana in Rom abgehalten wurde. Ich hatte die Ehre, neben Charles Taylor, José Casanova und Tomáš Halík einen der Hauptvorträge halten zu dürfen. Dabei bemühte ich mich, meiner Faszination über die historische Tatsache Ausdruck zu geben, dass es die Kirche überhaupt gibt – als eine Gemeinschaft oder Institution neben dem Staat mit einer unerhörten, um nicht zu sagen mirakulösen Kontinuität. Meine Absicht war es, auch denjenigen die Augen zu öffnen, die Kirche viel zu selbstverständlich als Gegebenheit in der Welt hinnehmen, und auch die Herausforderung aufzunehmen, die in der Existenz von Kirche für eine historisch-vergleichende sozialwissenschaftliche Erforschung von Religion liegt. Die ersten Teile des Buches »Kirche als Moralagentur?« zeigen meines Erachtens deutlich, dass ich mich nicht als quasi berufsmäßigen »Kirchenkritiker« sehe, sondern durch die Erinnerung an den Sinn von Kirche auf die innerkirchlichen Diskussionen über ihre Selbstreform einzuwirken versuche.[19]

Als ich im selben Jahr 2015 für den Herbst zur »XVII. Konsultation von Kirchenleitung und wissenschaftlicher Theologie« der VELKD nach Eisenach eingeladen wurde, beschloss ich, aus meinem für Rom verfassten Manuskript einen Text von überkonfessioneller Relevanz zu machen. Im Herbst 2015 wäre es dann merkwürdig zeitabgewandt gewesen, dabei nicht auch auf die spezifische Rolle der Kirche in der aktuellen migrationspolitischen Lage einzugehen. Der Titel der Veranstaltung, nicht von mir stammend, war »Kirche und Theologie als Moral-Agenturen der Gesellschaft?«. An diesen Titel, von der VELKD kreiert, lehnt sich mein Buchtitel an.[20]

19 Vgl. dazu den Titelaufsatz des vorliegenden Bandes.

20 Jetzt ohne meinen (eben separat veröffentlichten) Beitrag erschienen als: Claas Cordemann/Gundolf Holfert (Hg.), Moral ohne Bekenntnis? Zur Debatte um Kirche als zivilreligiöse Moralagentur, Leipzig 2017.

Diese Entstehungsgeschichte kann nicht nur plausibel machen, dass ich mich nicht als »Kirchenkritiker« sehe, sondern dass es auch falsch ist, mir eine totale Skepsis gegen jede politische Beteiligung der Kirchen an der demokratischen Willensbildung (oder gar am Kampf für Demokratie) zu unterstellen. Meine Arbeiten zur Geschichte der Menschenrechte[21] sind doch viel mehr von der Trauer durchzogen, dass die christlichen Kirchen hier lange Zeit eine viel zu wenig dynamische Rolle gespielt haben. Meine Skepsis gegenüber der gegenwärtigen politischen Rolle der Kirchen in Deutschland ist viel spezifischer begründet. Ich beklage die selektive Moralisierung, die darin liegt, auf migrationspolitischem Gebiet in einer Weise mit dem Evangelium zu argumentieren, wie dies auf anderen Gebieten – etwa der Friedens- und Rüstungspolitik – gerade nicht geschieht. Ich beklage die moralische Ablehnung von restriktiven Maßnahmen, die dazu führt, dass ein politischer Pluralismus auf diesem Gebiet innerhalb der Kirchen nicht ermutigt, sondern perhorresziert wird. Und ich habe anhand einzelner Zitate die Neigung attackiert, politische Fragen auf individualistisch-moralische zu reduzieren. Diese Kritik ist mehr als eine, wie Annette Schavan annimmt, an »Form und Stil mancher Stellungnahme« (91) der Kirchen. Sie ist aber nicht vom Standpunkt eines radikal antipolitischen Glaubensverständnisses aus vorgetragen.

2.

Meine Kritik ist auch nicht mit der einfachen Unterscheidung von Gesinnungs- und Verantwortungsethik zu erfassen. Fast alle Beiträge zur Diskussion scheinen aber von dieser Annahme auszugehen. Es ist für mich erstaunlich, dass – vielleicht aus diesem

21 Hans Joas, Die Sakralität der Person. Eine neue Genealogie der Menschenrechte, Berlin 2011; ders., Sind die Menschenrechte westlich?, München 2015.

Grunde – kein einziger Beitrag auf das Argument eingeht, das ich selbst als meinen eigentlichen Beitrag zur Migrationsdebatte verstehe.

Ich selbst sehe das zentrale Argument[22] in meiner an H. Richard Niebuhr und Michael Walzer anknüpfenden These, dass auch moralische Universalisten Menschen mit partikularen Verpflichtungen sind und bleiben und sie deshalb zwei inkommensurable Arten von Verpflichtungen zu balancieren haben. Dies scheint mir der philosophische Weg aus dem Dilemma, entweder als moralischer Universalist, der selbstverständlich gleiche Rechte für alle Staatsbürger unabhängig von ihrer Ethnizität verficht, dann auch für internationale Freizügigkeit als Menschenrecht eintreten zu müssen,[23] oder umgekehrt als Vertreter einer restriktiveren Immigrationspolitik auf die Seite derer zu treten, die Eingewanderte als Staatsbürger minderen Rechts behandeln. Mit der Unterscheidung von Gesinnungs- und Verantwortungsethik wird man dieser Problematik nicht gerecht.

Diese Unterscheidung hat, auch wenn sie nicht im Zentrum meiner Argumentation steht, ihren eigenen guten Sinn. Dieser besteht meines Erachtens in der Moralisierung der Frage, welche Folgen ein gut gemeintes Handeln hervorruft. Ich selbst sehe mich in dieser Hinsicht wie die amerikanischen Pragmatisten, auf die ich mich seit Jahrzehnten stütze, als Verantwortungsethiker, insofern ich die bewusste Ignoranz gegenüber erkennbaren Handlungsfolgen für moralisch verantwortungslos halte. Ich bin mir aber auch bewusst, dass wir selbst die Folgen unserer Handlungen nur sehr unvollkommen einschätzen können und es deshalb manchmal sicherer sein kann, sich starr an das von der Gesinnung Gebotene zu halten. Der konkrete historische Kontext, in dem Max Weber die Unterscheidung von Gesinnungs- und Verantwor-

22 Vgl. Kap. 10 dieses Buches.

23 Jan Brezger, Internationale Freizügigkeit als Menschenrecht, Frankfurt/M. 2018.

tungsethik verwendete, war ja die Polemik gegen die pazifistischen Kriegsgegner im Ersten Weltkrieg.[24] Wer will aber heute behaupten, dass die »realistischen« Kriegsbefürworter damals die Folgen besser einschätzten als die unbedingten, gesinnungsethischen Kriegsgegner?

Mein Verhältnis zum Diskussionsbeitrag von Ulrich Körtner[25] ist davon bestimmt, dass ich vieles an seiner Zielrichtung teile, aber die argumentativen Mittel bei ihm doch von meinen sehr verschieden sind. Ich teile seine Skepsis gegen die Rolle der Kirchen als »Hüter der bundesrepublikanischen Zivilreligion« (99) und finde seine Einwände gegen die Formel Richard von Weizsäckers, die Kirchen sollten zwar nicht selbst Politik machen, wohl aber Politik möglich machen – eine Formel, die sogar im Titel des Diskussionsbeitrags von Peter Dabrock[26] auftaucht – sehr scharfsinnig. Wir unterscheiden uns aber nicht nur im Status, den die Unterscheidung von Gesinnungs- und Verantwortungsethik in unseren jeweiligen Argumentationen einnimmt, sondern auch in unserer Sicht auf die angebliche Entwicklungstendenz funktionaler Differenzierung in modernen Gesellschaften und entsprechend unserer Einschätzung der Soziologie Niklas Luhmanns. Körtner findet in Luhmann eine Grundlage für sein Argument von den Gefahren der Moralisierung. Ich selbst habe an vielen Stellen meiner soziologisch-theoretischen Schriften ausführlich begründet, warum ich große Vorbehalte gegen die Theorie funktionaler Differenzierung und die von Luhmann ausgehende »Faszination der

24 Vgl. dazu den Aufsatz von Günther Roth, Max Weber's Ethics and the Peace Movement Today, in: Theory and Society 13 (1984), S. 491–511. Ich habe daran angeknüpft im Kapitel »Kriegsideologien« in: Hans Joas, Kriege und Werte. Studien zur Gewaltgeschichte des 20. Jahrhunderts, Weilerswist 2000, S. 87–125, hier S. 99, Anm. 21.

25 Ulrich H. J. Körtner, Moralisierung und Entmoralisierung des christlichen Glaubens (S. 97–116).

26 Peter Dabrock, »Nicht Politik machen, Politik möglich machen«. Zur begrenzten Legitimität religiöser Moral (S. 35–56).

Amoralität« habe.[27] Weil Körtner diesen Differenzen nicht nachgeht, erscheint ihm meine Kritik, die doch gerade den moralischen Universalismus des Christentums betont, als selbstwidersprüchlich. Meine Kritik einer »selektiven Moralisierung« ist eben nicht von der Position einer »amoralischen Soziologie« aus formuliert.

Hier ist nicht der richtige Ort, um die weithin geführten und bald die Zeithistoriker beschäftigenden Fragen über die Gründe für Angela Merkels Entscheidung im Herbst 2015, über ihre Folgen und ihre Berechtigung fortzusetzen. Da zwei der Beiträge aber recht ausführlich darauf eingehen, komme ich nicht umhin, mich zu ihrer Argumentation kurz zu äußern.

Annette Schavan sieht die entscheidende Determinante in einem humanitären, in ihrem Christentum begründeten Motiv der Bundeskanzlerin. Die persönliche Nähe der ehemaligen Bundesbildungsministerin zur Bundeskanzlerin gibt ihrer Äußerung ein Maß persönlicher Glaubwürdigkeit, dem ich nichts entgegenzusetzen habe. Ich weise nur ganz schüchtern darauf hin, dass Angela Merkel lange Zeit nicht gerade durch Geradlinigkeit und Gesinnungsstärke aufgefallen ist, sondern durch radikale politische Richtungswechsel etwa auf den Gebieten der Sozialpolitik und der friedlichen Nutzung der Atomenergie. Auch als sie als Oppositionsführerin 2003 in der amerikanischen Presse und auf dem Boden der USA dem amerikanischen Präsidenten in einem Bruch nationaler Loyalität mit der deutschen Regierung ihre Unterstützung für den Irakkrieg aussprach, kann dies kaum aus christlich-humanitären Motiven heraus geschehen sein. Und selbst auf dem Gebiet der Migrationspolitik ließe sich fragen, ob die große Not-

27 Mit diesem Begriff spiele ich an auf den Aufsatz von: Sighard Neckel/ Jürgen Wolf, Die Faszination der Amoralität. Zur Systemtheorie der Moral, in: Prokla 18 (1988), S. 57–77. Zu meiner Kritik an Luhmann vgl. Hans Joas, Die Kreativität des Handelns, Frankfurt/M. 1992, S. 306–325; ders./Wolfgang Knöbl, Sozialtheorie, Berlin 2011 (3. Auflage), S. 351–392. Peter Dabrock nimmt (38–41) die Differenz zwischen Luhmann und mir wahr, sieht sie aber als oberflächlicher an, als sie ist.

lage an der Grenze nicht auch deshalb entstand, weil vorher den sich abzeichnenden Problemen nur wenig Gedanken gewidmet wurden – eine unwahrscheinliche Konstellation, wenn das humanitäre Motiv schon lange eine große Rolle gespielt haben sollte.

Interessanterweise erscheint bei Annette Schavan die Bundeskanzlerin in der Tat als Gesinnungsethikerin, während Eberhard Schockenhoff eine ausführliche verantwortungsethische Rechtfertigung ihrer Entscheidung entwickelt – ausführlicher als alles, was die Bundeskanzlerin selbst vorgetragen hat. In seiner Argumentation[28] spielt die Einmaligkeit und Unausweichlichkeit der Notsituation die zentrale Rolle. Aber ohne die Rekonstruktion der Vorgeschichte, ohne Auseinandersetzung mit den einzelnen Handlungen und ihrer (Hyper-)Rechtfertigung danach und seither scheint mir dieser Fokus eine Vereinfachung und ein Versuch, die Entscheidung als »alternativlos« zu präsentieren. Es fehlt auch jeder Versuch, sich mit christlichen Argumentationen für eine restriktivere Migrationspolitik – von den Einlassungen des evangelischen Theologen und Politikers Richard Schröder bis zur Kirche in Polen – auseinanderzusetzen. Wenn die Formulierung von der »Fundamentalopposition gegen jede Aufnahme von Flüchtlingen« (64) auf mich bezogen sein sollte, möchte ich sie ausdrücklich als falsche Wiedergabe meiner Position zurückweisen. Schockenhoff geht sogar so weit, ein Argument in Anspruch zu nehmen, das mir bisher nur als kritische Motivunterstellung begegnet ist (64): die Flüchtlingskrise als Chance der Deutschen, sich vor der Weltöffentlichkeit zwar nicht von der Schuld des Holocaust zu befreien, aber doch ein neues Bild bieten zu können und einen guten Grund für nationalen Stolz gefunden zu haben. Mir scheinen solche Motive die Gefahren für eine sachorientierte Politik eher zu vergrößern.

28 Eberhard Schockenhoff, Für eine Kirche, die sich einmischt. Die Problematik kirchlicher Stellungnahmen zu politischen Streitfragen (S. 57–80).

An dieser Stelle könnte es hilfreich sein, zwei verschiedene Problematiken deutlich voneinander zu trennen. In der bisherigen Erörterung ging es vornehmlich um das Verhältnis von Religion und Moral auf der einen Seite zur Politik auf der anderen. Im folgenden Abschnitt erst wird es um das Verhältnis von Religion und Moral zueinander gehen. Die Unterscheidung der Politik von Religion *und* Moral hat nicht den Sinn, Religion und Moral jede politische Bedeutung abzusprechen. Wie Ulrich Körtner (113) bin ich der Meinung, dass es »nicht darum geht, das Politische und den Glauben auseinanderzureißen, sehr wohl aber darum, beide voneinander zu unterscheiden«. Wie Annette Schavan (81) meine ich, dass die Botschaft des Jesus von Nazareth zwar nicht politisch, aber auch nicht politisch folgenlos ist, und dass das Politische und das Christliche, wie sie Klaus Hemmerle zitiert (92), Impuls füreinander werden können. Gerade wegen dieser fundamentalen Einigkeit wundert es mich, dass es in den Beiträgen immer wieder Passagen gibt, die nur dann sinnvoll sind, wenn mir die Forderung nach einem komplett unpolitischen Christentum unterstellt wird.[29] Warum schreibt Annette Schavan über die imponierende Rolle von Papst Johannes Paul II. beim Sturz der kommunistischen Herrschaft in Polen? Warum widerspricht Eberhard Schockenhoff am Schluss seiner Auseinandersetzung mit mir (79) der Vorstellung, »die Kirchen und ihre amtlichen Re-

29 Ich bin deshalb dem Herausgeber des Diskussionsbandes dankbar, dass er in seiner eigenen Auseinandersetzung mit meinem Buch dies deutlich macht, wenn er schreibt: »Mit seiner sozialwissenschaftlich-theologischen Kritik redet Hans Joas also gerade nicht einem harmlosen apolitischen Christentum das Wort. Vielmehr geht es ihm im Kern darum, beobachtbare Moralisierungstendenzen im Politischen seitens der Kirche aufzudecken und insofern zu problematisieren, als sie aus theologischen bzw. religiösen, politischen und ethischen Gründen nicht angemessen sind.« (Vgl. Jochen Sautermeister, »Kirche als Moralagentur?« Theologisch-ethische Überlegungen zur moralischen und politischen Relevanz von Kirche in der Gesellschaft, in: Münchener Theologische Zeitschrift 68 (2017), S. 292–305, hier S. 298. Er erkennt auch die zentrale Stellung meines Arguments zu den partikularen moralischen Verpflichtungen der moralischen Universalisten (S. 297).

präsentanten sollten sich generell aus der Politik heraushalten«? Warum beginnt Peter Dabrock seinen Aufsatz mit der Frage (35): »Dürfen sich hochrangige Kirchenvertreter zu politischen Fragen äußern?« Hier könnte ich jeweils vom Einrennen offener Türen sprechen. Meine Kritik an der selektiven Moralisierung einzelner Politikfelder und am mangelnden Respekt vor der politischen Pluralität innerhalb der Kirchen, wie sie sich auf dem Feld der Migrationspolitik zeigt, ist – ich wiederhole es – viel spezifischer und geht in solchen abstrakten Fragen eher unter, als dass sie adressiert würde.

3.

Eine für mich erstaunlich große Rolle spielt in den Beiträgen von Schockenhoff und Dabrock meine spezifische Verwendung der Begriffe »Moral« und »Religion« und die Verhältnisbestimmung der so unterschiedenen Phänomenbereiche. Für mich erstaunlich ist diese große Rolle, weil ich selbst in der Frage dieser Begriffswahl eher leidenschaftslos bin. Ich möchte zuerst erklären, worum es mir der Sache – und nicht der Terminologie – halber an dieser Stelle geht, um dann von dort aus auf diejenigen Teile der Beiträge einzugehen, die hier einen fundamentalen Punkt der Kontroverse unterstellen.

Der Sache nach geht es mir um die analytische Unterscheidung des Restriktiven und des Attraktiven auf den Gebieten von Religion und Moral. Ich denke, alle Menschen kennen aus ihrer Erfahrung das Erlebnis des Angezogenseins von anderen Menschen und von Vorstellungsgehalten, die Imagination, durch Bindung an diese ein anderer, weiterer, freierer Mensch zu werden. Ebenso kennen alle Menschen die Erfahrung, dass ihnen etwas von anderen Menschen und von dem, was sie für gut und richtig halten, verwehrt wird und sie deshalb in ihren Handlungsmöglichkeiten eingeschränkt werden. Diese Unterscheidung ist, gerade auch, weil sie in unserer Erfahrung gegründet ist, nicht von mir erfunden worden. Sie hat eine lange Tradition in der Philosophie und den Wissenschaften vom Menschen. Allerdings verfügt weder die Philosophie noch verfügen diese Wissenschaften über ein einheitliches Vokabular. Während einzelne Philosophen diese Unterscheidung mit den Begriffen ethisch versus moralisch zu fassen versuchen, ist für andere die Ethik eine Dimension der Reflexion auf Moral. Während einzelne Soziologen den Unterschied auf die Begriffe Werte versus Normen bringen, sprechen andere von den zwei Seiten oder Formen der Moral. Mit der Aufzählung verschiedener Terminologien und ihrer jeweiligen Vor- und Nachteile könnte man länger fortfahren. Ich bin Magnus Striet[30] dankbar, dass er in der spezifischen Begriffswahl ein Moment der Willkür sieht; über Worte sollte man nicht streiten. Ich selbst habe mich in meinen Schriften, vor allem in dem Buch von 1997 »Die Entstehung der Werte«,[31] ausführlich zu den Sach- und Begriffsfragen geäußert. Für meine Ausdrucksweise spielt dabei vor allem der amerikanische Pragmatist und Religionspsychologe William James eine zentrale Rolle, der die Unterscheidung »restriktiv« und »attraktiv« mit der von »moralisch« und »religiös« parallelisiert. Dabei mag bei ihm eine Art antipuritanischer Affekt eine wichtige Rolle gespielt haben, die Befreiung von einer im Moralismus erstarrenden oder die Religion auf eine »morality touched by emotion« (Matthew Arnold) reduzierende Tradition. Ich gebe zu, Sympathie für diesen Affekt zu haben, verlange aber von niemand, dem dies nicht zusagt, sich mir terminologisch anzuschließen.

Wichtig ist aber, dass ich von einer analytischen Unterscheidung des Restriktiven und des Attraktiven gesprochen habe. Da-

30 Magnus Striet, Jenseits von Heteronomie – oder: Kirche als Glaubensagentur (S. 117–135, hier S. 135, Anm. 6).

31 Hans Joas, Die Entstehung der Werte, Frankfurt/M. 1997; ders. (Hg.), Was sind religiöse Überzeugungen?, Göttingen 2003.

mit ist gemeint, dass die beiden Erfahrungsweisen nicht auf völlig getrennte Wirklichkeitsbereiche entfallen. Es käme mir nicht in den Sinn, die restriktiven Folgen der Erfahrung von Attraktivität zu bestreiten. Weniger abstrakt ausgedrückt: Wer sich verliebt und wessen Verliebtsein zu einer glückenden Liebesbeziehung geführt hat, der übernimmt damit selbstverständlich Treue- und Hilfsverpflichtungen, die auch restriktiven Charakter haben. Im glücklichen Fall werden diese aber durch den Geist der Attraktivität, der sie durchweht, eine leichte Last sein. Ebenso liegt es mir fern zu bestreiten, dass ein System normativer Regelungen – von den Zehn Geboten bis zum Grundgesetz – seine eigene Attraktivität entwickeln kann, ebenso wie das bloße Phänomen des Gewissens, des moralischen Gesetzes in mir, laut Kant eine ebensolche Erfahrung der Bewunderung und Ehrfurcht auslösen kann wie der Anblick des bestirnten Himmels über mir.

All dies ist hier zu erwähnen, weil ich plausibel machen will, dass ich den schönen exegetischen Ausführungen von Eberhard Schockenhoff über »die Einbeziehung der Moral in die Religion« ganz zustimmen kann, wenn ich ihnen *sein* Verständnis dieser Begriffe und nicht *meine* Verwendungsweise zugrunde lege. Es konkurrieren hier nicht, wie er meint, ein dissoziatives und ein integratives Modell. Mit Verlaub: Der größte Teil meiner Arbeiten zur Geschichte der Menschenrechte würde unverständlich, wenn ich so dächte, wie mir hier unterstellt wird.

Beim Aufsatz von Peter Dabrock ist leider Ähnliches festzustellen. Ich bin ihm ganz besonders dankbar, weil er mehr als die anderen Beiträger in seiner Erörterung meines kleinen Buches über die Kirche als Moralagentur auch andere Arbeiten von mir heranzieht, die ja eben, wie das immer der Fall ist, erst den Kontext für ein angemessenes Verständnis ergeben. Auch in seinem Fall nehme ich an dieser Stelle gewiss eine terminologische, aber keine sachliche Differenz wahr. Er meint (50), ich tue mir keinen Gefallen, wenn ich Normen und Werte »radikal« voneinander trenne. Aber die »radikale« Unterscheidung von Begriffen impliziert doch nicht die Annahme einer radikalen Geschiedenheit in den Phänomenen. Oft können wir die Phänomene aber dadurch besser auf den Begriff bringen, dass wir begrifflich klare Unterscheidungen treffen. Das meine ich, von Max Weber gelernt zu haben.

Etwas ironisch an dem in vieler Hinsicht brillanten Aufsatz von Peter Dabrock berührt mich, dass er am Schluss gerade auf meine – an Émile Durkheim anknüpfende – Formel von der »Sakralität der Person« zurückkommt, wenn er die wichtigsten Orientierungsmuster der Gegenwart zu bestimmen versucht. Diese Formel verdankt sich aber einer Konzeption von Sakralität, des Heiligen, die dieses nicht vornehmlich als restriktiv, sondern als attraktiv bestimmt. Gerade das Heilige zeigt aber auch, wie seine Attraktivität durch Restriktivität, zum Beispiel Berührungs- und Zutrittsverbote, gesichert wird.

Mehrere der Diskussionsbeiträger kommen dort, wo sie ihre Bestimmung des Verhältnisses von Moral und Religion vortragen, auf die Philosophie Kants zu sprechen. Das ist auch völlig berechtigt, weil Kants (einseitige) Bestimmung dieses Verhältnisses von epochaler Bedeutung für die kontinentaleuropäische Philosophie und die protestantische (nachholend dann auch in den letzten Jahrzehnten die katholische) Theologie ist. Von systematischer Bedeutung scheint mir hier vor allem die Frage, wie an Kants Verständnis von Autonomie anzuknüpfen ist, ohne dass Religion als Heteronomie erscheint. Bei Ulrich Körtner gibt es dazu einige beeindruckende, von Dietrich Bonhoeffer inspirierte Passagen. Auch bei Magnus Striet findet sich am Schluss eine Bestimmung des Glaubens, die in diese Richtung weist, wenn er schreibt, dass der Glaube »immer auch Ringen und Sich-Erfreuen an Gott [ist], Dankbarkeit für das Daseindürfen und das Vertrauen darauf, dass das Ganze an ein gutes Ende geführt wird«. (134) Unklar ist mir, wie seine Ausführungen zur Prophetie als »sich selbst nicht reflexiv gewordene Autonomie« (129) sich hierzu verhalten. Scheint hier doch ein säkularistisches Autonomie-Verständnis auf? Ich selbst suche hier im Anschluss an Paul Tillich und Paul Ricœur einen Denkweg, der an dieser Stelle aber nicht weiterverfolgt werden kann.[32]

4.

Alle diese wertvollen Diskussionsbeiträge artikulieren am Schluss jeweils auch eine Verallgemeinerung der eingenommenen Perspektive auf die Frage hin, was der jeweils vorgetragene Gedankengang für Kirche heute bedeutet. Annette Schavan schließt sich dabei eng an die Pastoralkonstitution des Zweiten Vatikanischen Konzils »Gaudium et spes« und an die Erneuerung von deren Geist im Wirken von Papst Franziskus an; sie begrüßt meine Aufforderung zu einer neuen sozialwissenschaftlichen Reflexion über Kirche, äußert sich aber nicht zu den Gründen, auf die ich in meinem Buch auch zu sprechen kam, warum so vieles im Konzil Begonnene in den Jahrzehnten seither wieder versandet ist. Eberhard Schockenhoff plädiert für eine Kirche, die sich einmischt, lässt aber dabei die inneren Probleme der sich so einmischenden Kirche in diesem Text völlig unbeleuchtet. Magnus Striet wird sehr konkret und fordert eine stärkere Dezentralisierung der katholischen Kirche. Ulrich Körtner spricht im Anschluss an Bonhoeffer von einer »wartenden Kirche« und einer »wartenden Theologie« – beides in einem Geist der Redlichkeit, der es erlaubt, nicht Gewissheit vorzutäuschen, wo diese nicht vorliegt. Er sieht keinen Widerspruch zwischen einer solchen »wartenden Kirche« und meiner Vorstellung einer missionari-

32 Ausführlich dazu Teil III »Die Suche nach einer anderen Freiheit« in Hans Joas, Im Bannkreis der Freiheit. Religionstheorie nach Hegel und Nietzsche, Berlin 2020, S. 275–292, v. a. die Ausführungen über Theonomie und Autonomie in der Einführung S. 282–292.

schen Kirche, bei der das Missionarische ja nicht aus Moral folgt und nicht zur moralischen Forderung wird. Dem kann ich gut zustimmen und es als Anstoß zu vertieftem Nachdenken nehmen. Peter Dabrock entwickelt sein Kirchenverständnis an dieser Stelle am deutlichsten. Er spricht von einem »responsiven Verständnis von Kirche und Glaubensidentität« (40). Ausdrücklich stimmt er mir zu, wenn er schreibt, »dass eine Kirche ihre ihr zugesagte, offene Identität verfehlt, wenn sie nur Sollenssätze in die Welt hinausposaunt«. (45) Er meint freilich, dass seine schöne Skizze »der Kirche als lebendiger Zeugnisgemeinschaft des Letzten und ihren Selbstvergewisserungen und Ausdrucksweisen im Vorletzten« (ebd.) über mein Kirchenverständnis hinausgehe, da es dem »Handeln, der Handlungsorientierung und auch damit verbundener Moralität Bedeutung« (ebd.) zuerkenne. Doch folgt diese Annahme einer Differenz zwischen uns aus den Missverständnissen, die meine spezifische Weise der Verwendung der Begriffe Moral und Religion offensichtlich mitverursacht hat.

Abschließend möchte ich darauf verweisen, dass mein Motiv, Kirche historisch-soziologisch zu verstehen, nach dem Vergleich mit anderen sozialen Organisationsformen des religiösen Transzendenzbezugs verlangt. »Kirche« ist nicht die einzige soziale Organisationsform der Christen, und andere transzendenzbezogene Religionen wie Judentum und Islam haben ihre eigenen sozialen Organisationsformen konstituiert; darauf habe ich in diesem Buch immer wieder hingewiesen. Dies ist meines Erachtens der Rahmen, in dem eine Soziologie der Kirche noch viel weiter entwickelt werden muss.[33] Außerdem möchte ich ein bisher nicht genanntes Motiv enthüllen, das in keinem der Diskussionsbeiträge

33 Vgl. dazu auch Hans Joas, Die Macht des Heiligen. Eine Alternative zur Geschichte von der Entzauberung, Berlin 2017, S. 184–195 und den Titelaufsatz dieses Bandes (Kap. 2). Bemerkenswert in dieser Richtung ist: Ulrich Schmiedel, Elasticized Ecclesiology. The Concept of Community after Ernst Troeltsch, Basel 2017.

auftaucht. Da ich die Schwächung des Christentums in Deutschland, vor allem in seiner protestantischen Form, wesentlich auf seine Verbürgerlichung im neunzehnten Jahrhundert und die Entfremdung zwischen Kirche und Arbeiterschaft zurückführe, reagiere ich mit Sorge, wenn weitere Schritte in diese Richtung unternommen werden. Manchmal mag ich mir hier unbegründet Sorgen machen; manchmal mag die Entfremdung schon so groß sein, dass es auf neuerliche Schritte gar nicht ankommt. Ich gebe aber zu bedenken: So weit entfernt die deutschen christlichen Bildungsschichten heute vom Nationalismus und Antisemitismus ihrer Vorfahren sind, so wenig sind sie sich oft bewusst, dass auch ein vielreisendes, multilinguales, prononciert antinationalistisch-europabegeistertes Bürgertum ein Bürgertum sein kann, dessen Wahrnehmungsfähigkeit gegenüber der Weltsicht und den Interessenlagen derjenigen einheimischen Menschen, die nicht zu ihm gehören, nur wenig entwickelt ist.

Coda: In seinem Alterswerk, dem Roman »Der neunzigste Geburtstag«, schildert der große katholische Erzähler Günter de Bruyn eine junge (westdeutsche) Pastorin in einem brandenburgischen Dorf. Sie heißt im Buch Anna Merkel, weist aber gleich ungefragt darauf hin, dass sie mit der Bundeskanzlerin nicht verwandt sei. Auf diese Klarstellung folgt unmittelbar der etwas mysteriöse Satz »Zwar komme sie wie diese aus einem evangelischen Pfarrhaus, sei sich aber, im Gegensatz zu ihr, der daraus erwachsenen Verpflichtungen bewusst.«[34] Dieser Satz, das meint zumindest der männliche Adressat dieser Bemerkung im Roman, wird erst durch den Gottesdienst verständlich, den die Pastorin kurz nach der Unterhaltung mit ihm und zehn oder zwölf Frauen abhält. In Predigt, Liedern und Gebeten geht es um die Feststellung, »dass Religion nicht Sache des Wissens, sondern des Glaubens sei. Sie sei auch Morallehre, vor allem aber Künderin

34 Günter de Bruyn, Der neunzigste Geburtstag, Frankfurt/M. 2018, S. 140.

des Göttlichen und Jenseitigen, dem mit Aufklärung nicht beizukommen sei. Eine Kirche, die sich, wie leider schon zu oft in ihrer Geschichte, zum Knecht des immerfort wechselnden Zeitgeistes mache, übe Verrat an sich selbst. Die Frohe Botschaft, die sie zu verkünden hatte, war nicht die der Willkommenskultur oder des Klimaschutzes, sondern die des Evangeliums, das heißt des Gottes, der Mensch geworden war.«[35] Durch dieses Erlebnis spürt der Zuhörer, wie das »in ihm schlummernde Christliche [...] wieder ein wenig« aufzublühen[36] beginnt.

35 Ebd., S. 143.
36 Ebd., S. 144.

Literaturverzeichnis

Althen, Christina: Machtkonstellationen einer deutschen Revolution. Alfred Döblins Geschichtsroman »November 1918«, Frankfurt/M. 1993.

Arendt, Hannah: Elemente und Ursprünge totaler Herrschaft (1951), München 1986.

Auer, Manfred: Das Exil vor der Vertreibung. Motivkontinuität und Quellenproblematik im späten Werk Alfred Döblins, Bonn 1977.

Barbato, Mariano: Double Bind. Der Synodale Weg und die Entmachtung des katholischen Klerus, in: Herder Korrespondenz 75 (2021), S. 24–26.

Barry, Jonathan/Hester, Marianne/Roberts, Gareth (Hg.): Witchcraft in early modern Europe. Studies in culture and belief, Cambridge 1996.

Bellah, Robert N.: Der Ursprung der Religion. Vom Paläolithikum bis zur Achsenzeit, Freiburg 2011.

Berger, Peter L.: A bleak outlook is seen for religion, in: The New York Times, April 25, 1968.

Billington, James H.: Fire in the Minds of Men. Origins of the Revolutionary Faith, London 1980.

Bogner, Daniel, Ihr macht uns die Kirche kaputt ..., ... doch wir lassen das nicht zu, Freiburg 2019.

Bondy, François: Kołakowski. Grundmuster und Exempel. »Christen ohne Kirche« – »Sozialisten ohne Partei«?, in: Europäische Ideen 33 (1977), S. 12–17.

Borgolte, Michael: Christen, Juden, Muselmanen. Die Erben der Antike und der Aufstieg des Abendlandes 300 bis 1400 n. Chr., Berlin 2006.

Brecht, Bertolt: Peinlicher Vorfall, in: ders., Gesammelte Werke, Bd. 10, Frankfurt/M. 1967.

Brezger, Jan: Internationale Freizügigkeit als Menschenrecht, Frankfurt/M. 2018.

de Bruyn, Günter: Der neunzigste Geburtstag, Frankfurt/M. 2018.

Buber, Martin: Ich und Du (1923), Stuttgart 2021 (hg. von Bernhard Lang).

Burge, Ryan P.: The Nones. Where They Come From, Who They Are, and Where They Are Going, Minneapolis 2021.

Burgess, Ernest: The Family. From Institution to Companionship, New York 1945.

Casanova, José: Religion, the Axial Age, and Secular Modernity in Bellah's Theory of Religious Evolution, in: Robert N. Bellah/Hans Joas (Hg.), The Axial Age and Its Consequences, Cambridge, Mass. 2012, S. 191–221.

Certeau, Michel de: Mystische Fabel. 16. bis 17. Jahrhundert, Berlin 2010.

Chaunu, Pierre: Deuxième ou troisième Réforme? Le XVIIe siècle des hétérodoxes, in: Annales 25 (1970), S. 1574–1590.

Cordemann, Claas/Holfert, Gundolf (Hg.): Moral ohne Bekenntnis? Zur Debatte um Kirche als zivilreligiöse Moralagentur, Leipzig 2017.

Daston, Lorraine/Park, Katharine: Wunder und die Ordnung der Natur 1150–1750, Berlin 2002.
Davie, Grace: Religion in Modern Europe. A Memory Mutates, Oxford 2000.
Dewey, John: A Common Faith, New Haven 1934.
Dietz, Hella: Polnischer Protest. Zur pragmatistischen Fundierung von Theorien sozialen Wandels, Frankfurt/M. 2015.
Dilcher, Gerhard: Der Staat als herrschaftlich-genossenschaftlich verfasstes Gemeinwesen, in: Walter Pauly/Klaus Ries (Hg.), Staat und Historie. Leitbilder und Fragestellungen deutscher Geschichtsschreibung vom Ende des 19. bis zur Mitte des 20. Jahrhunderts, Baden-Baden 2021, S. 113–142.
Döblin, Alfred: Christentum und Revolution, in: ders., Schriften zur Literatur, Olten/Freiburg 1963, S. 379–383.
Döblin, Alfred: Brief an Wilhelm Hausenstein vom 31.01.1947, in: ders., Briefe, Olten 1970.
Döblin, Alfred: November 1918 (4 Bde.), München 1978.
Döblin, Alfred: Autobiographische Schriften und letzte Aufzeichnungen, Olten/Freiburg 1980.
Döblin, Alfred: Der unsterbliche Mensch/Der Kampf mit dem Engel, Frankfurt/M. 2016.
Dollenmayer, David B.: The Berlin Novels of Alfred Döblin, Berkeley 1988.
Dollinger, Roland: Totalität und Totalitarismus im Exilwerk Döblins, Würzburg 1994.
Douglas, Jack D.: The Social Meanings of Suicide, Princeton, N. J. 1967.
Dubus, Andre: Ehebruch und anderes, Reinbek 1988.
Durkheim, Émile: L'évolution pédagogique en France, Paris 1938.
Durkheim, Émile: Deux lois de l'évolution penale (1901), in: ders., Journal sociologique, Paris 1969, S. 244–273.
Durkheim, Émile: Der Selbstmord (1897), Neuwied und Berlin 1973.
Durkheim, Émile: Débat sur l'éducation sexuelle (1911), in: ders., Textes, Bd. 2, Paris 1975, S. 241–251.
Durkheim, Émile: Die elementaren Formen des religiösen Lebens (1912), Frankfurt/M. 1981.
Durkheim, Émile: Der Individualismus und die Intellektuellen (1898), in: Hans Bertram (Hg.), Gesellschaftlicher Zwang und moralische Autonomie, Frankfurt/M. 1986, S. 54–70.
Durkheim, Émile: Über soziale Arbeitsteilung (1893), Frankfurt/M. 1988.
Durkheim, Émile: Physik der Sitten und des Rechts. Vorlesungen zur Soziologie der Moral (hg. von Hans-Peter Müller), Frankfurt/M. 1991.

Etzioni, Amitai: Soziologie der Organisation, München 1967.

Feldhay, Rivka: Religion, in: The Cambridge History of Science, Bd. 3, Early Modern Science, (hg. von Katharine Park, Lorraine Daston), Cambridge 2008, S. 727–755.
Foucault, Michel: Überwachen und Strafen. Die Geburt des Gefängnisses, Frankfurt/M. 1976.
Francis, E. K.: Toward a Typology of Religious Orders, in: American Journal of Sociology 55 (1950), 5, S. 437–449.

Frühwald, Wolfgang: Rosa und der Satan. Thesen zum Verhältnis von Christentum und Sozialismus im Schlußband von Alfred Döblins Erzählwerk »November 1918«, in: Werner Stauffacher (Hg.), Internationale Alfred-Döblin-Kolloquien Basel 1980/New York 1981/Freiburg 1983, Bern 1986, S. 239–256.

George, Francis Cardinal: God in Action. How Faith in God can address the Challenges of the World, New York 2011.

Gierke, Otto von: Das deutsche Genossenschaftsrecht. 4 Bde. (1868–1913), Darmstadt 1954 (Nachdruck).

Goldmann, Lucien: Der verborgene Gott. Studien über die tragische Weltanschauung in den Pensées Pascals und im Theater Racines, Frankfurt/M. 1985.

Gorski, Philip: Am Scheideweg. Amerikas Christen und die Demokratie vor und nach Trump, Freiburg 2020.

Graf, Friedrich Wilhelm: Kirchendämmerung. Wie die Kirchen unser Vertrauen verspielen, München 2011.

Griewank, Karl: Der neuzeitliche Revolutionsbegriff. Entstehung und Entwicklung, Weimar 1955.

Guardini, Romano: Zwischen zwei Büchern (1965), in: ders., Vom Sinn der Kirche/Die Kirche des Herrn, Mainz/Paderborn 1990, S. 105–113.

Guardini, Romano/Bollnow, Otto F.: Begegnung und Bildung, Würzburg 1956.

Gustafson, James L.: Treasure in Earthen Vessels. The Church as a Human Community (1961), Louisville, Kt. 2009.

Habermas, Jürgen: Theorie und Praxis. Sozialphilosophische Studien, Frankfurt/M. 1971.

Hadot, Pierre: Qu'est-ce que la philosophie antique?, Paris 1995.

Hamsun, Knut: Mysterien, München 1925.

Heidegger, Martin: Gelassenheit, Pfullingen 1956.

Heidrich, Christian: Leszek Kołakowski. Zwischen Skepsis und Mystik, Frankfurt/M. 1995.

Honigsheim, Paul: Religionssoziologie, in: Gottfried Eisermann (Hg.), Die Lehre von der Gesellschaft. Ein Lehrbuch der Soziologie, Stuttgart 1958, S. 119–181.

Honneth, Axel: Kritik der Macht. Reflexionsstufen einer kritischen Gesellschaftstheorie, Frankfurt/M. 1986.

Huber, Wolfgang: Kirche in der Zeitenwende. Gesellschaftlicher Wandel und Erneuerung der Kirche, Gütersloh 1998.

Hunter, James Davison: To Change the World. The Irony, Tragedy, and Possibility of Christianity in the Late Modern World, Oxford 2010.

Inglehart, Ronald F.: Giving Up on God. The Global Decline of Religion, in: Foreign Affairs 99 (2020), S. 110–118.

Jahraus, Oliver: Subjekte der Geschichte – Geschichten des Subjekts. Döblins Erzählwerk »November 1918«, in: Claude D. Conter u. a. (Hg.), Der Erste Weltkrieg als Katastrophe. Deutungsmuster im literarischen Diskurs, Würzburg 2014, S. 175–192.

James, William: Der Wille zum Glauben (1897), in: ders., Essays über Glaube und Ethik, Gütersloh 1948, S. 40–67.
Jaspers, Karl: Vom Ursprung und Ziel der Geschichte, München 1949.
Jay, Martin: A Missed Opportunity: Leszek Kołakowski in Berkeley, in: Salmagundi 166/167 (2010), S. 3–9.
Jenkins, Philip: The Next Christendom. The Coming of Global Christianity, Oxford 2002.
Ji Zhe: Religion, modernité et temporalité. Une sociologie du bouddhisme chan contemporain, Paris 1916.
Joas, Hans: Die Kreativität des Handelns, Frankfurt/M. 1992.
Joas, Hans: Die Entstehung der Werte, Frankfurt/M. 1997.
Joas, Hans: Kriege und Werte. Studien zur Gewaltgeschichte des 20. Jahrhunderts, Weilerswist 2000.
Joas, Hans (Hg.): Was sind religiöse Überzeugungen?, Göttingen 2003.
Joas, Hans: Braucht der Mensch Religion? Über Erfahrungen der Selbsttranszendenz, Freiburg 2004.
Joas, Hans (Hg.): Die Zehn Gebote. Ein widersprüchliches Erbe?, Köln/Weimar 2006.
Joas, Hans: Die säkulare Option. Ihr Aufstieg und ihre Folgen, in: Deutsche Zeitschrift für Philosophie 57 (2009), S. 293–300.
Joas, Hans: Die Kontingenz der Säkularisierung. Überlegungen zum Problem der Säkularisierung im Werk Reinhart Kosellecks, in: ders./Peter Vogt (Hg.), Begriffene Geschichte. Beiträge zum Werk Reinhart Kosellecks, Berlin 2011, S. 319–338.
Joas, Hans: Die Sakralität der Person. Eine neue Genealogie der Menschenrechte, Berlin 2011.
Joas, Hans: Glaube als Option. Zukunftsmöglichkeiten des Christentums, Freiburg 2012.
Joas, Hans: Was ist die Achsenzeit? Eine wissenschaftliche Debatte als Diskurs über Transzendenz, Basel 2014.
Joas, Hans: Die lange Nacht der Trauer. Erzählen als Weg aus der Gewalt?, Gießen 2014.
Joas, Hans: Public Religion, Secularism, and the Ethos of Love, in: Gary J. Adler, Jr. (Hg.), Secularism, Catholicism, and the Future of Public Life, Oxford 2015.
Joas, Hans, Sind die Menschenrechte westlich?, München 2015.
Joas, Hans: Wann glauben Religionen an sich selbst?, in: Frankfurter Allgemeine Zeitung (03.08.2015).
Joas, Hans: Kirche als Moralagentur?, München 2016.
Joas, Hans: Die Macht des Heiligen. Eine Alternative zur Geschichte von der Entzauberung, Berlin 2017.
Joas, Hans: Um die »konstitutive Gerechtigkeit« streiten, in: epd-Dokumentation Nr. 44 (1.11.2017), S. 16–17.
Joas, Hans (Hg.): David Martin and the Sociology of Religion, London 2018.
Joas, Hans: Friedensprojekt Europa?, München 2020.
Joas, Hans: Im Bannkreis der Freiheit. Religionstheorie nach Hegel und Nietzsche, Berlin 2020.
Joas, Hans: Mutter Kirche, in: Herder Korrespondenz 75 (2021), S. 15–16.

Joas, Hans/Knöbl, Wolfgang: Sozialtheorie. Zwanzig einführende Vorlesungen, Frankfurt/M. 2004.

Johnson, Ian: The Souls of China. The Return of Religion After Mao, New York 2017.

Kant, Immanuel: Grundlegung zur Metaphysik der Sitten (1785), in: Werke (hg. von Wilhelm Weischedel), Bd. VII, Frankfurt/M. 1982, S. 7–102.

Kaufmann, Franz-Xaver: Kirchenkrise. Wie überlebt das Christentum?, Freiburg 2011.

Kiesel, Helmuth: Literarische Trauerarbeit. Das Exil- und Spätwerk Alfred Döblins, Tübingen 1986.

Koepke, Wulf: The Critical Reception of Alfred Döblin's Major Novels, New York 2003.

Kołakowski, Leszek: Der Mensch ohne Alternative. Von der Möglichkeit und Unmöglichkeit, Marxist zu sein, München 1960.

Kołakowski, Leszek: Chrétiens sans Église. La Conscience religieuse et le lien confessionnel au XVIIe siècle, Paris 1969.

Kołakowski, Leszek: Religiöse Symbole und humanistische Kultur (1967), in: ders., Geist und Ungeist christlicher Traditionen, Stuttgart 1971, S. 90–112.

Kołakowski, Leszek: Die Gegenwärtigkeit des Mythos, München 1973.

Kołakowski, Leszek: Europa und die Illusion des kulturellen Universalismus, in: Hans Rössner (Hg.), Rückblick in die Zukunft, Berlin 1981, S. 29–48.

Kołakowski, Leszek: Horror metaphysicus. Das Sein und das Nichts, München 1988.

Kołakowski, Leszek: Modernity on Endless Trial, Chicago 1990.

Körtner, Ulrich H. J.: Für die Vernunft. Wider Moralisierung und Emotionalisierung in Politik und Kirche, Leipzig 2017.

Koselleck, Reinhart: Kritik und Krise. Eine Studie zur Pathogenese der bürgerlichen Welt (1959), Frankfurt/M. 1973.

Król, Marcin: Leszek Kołakowski. Le philosophe et la religion, in: Esprit 106/10 (1985), S. 63–81.

Lauster, Jörg: Die Verzauberung der Welt. Eine Kulturgeschichte des Christentums, München 2014.

Locke, John: A Letter Concerning Toleration. Latin and English Texts Revised and Edited with Variants and an Introduction by Mario Montuori, Den Haag 1963.

Luhmann, Niklas: Das Recht der Gesellschaft, Frankfurt/M. 1993.

Lukes, Steven: Emile Durkheim. His Life and Work, Harmondsworth 1977.

Lukes, Steven: Leszek Kołakowski 1927–2009, in: Proceedings of the British Academy 172 (2011), S. 201–211.

Martin, David: The Denomination, in: British Journal of Sociology 33 (1962), S. 1–14.

Martin, David: A General Theory of Secularization, Oxford 1978.

Marx, Reinhard Kardinal: Ist Kirche anders? Möglichkeiten und Grenzen einer soziologischen Betrachtungsweise, Paderborn 1990.

Marx, Reinhard Kardinal: Kirche überlebt, München 2015.

Mattick, Meike: Komik und Geschichtserfahrung. Alfred Döblins komisierendes Erzählen in »November 1918. Eine deutsche Revolution«, Bielefeld 2003.
Mazowiecki, Tadeusz: Un-Vollendetes. Leszek Kołakowski und die Religion, in: ders., Partei nehmen für die Hoffnung. Über Moral in der Politik, Freiburg 1990, S. 66–86.
Mittenzwei, Werner: Das Leben des Bertolt Brecht, Bd. 2, Berlin (DDR) 1986.
Mottu, Henry: »Chrétiens sans Église« de Kołakowski, in: Revue de Théologie et de Philosophie 23 (1973), S. 308–331.

Neckel, Sighard/Wolf, Jürgen: Die Faszination der Amoralität. Zur Systemtheorie der Moral, in: Prokla 18 (1988), S. 57–77.
Niebuhr, H. Richard: The Purpose of the Church and Its Ministry. Reflections on the Aims of Theological Education, New York 1956.
Niebuhr, H. Richard: The Social Sources of Denominationalism (1929), New York 1957.
Niebuhr, H. Richard: Christ and Culture (1951), New York 2001.
Niggl, Günter: Antwort auf das Inferno der Zeit. Das Spätwerk Alfred Döblins, in: ders., Zeitbilder. Studien und Vorträge zur deutschen Literatur des 19. und 20. Jahrhunderts, Würzburg 2005.
Nolte, Ernst: Der Faschismus in seiner Epoche, München 1984.
Norris, Pippa/Inglehart, Ronald F.: Sacred and Secular. Religion and Politics Worldwide, Cambridge 2004.

Oexle, Otto G.: Max Weber und das Mönchtum, in: Hartmut Lehmann/Jean Martin Ouédraogo (Hg.), Max Webers Religionssoziologie in interkultureller Perspektive, Göttingen 2003, S. 311–334.
Otto, Rudolf: Das Heilige. Über das Irrationale in der Idee des Göttlichen und sein Verhältnis zum Rationalen (1917), München 2014, S. 255–281.

Piwowarczyk, Bogdan: Lire Kołakowski: La question de l'homme, de la religion et de l'Église, Paris 1986.
Pollack, Detlef/Wegner, Gerhard (Hg.): Die soziale Reichweite von Religion und Kirche, Würzburg 2017.
Postel, Danny: On exile, philosophy & tottering insecurely on the edge of an unknown abyss, in: Daedalus 134 (2005), S. 82–88.
Putnam, Robert/Campbell, David: American Grace. How Religion Divides and Unites Us, New York 2010.

Rahner, Karl: Theologische Grundinterpretation des II. Vatikanischen Konzils, in: ders., Schriften zur Theologie, Bd. XIV, Köln 1980, S. 287–302.
Rahner, Karl: Grundkurs des Glaubens. Einführung in den Begriff des Christentums, Freiburg 1984.
Rehberg, Karl Siegbert/ Moebius, Stephan: Kultur, in: Hans Joas/ Steffen Mau (Hg.), Lehrbuch der Soziologie, Frankfurt/M. 2020 (4. vollständig überarbeitete und erweiterte Auflage), S. 133–169.
Ricœur, Paul/LaCocque, André: Penser la bible, Paris 1998.
Riley, Anthony W.: The Aftermath of the First World War. Christianity and Revolution in Alfred Döblin's »November 1918«, in: Charles N. Genno/

Heinz Wetzel (Hg.), The First World War in German narrative prose, Toronto 1980.
Roth, Günther: Max Weber's Ethics and the Peace Movement Today, in: Theory and Society 13 (1984), S. 491–511.

Sahoo, Sarbeswar: Pentecostalism and Politics of Conversion in India, Delhi 2018.
Saler, Michael: Modernity and Enchantment. A Historiographic Review, in: American Historical Review 111 (2006), S. 692–716.
Sautermeister, Jochen: »Kirche als Moralagentur?« Theologisch-ethische Überlegungen zur moralischen und politischen Relevanz von Kirche in der Gesellschaft, in: Münchener Theologische Zeitschrift 68 (2017).
Sautermeister, Jochen (Hg.): Kirche – nur eine Moralagentur? Eine Selbstverortung, Freiburg 2019.
Scheler, Max: Die Formen des Wissens und die Bildung, in: ders., Philosophische Weltanschauung, München 1954, S. 16–48.
Schlette, Magnus: Die Idee der Selbstverwirklichung. Zur Grammatik des modernen Individualismus, Frankfurt/M. 2013.
Schmiedel, Ulrich: Elasticized Ecclesiology. The Concept of Community after Ernst Troeltsch, Basel 2017.
Schröder, Richard: Wie beim Handy, so beim Glauben: »Wechseln Sie einfach den Anbieter!« Funktioniert das?, in: Chrismon 05/2003.
Schulze, Reinhard: Der Koran und die Genealogie des Islam, Basel 2015.
Schwaetzer, Irmgard: Grußwort auf der Vollversammlung des Zentralkomitees der deutschen Katholiken 25. Mai 2016 in Leipzig.
Schwan, Gesine: Leszek Kołakowski. Eine Philosophie der Freiheit nach Marx, Stuttgart 1971.
Silber, Ilana F.: Virtuosity, Charisma, and Social Order. A Comparative Sociological Study of Monasticism in Theravada Buddhism and Medieval Catholicism, Cambridge 1995.
Silver, Daniel: Religion without Instrumentalization, in: Archives européennes de sociologie 47 (2006), S. 421–434.
Stark, Werner: The Routinization of Charisma: A Consideration of Catholicism, in: Sociological Analysis 26 (1965), S. 203–211.
Stark, Werner: The Sociology of Religion. A Study of Christendom, Bd. 2 und 3, New York 1967.
Stark, Werner: The Place of Catholicism in Max Weber's Sociology of Religion, in: Sociological Analysis 29 (1968), S. 202–210.

Taylor, Charles: Quellen des Selbst. Die Entdeckung der neuzeitlichen Identität, Frankfurt/M. 1994.
Taylor, Charles: Ein säkulares Zeitalter, Berlin 2009.
Thomas, Keith: Religion and the Decline of Magic, New York 1971.
Thompson, David M.: Introduction: mapping Asian Christianity in the context of world Christianity, in: Sebastian C. H. Kim (Hg.), Christian Theology in Asia, Cambridge 2008, S. 3–21.
Tillich, Paul: Der Mut zum Sein (1952), Hamburg 1965.
Tillich, Paul: Gesammelte Werke, Bd. 8, Stuttgart 1970.
Tillich, Paul: Systematische Theologie, Bd. 1, Berlin 1987.

Tipton, Steven M.: Public Pulpits. Methodists and Mainline Churches in the Moral Argument of Public Life, Chicago 2007.
Tischner, Józef: Leszek Kolakowski – Anmerkungen zu seinem Denken, in: ders., Der unmögliche Dialog: Christentum und Marxismus in Polen, Graz 1982, S. 217–232.
Troeltsch, Ernst: Die Soziallehren der christlichen Kirchen und Gruppen, Tübingen 1912 (auch: erweiterte Neuausgabe, hg. von Friedrich Wilhelm Graf in Zusammenarbeit mit Daphne Bielefeld u. a., 3 Teilbände, KGA Bd. 9, Berlin 2021).
Troeltsch, Ernst: Die Kirche im Leben der Gegenwart (1911), in: ders., Gesammelte Schriften, Bd. 2, Tübingen 1913, S. 91–108.
Troeltsch, Ernst: Augustin, die christliche Antike und das Mittelalter, München/Berlin 1915.
Troeltsch, Ernst: Rezension Peter A. Clasen, Der Salutismus (1915), in: Historische Zeitschrift 115 (1915), S. 327–330, jetzt in: ders., Rezensionen und Kritiken (1915–1923), hg. von Friedrich Wilhelm Graf, KGA, Bd. 13, Berlin 2010, S. 84–87.
Troeltsch, Ernst: Rück- und Umblick (Februar 1919), in: Ernst Troeltsch. Spectator-Briefe und Berliner Briefe (1919–1922), hg. von Gangolf Hübinger, KGA, Bd. 14, Berlin 2015.
Turner, Victor: Das Ritual. Struktur und Anti-Struktur. Frankfurt/M. 1989.
Tyrell, Hartmann: Potenz und Depotenzierung der Religion. Religion und Rationalisierung bei Max Weber, in: Saeculum 44 (1993), S. 300–347.

Vesper, Stefan: Schlicht privat. Von den freien Vereinigungen in der Kirche, in: Salzkörner 24 (2018).

Walzer, Michael: Sphären der Gerechtigkeit. Ein Plädoyer für Pluralität und Gleichheit (1983), Frankfurt/M. 1992.
Weber, Max: Gesammelte Aufsätze zur Religionssoziologie, Bd. 1, Tübingen 1921.
Weber, Max: Wirtschaft und Gesellschaft, Tübingen 1922.
Weber, Max: Über einige Kategorien der verstehenden Soziologie (1913), in: ders., Gesammelte Aufsätze zur Wissenschaftslehre, Tübingen 1973, S. 427–474.
Wegner, Gerhard: Wirksame Kirche. Sozio-theologische Studien, Leipzig 2019.
Wichelhaus, Manfred: Kirchengeschichtsschreibung und Soziologie im neunzehnten Jahrhundert und bei Ernst Troeltsch, Heidelberg 1965.
Wuthnow, Robert: The Restructuring of American Religion, Princeton 1988.

Ziolkowski, Theodore: Modes of Faith. Secular Surrogates for Lost Religious Belief, Chicago 2007.

Personenregister

A

Althen, Christina 134
Angelus Silesius 156 f.
Antigone 127 f., 137
Arendt, Hannah 128
Arnold, Matthew 222
Auer, Manfred 122
Augustinus 38, 58

B

Barbato, Mariano 50
Barbieri, William A. 204
Barrès, Maurice 78
Bedford-Strohm, Heinrich 195
Bellah, Robert N. 31, 64, 161
Benedikt XVI. 196
Berger, Peter 28
Bergson, Henri 143
Bérulle, Pierre de 155
Billington, James H. 132
Bismarck, Otto von 60, 196
Bloch, Ernst 159
Bogner, Daniel 51
Bollnow, Otto Friedrich 110
Bondy, François 144
Bonhoeffer, Dietrich 224 f.
Borgolte, Michael 209
Bourignon, Antoinette 156
Brecht, Bertolt 73–76, 121
Brezger, Jan 216
Buber, Martin 110
Burge, Ryan P. 21
Burgess, Ernest 102

C

Calvin, Johannes 65 f.
Campbell, David 102
Camphuysen, Dirk 155
Casanova, José 23, 44, 64, 214
Certeau, Michel de 157
Chaunu, Pierre 158
Collins, Randall 182
Comte, Auguste 173

D

Dabrock, Peter 19, 212, 217 f., 221, 223 f., 226
Daston, Lorraine 67, 69
Davie, Grace 54
de Bruyn, Günter 227
Deckers, Daniel 26
Dewey, John 12
Diefenbach, Hans 136
Dietz, Hella 149
Dilcher, Gerhard 48
Döblin, Alfred 73–75, 119–122, 124, 126, 128–142
Dollenmayer, David B. 122
Dollinger, Roland 129
Douglas, Jack M. 118
Dreier, Horst 190
Dreyfus, Alfred 167–169, 174, 187
Dubček, Alexander 138
Durkheim, Émile 103, 117 f., 169–183, 185–188, 191, 198, 224

E

Ebert, Friedrich 134, 140
Eilstein, Helena 163
Eisler, Hanns 73

Eliade, Mircea 159
Elias, Norbert 183
Etzioni, Amitai 52

F

Feldhay, Rivka 67
Feuchtwanger, Lion 73
Foucault, Michel 47, 180, 240
Francis, E. K. 44
Francis, George Cardinal 201
Franziskus (Papst) 113, 195, 209, 225
Franziskus von Assisi 90
Friedrich II. 58
Frühwald, Wolfgang 138

G

Gerhardt, Paul 93 f.
Gierke, Otto von 48
Gilson, Etienne 147
Goffman, Erving 181
Goldmann, Lucien 154
Gorski, Philip 23
Graf, Friedrich Wilhelm 37, 195, 200
Granach, Alexander 73
Grass, Günter 121
Griewank, Karl 132
Guardini, Romano 33, 110
Gustafson, James M. 28

H

Habermas, Jürgen 14, 17, 110 f., 150, 161, 166
Hadot, Pierre 153
Hake, Joachim 26
Halík, Tomáš 214
Hamsun, Knut 80
Hegel, Georg Wilhelm Friedrich 14, 36, 68
Heidegger, Martin 110
Heidrich, Christian 145 f., 148, 150, 158, 161, 163, 166
Hemmerle, Klaus 220
Herder, Johann Gottfried 68, 171
Honigsheim, Paul 42
Honneth, Axel 47
Huber, Wolfgang 164, 195, 199
Humboldt, Wilhelm von 68, 108
Hunter, James Davison 201
Husserl, Edmund 110, 143

I

Inglehart, Ronald 10 f., 21, 56

J

Jahraus, Oliver 136
James, William 78, 87 f., 99 f., 155, 198, 222
Jaspers, Karl 30, 159, 161
Jay, Martin 161
Jenkins, Philip 20, 55, 103
Ji Zhe 26
Johannes Paul II. 220
Johnson, Ian 25
Joyce, James 119

K

Kaczmarczyk, Michał 166
Kant, Immanuel 68, 124, 170–172, 190 f., 205, 223 f., 233
Käßmann, Margot 195
Kaufmann, Franz-Xaver 28
Kierkegaard, Søren 124
Kiesel, Helmuth 122, 129, 139
Klinsmann, Jürgen 97 f.
Knöbl, Wolfgang 47, 218
Koepke, Wulf 122
Kołakowski, Leszek 17, 143–166
Könemann, Judith 15
Kortner, Fritz 73
Körtner, Ulrich H. J. 212, 217 f., 220, 224
Koselleck, Reinhart 71 f.
Król, Marcin 152

L

Labadie, Jean de 156, 158
LaCocque, André 95
Lassalle, Ferdinand 192
Lauster, Jörg 58
Lehmann, Karl Kardinal 207
Lenin, Wladimir Iljitsch 131, 136–140
Liebknecht, Karl 120, 131, 137, 139, 141
Locke, John 33
Lorre, Peter 73
Luckmann, Thomas 27
Ludendorff, Mathilde 59
Ludwig XIV. 154
Luhmann, Niklas 177 f., 217 f.
Lukes, Steven 143, 169
Luther, Martin 203
Luxemburg, Rosa 120 f., 136 f., 139–141

M

Mann, Heinrich 73
Mann, Thomas 73
Maritain, Jacques 147
Martin du Gard, Roger 168
Martin, David 39, 59
Marx, Reinhard Kardinal 28
Mattick, Meike 129
Maurras, Charles 169
Mazowiecki, Tadeusz 164
Meister Eckhart 90
Merkel, Angela 212, 218, 227
Merleau-Ponty, Maurice 150
Michnik, Adam 143
Mittenzwei, Werner 73
Moebius, Stephan 181
Montesquieu, Charles de Secondat, Baron de 51
Mottu, Henry 157
Mounier, Emmanuel 147
Mussolini, Benito 169

N

Neckel, Sighard 218
Niebuhr, H. Richard 38 f., 41, 43, 202, 216
Niebuhr, Reinhold 39
Nietzsche, Friedrich 63, 159
Niggl, Günter 129
Nolte, Ernst 169
Norris, Pippa 10, 56

O

Obama, Barack 201
Oexle, Otto Gerhard 41
Otto, Rudolf 65, 155

P

Park, Katharine 67, 69
Parsons, Talcott 177
Pascal 143
Paul VI. 113
Piwowarczyk, Bogdan 145
Pollack, Detlef 46
Postel, Danny 146
Proust, Marcel 168
Putnam, Robert 102

R

Racine, Jean 154
Radek, Karl 131
Rahner, Karl 30, 41–43, 103 f.
Rehberg, Karl-Siegbert 181
Reinhard, Wolfgang 163
Resing, Volker 9
Ribéry, Franck 98
Ricœur, Paul 95, 205, 225
Riley, Anthony W. 137
Roberto, Zé 98
Röcke, Anja 108
Roth, Günther 217
Rousseau, Jean-Jacques 170

S

Sahoo, Sarbeswar 55
Saler, Michael 69
Sandner, Emma 26
Sartre, Jean-Paul 150
Sautermeister, Jochen 61, 220
Schavan, Annette 19, 212 f., 215, 218–220, 225
Scheler, Max 107, 109–111, 155, 205
Schleiermacher, Friedrich 58, 68, 108
Schlette, Magnus 107
Schmale, Wolfgang 181
Schmidt, Susanna 26
Schmiedel, Ulrich 45, 226
Schnitzler, Arthur 83
Schockenhoff, Eberhard 212, 219–221, 223, 225
Schröder, Richard 90, 219
Schwaetzer, Irmgard 201
Schwan, Gesine 145, 148
Schwartz, Alexandra 108
Seewald, Michael 15
Silber, Ilana Friedrich 31
Silver, Daniel 10
Sophokles 124, 127
Spaemann, Robert 9
Spinoza, Baruch 143
Stark, Werner 40 f.
Stauffacher, Werner 129, 138
Straub, Jürgen 108
Striet, Magnus 212, 222, 224 f.

T

Tauler, Johannes 125
Taylor, Charles 62, 99, 107, 214
Tebartz-van Elst, Franz-Peter 196
Thomas, Keith 69
Thompson, David 104
Tillich, Paul 55, 84 f., 91, 139, 225
Tipton, Steven M. 45
Tischner, Józef 149
Troeltsch, Ernst 32, 34–38, 40–42, 45 f., 133, 158
Turner, Victor 114 .
Tyrell, Hartmann 66

V

Vesper, Stefan 44
Voltaire 58

W

Walzer, Michael 204, 216
Wanke, Joachim 105
Weber, Max 14, 32, 34–36, 40–42, 57, 59, 63–67, 69, 93, 142, 152, 206, 216, 224
Wegner, Gerhard 15, 46
Weigel, Helene 73
Weizsäcker, Richard von 217
Wichelhaus, Manfred 32
Wilson, Woodrow 140
Wolf, Jürgen 218
Wuerl, Donald Cardinal 70
Wuthnow, Robert 102

X

Xi Jinping 25
Yu Yingshi 26

Z

Ziolkowski, Theodore 121
Zola, Émile 167